GEMÜSE KÜCHE

Christine Ingram

GEMÜSE KÜCHE

OTUS

Originaltitel: The Vegetable Ingredients Cookbook

2008 genehmigte Lizenzausgabe: OTUS Verlag AG, St. Gallen, Schweiz

Aus dem Englischen von Michael H. Koulen

Redaktion und Satz der deutschsprachigen Ausgabe:
Books & Bagels, Köln – Amsterdam

Umschlaggestaltung: Simone Halfar

ISBN 978-3-907200-28-5

NOTIZ

Alle in diesem Buch enthaltenen Angaben wurden vom Autor nach bestem Wissen erstellt und von ihm und dem Verlag mit größtmöglicher Sorgfalt überprüft. Gleichwohl sind – wie wir im Sinne des Produkthaftungsrecht betonen müssen – inhaltliche Fehler nicht vollständig auszuschließen. Daher erfolgen die Angaben ohne jegliche Verpflichtung oder Garantie des Verlages oder des Autors. Beide übernehmen keinerlei Verantwortung und Haftung für etwaige inhaltliche Unstimmigkeiten.

Löffelmaße beziehen sich auf Standardgrößen:
1 TL = 5ml, 1 EL = 15 ml

Alle Eierangaben beziehen sich auf mittelgroße Eier.

INHALT

EINFÜHRUNG

Als Kind gab es für mich nur zwei Arten Gemüse: das von meiner Mutter, und das Grünzeug, das man uns in der Schule vorsetzte. Meine Mutter kaufte frisches Gemüse und wußte, wie man es zubereitet: alles war einfach, aber gut. Das Gemüse in der Schule aber schmeckte immer gleich. Später reiste ich dann viel, und mein Horizont erweiterte sich.

Ich erinnere mich an meine erste Reise als Teenager auf das europäische Festland, vor allem auch an die Marktstände in Barcelona mit ihren Türmen von Tomaten, Paprika und Auberginen. Exotische Früchte aus dem Nahen und Fernen Osten oder den karibischen Ländern machen jeden neugierig, der diese Erzeugnisse nicht kennt. Und selbst Grundnahrungsmittel wie Kartoffeln, Zwiebeln und Karotten sehen alles andere als gewöhnlich aus, wenn sie nur stilvoll genug präsentiert werden.

HISTORISCHES

Seit den frühesten Tagen der Menschheit liefern Pflanzen den Großteil unserer Nahrung. Jäger und Sammler wurden allmählich seßhaft, als sie lernten, Getreide anzubauen und Tiere zu züchten. Archäologische Funde deuten darauf hin, daß die ersten Weizen- und Gerstearten schon um 8000 v. Chr. im Nahen Osten angebaut wurden. Viele Nutzpflanzen stammen aus diesem Gebiet, so daß wir annehmen können, daß auch Gemüse verzehrt wurde.

Wo Pflanzen zu einem regelmäßigen Bestandteil der Nahrung wurden, entdeckte man natürlich welche, die bekömmlicher und nährstoffreicher waren, und es entstand das Bedürfnis, diese selbst anzubauen. Zu den ersten Gemüsearten, die angebaut wurden, gehörten Bohnen und Erbsen. Diese

Links: Gebratene italienische Paprika
Oben: Crêpes mit gedünstetem Spargel

Links: Schalotten

Im Mittelalter gab es eine Fülle verschiedener Gemüse, und entsprechende Rezepte wurden in ersten Kochbüchern festgehalten.

Frühe Forschungsreisende kamen mit exotischen Ingredienzen in ihre Heimatländer zurück und erweckten bei den Begüterten große Begeisterung für unerwartete Geschmacksreize. Marco Polo reiste nach China und brachte aromatische Gewürze nach Europa. Christoph Columbus und seine Nachfolger entdeckten Kartoffeln, Tomaten, Paprika, Kürbis und Mais. Allerdings wurden diese Gemüse zunächst mit wenig Begeisterung aufgenommen – Kartoffeln und Tomaten sogar mit ausgesprochenem Mißtrauen!

Erst seit wenigen Generationen hat sich das Interesse an Gemüse aus anderen Klimaregionen wieder neu entwickelt. Heutzutage können wir kaufen, was wir wollen, wann wir wollen. Dieser Luxus hat seinen Preis, den wir offensichtlich zahlen. Als Gemüse noch überwiegend auf lokaler Ebene vermarktet wurde, war die Auswahl vom saisonalen Angebot der Arten geprägt. Obwohl sich die Auswahl von diesen Schranken befreit hat, empfehle ich doch immer den Genuß regional angebauter Früchte und Gemüse in ihrer Jahreszeit.

Im Unterschied zu konservierten Nahrungsmitteln passen sich frische Gemüse in ihre »natürliche« Jahreszeit ein. Ergänzend zum Angebot kosmopolitischer Supermärkte lohnt es

Hülsenfrüchte waren für die frühen Gesellschaften von großer Bedeutung, da sie schnell wuchsen, einen hohen Gehalt an Stärke und Protein hatten und sich getrocknet sehr lange lagern ließen.

Viele unserer heute bekannten Gemüse wurden schon vor langer Zeit kultiviert: Die Ägypter züchteten Zwiebeln, Knoblauch, Rettich, Salat und Bohnen; Griechen und Römer bauten die Früchte ihrer Heimat an, entdeckten dank ihrer Berührung mit anderen Kulturen aber auch ein Reihe neuer Pflanzen.

Vor allem die Römer entdeckten nicht nur die Früchte anderer Länder, sondern nahmen auch eigene Zutaten mit in jene Länder, in die ihre Armeen einmarschierten. In England z. B. war zu Beginn des 1. Jhs. unserer Zeitrechnung der Anbau von Bohnen, Erbsen, Lauch, Pastinaken und Rüben bereits weit verbreitet.

Spinat

sich daher, die frisch geernteten Erzeugnisse lokaler Anbieter zu kaufen, und Sommergemüse in traditionellen Sommergerichten zu genießen und Wintergemüse in nahrhaften Eintöpfen und dicken Suppen, die besser in die kältere Jahreszeit passen.

NÄHRWERTE

Obwohl wir den Beitrag kohlehydrathaltiger (stärkehaltiger) Nahrungsmittel zu einer ausgewogenen Ernährung noch nicht ganz verstehen, ist deren schützende Wirkung für unsere Gesundheit anerkannt. Auf jeden Fall sollte unsere tägliche Nahrung einen hohen Anteil an Gemüsen aufweisen.

Zwar schwankt der Nährwert verschiedener Gemüse nach Art, Frische, Vor- und Zubereitung, doch bilden sie insgesamt die Quelle vieler Vitamine, insbesondere des Vitamins C. Grüne Gemüse und Hülsenfrüchte versorgen uns mit wichtigen Vitaminen der B-Gruppe. Karotten und dunkelgrüne Gemüse enthalten zudem Karotin, das vom Körper gebraucht wird, um Vitamin A zu erzeugen. Pflanzenöle sind außerdem eine wichtige Quelle von Vitamin E.

Gemüse enthalten Kalzium, Eisen, Kalium, Magnesium sowie weitere unentbehrliche Spurenelemente.

Stärkehaltige Gemüse sind wichtige Lieferanten energiespendender Kohlehydrate und viele von ihnen können nützliche Mengen an Ballaststoffen enthalten.

In einer vegetarischen Ernährung übernehmen vor allem Bohnen, Hülsenfrüchte und Sprossen einen wertvollen Beitrag zur Deckung des täglichen Proteinbedarfs.

Wo einzelne Gemüse bestimmte Nährstoffe in besonderem Maß anbieten, finden Sie in diesem Buch einen entsprechenden Hinweis.

Frisches Erntegemüse hat den höchsten Nährwert. Die Vitamine verflüchtigen sich im Prozeß des Welkens und unter dem Einfluß von Sonnenlicht. Kaufen Sie also kein schlaffes Gemüse, und verarbeiten Sie das frische rasch. Die Schale sowie die Schicht direkt darunter enthalten eine hohe Konzentration von Nährstoffen. Um so viel wie möglich davon zu erhalten, sollte Gemüse gar nicht oder nur fein geschält werden.

Mineralien sowie die Vitamine C und B sind wasserlöslich und verflüchtigen sich in Kochwasser und Wasserdampf. Um diesen Verlust zu minimieren, sollten Gemüse nicht zu fein geschnitten werden, da die Inhaltsstoffe über die Oberflächen ausgespült werden. Darüber hinaus wird Vitamin C auch durch langes Kochen und zuviel Salz zerstört. Daher sollte jede Gemüsebrühe anschließend für Suppen und Saucen weiterverwendet werden.

Rohes oder bißfest gegartes Gemüse versorgt uns mit besten Nähr- und Ballaststoffen.

ÜBER DIESES BUCH

Bei unseren Rezepten spielt entweder ein bestimmtes Gemüse die Hauptrolle oder es wird mit weiteren Zutaten in eine delikate geschmackliche Komposition eingebunden. Etliche Gemüsesuppen stehen für derartige feine Abstimmungen – die Minestrone zum Beispiel mit ihrer Kombination von Zwiebeln, Karotten, Tomaten und Kohl, oder die klassische Gemüsesuppe aus Karotten, weißen Rüben und Lauch. An diesen und ähnlichen Suppen schätzt man mehr den Gesamtgeschmack als das geschmackliche Hervortreten einzelner Gemüse.

Oben: Tomaten- und Basilikumtorte
Links: Rote, orange und grüne Paprika

Dies ist kein vegetarisch ausgerichtetes Buch, obgleich viele Rezepte ohne Fleisch auskommen. Meist kann die Hühner- durch Gemüsebrühe ersetzt werden, und das Gericht schmeckt immer noch sehr gut.

Wir zeigen Ihnen Rezepte der ganzen Welt, ergänzt durch eigene Schöpfungen – viele davon Lieblingsgerichte von Freunden und Familie. Das Schöne am Kochen mit Gemüse ist: Sobald man weiß, wie eine bestimmte Art zubereitet wird, braucht man keine Rezepte mehr. Sie können, wie ich es gemacht habe, verschiedene Zubereitungen ausprobieren und allmählich Ihre Lieblingsrezepte für Karotten, Spargel und alle anderen Gemüse entwickeln. Ich wünsche Ihnen dabei: Viel Spaß und Glück!

— EINS —

ZWIEBELN UND LAUCH

Zwiebeln

Schalotten

Schnittlauch

Knoblauch

Lauch

ZWIEBELN

Vielleicht sind Zwiebeln nicht jedermanns Lieblingsgemüse, doch ohne sie wäre jeder Koch verloren. Es gibt viele klassische Rezepte, in denen die Zwiebel die Hauptrolle spielt (Zwiebelkuchen oder -suppe). Nur wenige Rezepte kommen ganz ohne Zwiebeln oder eine ihrer Verwandten wie Knoblauch, Lauch oder Schalotten aus. Leicht gedünstet oder goldbraun geschmort, geben sie allen Gerichten eine unverwechselbare und kraftvolle Note.

HISTORISCHES

Zwiebeln, Schalotten, Lauch, Schnittlauch und Knoblauch gehören zur Gattung *Allium,* die – wilde Arten eingeschlossen – über 325 Varietäten kennt. Allen gemeinsam ist der charakteristische Zwiebelgeruch, der von flüchtigen Säuren dicht unter der Schale herrührt.

Zeugnisse aus Archäologie und Geschichte beweisen, daß Zwiebeln seit Jahrtausenden auf dem Speiseplan stehen. Man nimmt an, daß sie ursprünglich aus dem Nahen Osten stammen und sich aufgrund problemlosen Anbaus rasch verbreiteten. Sie werden in der Bibel erwähnt und wurden in Ägypten geschätzt: Eine Inschrift der großen Pyramiden besagt, daß die Bausklaven einen Berg von Zwiebeln, Rettichen und Knoblauch im Gegenwert von nicht weniger als 1.600 Talenten verspeisten.

Im Mittelalter waren Zwiebeln in ganz Europa verbreitet und verliehen Suppen, Eintopfgerichten und Saucen ihren beliebten, kräftigen Grundgeschmack.

SORTEN

Zwiebeln kühl und dunkel lagern. Als Grundvorrat dient eine Zwiebelsorte, die sich gut dünsten oder braten läßt. Bei bestimmten Rezepten benötigt man allerdings die besondere Farbe oder den kräftigeren Geschmack spezieller Sorten.

Rechts: Spanische Zwiebeln
Ganz rechts oben: Gelbe Zwiebeln
Ganz rechts unten: Rote Zwiebeln

Gemüsezwiebel (Spanische Zwiebel): Zwiebeln aus warmen Regionen sind milder als solche aus kalten, und spanische Zwiebeln gehören zu den mildesten. Sie sind deutlich größer als ihre gelben Verwandten, und ihre Haut schimmert wie helles Kupfer. Mit ihrem delikat süßen Geschmack gibt man sie roh und fein gehackt zum Salat. Wegen ihrer Größe kann man sie gut füllen oder als Ganzes garen.

Gelbe Zwiebel: Goldgelb präsentiert sich diese weithin verbreitete Zwiebelart, die für viele Zwecke geeignet ist. Markant ist ihr im Vergleich recht scharfer Geschmack. Als kleine Perlzwiebel wird sie sauer eingelegt oder unzerteilt Schmorgerichten beigelegt. In Butter gedünstet wird sie zu einer delikaten Gemüsebeilage.

Rote Zwiebel: Die »Rote« oder »Italienische« Zwiebel hat sich mit ihrem milden, zuweilen leicht süßen Geschmack einen festen Platz im Angebot vieler Gemüsehändler erobert. Unter der rubinroten Schale verbirgt sich das leicht rot getönte Fruchtfleisch. Für verschiedene Antipasti oder fein gehackt und roh in Salaten zu verwenden.

Weiße Zwiebel: Sie gibt es groß oder klein in den unterschiedlichsten Formen. Die kleinsten Sorten mit silbrig schimmernder Schale und mildem Geschmack verwendet man unzerteilt in Eintöpfen oder sämigen Saucen. Man kann sie als Silberzwiebel fertig eingelegt kaufen – oder roh in einen trockenen Martini geben. Größere Sorten können scharf schmecken – das ist von außen nicht zu erkennen. Wie ihre gelben Verwandten lassen sich weiße Zwiebeln roh oder gekocht in vielfältigster Weise einsetzen.
Vidalia-Zwiebel: Diese in den USA beliebte Sorte heißt nach der Stadt, wo sie vorwiegend angebaut wird. Die Vidalia ist eine große, blaßgelbe Zwiebel mit süßem, saftigem Fleisch. Sie schmeckt köstlich in Salat, Gemüse oder geröstet zu Fleischgerichten.
Bermuda-Zwiebel: In der Größe der Gemüsezwiebel vergleichbar, ist ihre Form etwas flacher. Fein gehackt und gedünstet, paßt ihr milder Geschmack hervorragend zu Steaks.

oft angetrocknet oder beschädigt ist. Mit Ausnahme von Wokgerichten, für die man sie längs in sichelförmige Stücke schneidet, werden Zwiebeln stets quer geschnitten. So erhält man ganze bzw. halbe Ringe, wenn man die Zwiebel zuvor einmal der Länge nach halbiert (siehe unten). Die halben Ringe werden noch einmal

Frühlingszwiebel: Sie sollte jung geerntet werden, wenn ihre Triebe grün und frisch sind und die Knolle noch klein. Ihr Geschmack ist delikat mild; man kann die Zwiebel und die Triebe verarbeiten. Sie passen gut zu Salaten, Omelettes und Wokgerichten.

NÄHRWERTE

Zwiebeln schmecken und sind gesund. Neben Vitamin B und C enthalten sie Kalzium, Eisen und Kalium. Wie Knoblauch enthalten sie auch das Antikoagulans Cycloallin, das vorbeugend gegen Herzerkrankungen wirkt.

KAUF UND LAGERUNG

Früher kam bei uns regelmäßig ein Zwiebelverkäufer vorbei, dessen Fahrrad über und über mit zusammengebundenen Zwiebelzöpfen behangen war. Selbst um den Hals trug er einige Zöpfe. Heute findet man diese Aufbewahrungsart kaum noch, obwohl sie sehr praktisch ist.

Wie kaum ein anderes Gemüse lassen sich Zwiebeln lange lagern, sofern man einen trockenen, kühlen Platz dafür hat, eine Speisekammer etwa oder einen Schuppen. Zwiebeln gehören nicht in den Kühlschrank; dort werden sie weich, und andere Lebensmittel nehmen ihren Geruch an. Einmal angeschnitten, werden sie schnell schlecht. Daher kaufe ich immer eine Mischung verschiedener Größen, um Reste zu vermeiden. Was dennoch übrigbleibt, kommt in die Brühe oder auf den Kompost.

VORBEREITUNG

Bekanntlich sondern Zwiebeln beim Schälen und Schneiden einen Stoff ab, der unsere Augen manchmal recht schmerzhaft reizt und zum Tränen bringt. Die Gegenmittel reichen vom Schälen unter fließendem Wasser über das Kauen eines Kanten Brots bis zum Tragen einer Taucherbrille!

Man entfernt die trockene braune Hülle und die Schicht darunter, da sie quer gehackt, wenn man ganz feine Stückchen erhalten möchte.

ZUBEREITUNG

Beim Kochen verschwinden flüchtige Säuren, so daß gegarte Zwiebeln nie so beißen wie rohe. Je nach Gar- oder Bratmethode erhält man einen anderen Geschmack. Gekocht oder roh gehackt, in Suppen und Topfgerichten schmecken sie schärfer. Braten, kurzes Dünsten oder Anschwitzen (bei geschlossenem Deckel, bis die Stückchen weich und durchsichtig sind), ergeben einen wunderbar milden Geschmack. Goldbraun angebraten, entwickeln Zwiebeln eine ganz charakteristische gehaltvolle Süße, die für Curries oder gegrilltes Fleisch hervorragend und für französische Zwiebelsuppe unentbehrlich ist.

Ganz links oben: Vidalia-Zwiebeln
Links: Weiße Zwiebeln
Oben links: Frühlingszwiebeln

SCHALOTTEN

Schalotten gehören zur Gattung der Zwiebeln. Sie schmecken nicht ganz so intensiv wie die meisten Zwiebeln und geben ihren Geschmck schnell ab – weshalb sie in Saucen ihren natürlichen Platz haben. Schalotten wachsen in Zehen wie Knoblauch. Durch ihren feinen Geschmack eignen sie sich hervorragend für Rezepte, die nur eine geringe Menge Zwiebeln verlangen.

Üblicherweise sind Schalotten ein gefälliger, wenn auch teurer Ersatz für gewöhnliche Zwiebeln, speziell bei Saucen allerdings sollte man nicht auf sie verzichten.

Manche klassischen Rezepte verlangen nach ganz bestimmten Zutaten, doch sollte man darüber die Kunst der Improvisation nicht vernachlässigen. Ein Coq au Vin etwa, bei dem man statt der traditionellen walnußgroßen weißen Zwiebeln einige Schalotten nimmt, dürfte sicherlich genauso gut geraten.

HISTORISCHES

Der Verwendung von Schalotten ist so alt wie die von Zwiebeln. Schon römische Autoren erwähnen deren delikaten Beitrag zu feinen Saucen.

SORTEN

Typische Schalotten sind schlank, mit kupfern-goldener Schale. Es gibt viele Sorten, die sich eher im Aussehen unterscheiden als im Geschmack. Meist ist man froh, wenn der Händler wenigstens eine Sorte anbietet.

KAUF UND LAGERUNG

Schalotten und Zwiebeln müssen sich fest anfühlen und dürfen keine grünen Triebe haben. Kühl und trocken halten sie sich monatelang.

ZUBEREITUNG

Schalotten werden wie Zwiebeln geputzt: Kopf und Wurzel abschneiden und äußere Schale abziehen. Die einzelnen Zehen trennen, dann mit einem scharfen Messer fein schneiden. Unzerteilt sollte man sie nur bei schwacher Hitze ohne zu starke Bräunung anbraten.

SCHNITTLAUCH

Schnittlauch: Küchentechnisch gesprochen, zählt Schnittlauch zu den Kräutern, doch als Mitglied der Zwiebelfamilie wird er hier beschrieben. Wer ihn im Garten zieht, kennt die aromatischen, grünen Kissen mit violetten Blüten, die ebenfalls eßbar sind.

ZUBEREITUNG

Schnittlauch läßt sich gut in Eiergerichten verwenden, oder als Dekoration auf Salat und Suppe, wo er sein leichtes Zwiebelaroma entfaltet. Zusammen mit Petersilie, Estragon und Kerbel wird er zu »Fines Herbes«.

Schnittlauch verbessert Frisch- und Weichkäse, wo sein Aroma besser zur Geltung kommt als in fertig vorgemischter Ware. In Butter eingerührt, bietet er eine interessante Alternative zu Knoblauchbutter. Wie sie läßt sich Schnittlauchbutter auf Brotscheiben streichen, die im Backofen knusprig ausgebacken werden.

Sonst darf Schnittlauch nur kurz kochen, da er sein Aroma verliert.

Schnittknoblauch hat ein delikates Knoblaucharoma. Man findet ihn gelegentlich auf Wochenmärkten. Er dient als geschmackliche Abrundung in der asiatischen Küche, vor allem in Wokgerichten.

ZUBEREITUNG

Wie bei normalem Schnittlauch kann man Stengel und Blüten verwenden. Eignet sich auch hervorragend als separat gereichte Beilage.

KAUF UND LAGERUNG

Beide Arten Schnittlauch kauft man nur als kräftige, gleichmäßig grüne Stengel ohne Welkerscheinungen. Sie lassen sich bis zu einer Woche im Kühlschrank aufbewahren. Die ungeöffneten Knospen des Schnittknoblauchs sind ein Zeichen dafür, daß die Stengel jünger und zarter sind als bei voll erblühten Exemplaren.

Oben links Schnittlauch
Oben rechts: Knoblauch-Lauch

KNOBLAUCH

Knoblauch ist eine Zutat, die fast jeder kennt, der schon einmal gekocht hat, und die niemand mehr missen möchte, der gerne kocht.

HISTORISCHES

Man weiß, daß Knoblauch schon um das Jahr 3200 v. Chr. angebaut wurde. Inschriften und Darstellungen seiner Zwiebeln in ägyptischen Pyramiden deuten darauf hin, daß er nicht nur wichtiges Nahrungsmittel, sondern auch zeremonielles Beiwerk war. Griechen und Römer waren von seinen Qualitäten überzeugt: Krieger aßen ihn vor der Schlacht, Götter wurden mit Knoblauch besänftigt, Säuglingen hing man eine Kette mit Knoblauchzehen um den Hals, um Übel abzuwehren. Sein Einsatz gegen Vampire hat also antike Vorbilder.

Ebenso bekannt waren die Heilwirkungen des Knoblauch. Er wirkte als Aphrodisiakum sowie gegen Ekzeme, Zahnschmerzen und Schlangenbiß.

Nach und nach verbreitete er sich über ganz Europa. In Irland etwa wurden 200 bis 300 Jahre alte Fässer gefunden, deren butterartiger Inhalt sehr stark nach Knoblauch duftete. Seine heutige Popularität verdankt er allerdings unserem Interesse für mediterrane, indische und asiatische Speisen, die ohne ihn kaum auskommen.

NÄHRWERTE

Was Großmutter noch wußte, zwischenzeitlich aber belächelt wurde, haben Wissenschaftler nun wiederentdeckt: Knoblauch hat eine Reihe therapeutischer Effekte. Der wichtigste ist wohl, daß er den Cholesterolwert des Blutes senkt und so Herzerkrankungen vorbeugt. Sodann enthält frischer Knoblauch ein starkes Antibiotikum, und es gibt Hinweise darauf, daß er bei der Abwehr von Krebs und Herzinfarkten helfen und die Aufnahmefähgkeit für Vitamine verbessern kann. Manche Knoblauchliebhaber nehmen ihn in Pillenform, doch echte Anhänger lieben ihn so, wie er gewachsen ist.

Rechts: Ein Strang Knoblauch

SORTEN

Es gibt verschiedene Sorten, vom Riesenknoblauch bis zu ganz kleinen, festen Sorten. Die trockene Schale kann weiß, rosafarben oder purpurrot sein, was aber auf den Geschmack keinen Einfluß hat.

Die enormen Zwiebeln des Riesenknoblauch bilden in der Küche einen hübschen Blickfang. Ansonsten gilt: je kleiner, desto schärfer ist er meistens.

Knoblauch aus heißen Ländern hat in der Regel das schärfste Aroma, wohingegen junger Frühjahrsknoblauch einen angenehm milden Geschmack hat, der gut zu Rohkostsalaten und Salatdressings paßt.

Oben: Knoblauch in verschiedenen Größen von riesig bis klein

KAUF UND LAGERUNG

Knoblauchzwiebeln müssen fest und rund sein, mit heller, papierartiger Schale. Sie sollten noch nicht sprießen. Der beste Aufbewahrungsort ist kühl und trocken; bei Feuchtigkeit beginnt er zu sprießen, und wo es zu warm ist, zerfallen die Zehen allmählich zu einem grauen Pulver.

ZUBEREITUNG

Man zerbricht die Zwiebel in einzelne Zehen und entfernt, am besten mit einem Messer, die papieren trockene Schale der benötigten Zehen. Die meisten Rezepte verlangen nach einer oder zwei Zehen – nehmen Sie also nicht aus Versehen die ganze Zwiebel! Schneidet man eine Knoblauchzehe der Länge nach durch, findet man in der Mitte den – manchmal grünen – Triebansatz, den manche Köche entfernen. Man kann einzelne Zehen mit einem flachen Messer zer-

quetschen oder mit einer Knoblauchpresse noch feiner zerkleinern. Die Stärke des beim Kochen abgegebenen Geschmacks hängt vom Grad der Zerkleinerung ab: Feine Scheibchen sind milder als gehackte Stückchen, die wiederum milder sind als gequetschter oder gepreßter Knoblauch. Jedes Kochen mildert seinen Geschmack, roh schmeckt er am stärksten und schärfsten.

KNOBLAUCHATEM

Knoblauchausdünstungen sind manchmal lästig. Frische Petersilie ist ein bekanntes Gegenmittel, hilft aber nicht sehr. Das Zerbeißen von Kardamomsamen soll besser sein, schmeckt aber nicht besonders. Am besten ißt man Knoblauch gemeinsam mit Freunden, dann merkt niemand etwas.

LAUCH

Mit seinem ganz eigentümlichen Geschmack ist Lauch bzw. Porree sehr vielseitig zu verwenden. Zusammen mit anderen Zutaten werden daraus köstliche Eintöpfe, geschmort oder gedünstet mit einer sahnigen Sauce wird es zum würzigen Gemüse, in Butter gegart zur vielseitigen Beilage.

HISTORISCHES
Wie Zwiebeln und Knoblauch ist Porree schon lange als Gemüsepflanze bekannt. Wir wissen von seiner Verwendung bei Ägyptern, Griechen und Römern. In England wurde Lauch noch bis zur ersten Jahrtausendwende gegessen, geriet im Mittelalter jedoch in Vergessenheit, und es scheint, daß sein Verzehr zwischen dem 16. und 18. Jh. nicht sonderlich geschätzt war. Das heißt: Während man in der notorisch launenhaften Aristokratie dieser negativen Ansicht war, dürfte das Landvolk der Delikatesse die Stange gehalten haben. Lauch wächst unter allen möglichen Klimabedingungen und ist nahrhaft genug, um einer weniger begüterten Familie eine vernünftige und vollwertige Mahlzeit zu bescheren. Wohl aus jener Zeit stammt in England seine Charakterisierung als »Spargel des armen Mannes« – was freilich mehr über den Snobismus der Zeitgenossen als über den guten Lauch aussagt.

Viele Ortsnamen in England gehen auf »leek«, das englische Wort für Lauch, zurück (Leckhampstead etwa oder Leighton Buzzard). Und schließlich hat der Lauch eine jahrhundertelange Geschichte als Nationalsymbol der Waliser.

SORTEN
Es gibt viele verschiedene Lauchsorten, doch unterscheiden sie sich kaum im Geschmack. Kommerziell angebaute Stangen sind etwa 25 cm lang und etwa 2 cm dick. Im eigenen Garten lassen sich wesentlich dickere Exemplare ziehen, doch werden sie dabei leicht etwas holzig.

WILDER LAUCH

Bei Lauch und Zwiebeln gibt es zahlreiche Wildformen; einigermaßen bekannt ist sicherlich der Kanadische Wilde Lauch. Er sieht den Frühlingszwiebeln ähnlich, doch hat er einen deutlich ausgeprägten Geschmack irgendwo zwischen Knoblauch und Zwiebel. Man kauft nur unbeschädigte weiße Stengel mit frischen grünen Blättern, die man an kühlem Ort in einer Plastiktüte aufbewahren kann.

Man schneidet die Wurzel ab und verarbeitet die fein geschnittenen Ringe wie Frühlingszwiebeln zum Kochen oder im Salat. Sparsam verwenden, da sich sein Aroma recht kräftig durchsetzt.

KAUF UND LAGERUNG

Man kauft nur frisch und gesund aussehende Lauchstangen mit festen weißen Stengeln und kräftigem grünem Laub. Da sich Lauch nicht gut lagern läßt, kauft man ihn am besten dann, wenn man ihn braucht. Möchte man ihn dennoch kurze Zeit aufbewahren, schneidet man die oberen Enden ab und legt die Stangen ins Gemüsefach oder an einen anderen kühlen Platz. Nach einigen Tagen jedoch beginnen sie zu welken.

Links: Lauch bzw. Porree
Oben: Wilder Lauch

VORBEREITUNG

Vor dem Kochen müssen die Lauchstangen gründlich gewaschen werden, da sich meistens Sand und Erde zwischen den weißen Schichten abgelagert haben. Dazu schneidet man zunächst Blätter und Wurzelende ab. Wenn die Stangen nicht extrem frisch oder selbstgezogen sind, entfernt man

auch die äußere weiße Schicht. Sodann zerteilt man die Stangen einmal der Länge nach (siehe unten) und wäscht sie gründlich und Schicht für Schicht unter fließendem Wasser. Werden stattdessen ganze Lauchscheiben oder -ringe benötigt, so spült man diese gründlich in einem Sieb unter fließendem Wasser.

ZUBEREITUNG

Lauch kann man dampfgaren oder kochen und dann dem vorgesehenen Gericht beifügen, oder kleingeschnitten leicht in Butter andünsten und anschließend bei geschlossenem Deckel durchgaren, ohne zu bräunen. Anders als Zwiebeln darf Lauch nicht bräunen; es macht ihn hart und ungenießbar. Allerdings läßt er sich, mit Knoblauch und Ingwer, unter stetem Rühren braten. Steigt die Hitze zu sehr, löscht man mit etwas Brühe und Sojasauce und läßt dann durchgaren.

— ZWEI —

SPROSSEN UND STANGEN

Spargel

Artischocken

Stangensellerie

Knollensellerie

Farnsprossen

Asiatische Sprossen

Fenchel

Queller

SPARGEL

Ohne jeden Zweifel ist Spargel ein Luxusgemüse. Schon der Preis trennt ihn von Wirsing oder Blumenkohl – und erst recht sein luxuriöser Geschmack. Insbesondere die festen Stangen des Frühsommers besitzen ein unvergleichliches, schwer zu beschreibendes Aroma. Sollten die Götter Nahrung zu sich nehmen, ist Spargel dabei – serviert mit einer einfachen Hollandaise.

HISTORISCHES
Die alten Griechen sammelten wilden Spargel, und erst von den Römern wissen wir, daß sie Spargel anbauten. Julius Cäsar genoß ihn vorzugsweise mit zerlassener Butter. In England wird Spargel bis zum 17. Jh. kaum erwähnt. Das Standardkochbuch der Mrs. Beeton liefert 14 Rezepte, und aus ihren Preisangaben dürfen wir schließen, daß Spargel auch in viktorianischer Zeit recht teuer war.

NÄHRWERTE
Spargel liefert die Vitamine A, B2 und C sowie gute Mengen an Kalium, Eisen und Kalzium. Er ist ein bekanntes Entwässerungsmittel.

SORTEN
Es gibt viele Spargelsorten und Anbaumethoden. In Spanien, Holland und bei uns ist der Spargel zumeist weiß mit elfenbeinfarbener Spitze; er wird in Erdwällen gezogen und gestochen, sobald sich die Spitzen zeigen. Rötliche Sorten stammen oft aus Frankreich, wo man die Stangen erntet, wenn die Spitzen schon 4 cm aus der Erde ragen. Entsprechend weiß sind hier die Stangen, und die Spitzen changieren rötlich oder grün. Es gibt aber inzwischen bei uns auch immer häufiger grünen Spargel, er wächst über der Erde und wird völlig grün. Welcher Spargel besser schmeckt, ist schon fast ein historischer Streit. Die meisten Gärtner bevorzugen ihren eigenen.

Dünne, kurze Stangen sind – kurz gedämpft oder ansautiert – köstlich zum Salat. In Italien serviert man sie solo mit geriebenem Parmesan.

VORBEREITUNG

Sofern nicht von eigener Hand frisch geerntet, schneidet man zunächst das untere holzige Ende ab. Bei dickeren Stangen schält man den unteren Teil mit einem Spargelschäler. Von sehr frischen oder ganz feinen Stangen ist kaum etwas zu entfernen.

KAUF UND LAGERUNG

Die Spargelzeit zwischen spätem Frühjahr und Frühsommer dauert nicht lange. Die Ware, die sich beinahe das ganze Jahr über im Handel befindet, stammt aus Importen. Sicher sind diese Stangen genießbar, doch ihr Geschmack reicht nicht an den heimischer Erzeugnisse heran: Spargel läßt im Geschmack nach, sobald er geerntet ist.

Beim Kauf müssen die Spitzen fest geschlossen, die Stangen frisch und gerade sein. Beschädigte oder schlaffe Stangen haben zu lange gelegen, man sollte sie nicht kaufen. Zur Not läßt sich Spargel im Gemüsefach einige Tage in feuchten Tüchern aufbewahren; die Bündel vom Markt müssen aber geöffnet werden, da er nicht gepreßt liegen darf.

Links: Grüner Spargel
Oben: Weißer Spargel

ZUBEREITUNG

Das Problem bei der Zubereitung besteht darin, daß die dicken Stangen zum Garen länger brauchen als die zarten Spitzen, die man eigentlich nur kurz dämpfen muß. Ideal ist ein spezieller Spargeltopf, worin die Stangen in einem ins Salzwasser abgesenkten Korb bei geschlossenem Deckel aufrecht stehend kochen. Alternativ tut es auch ein genügend hoher Topf, in den die Stangen – zur Not mit Kartoffeln abgestützt – aufrecht hineinpassen. Falls sie oben hinausragen, läßt sich der Topf mit einer Kuppel aus Alufolie abdecken. Kochzeit je nach Sorte und Dicke der Stangen zwischen 5 und 15 Min. – jedenfalls nicht länger. Die Spitzen müssen weich sein und die Stengel etwas Biß haben.

Eine andere unkomplizierte Zubereitungsart ist das Braten der Stangen in etwas Olivenöl. Leicht mit Meersalz gewürzt werden sie einfach köstlich!

Einfache zerlassene Butter zu dampfgegartem Spargel bringt dieses königliche Gemüse vorzüglich zur Geltung.

ARTISCHOCKEN

Artischocken haben ein köstliches Aroma, das einlädt, sie gemeinsam mit Gästen zu genießen. Zwischen Juli und August geerntet, werden sie manchmal direkt von Bauern verkauft; sind die Köpfe ausgewachsen und frisch geschnitten, sollte man so eine Gelegenheit nutzen.

HISTORISCHES

Wir wissen nicht genau, ob die heute kultivierte Art von Artischocken bereits im Altertum verzehrt wurde. Es gibt verschiedene schriftliche Hinweise, doch könnten sich diese auch auf Wildformen der Artischocke beziehen, die in den Ländern Südeuropas weit verbreitet waren. Jedenfalls wurden Gartenartischocken zuerst in Italien populär. Allerdings teilte Goethe die Begeisterung der Italiener für dieses Gemüse durchaus nicht, wie seine Beobachtung von »Disteln essenden Bauern« erkennen läßt.

Heute werden Artischocken vorwiegend in Südeuropa und Kalifornien angebaut. In Italien, Frankreich und Spanien ißt man gerne auch die sehr jungen Köpfe, die ganz verspeist werden, bevor sich der Bart gebildet hat. Leider werden diese jungen Köstlichkeiten nicht exportiert, doch auf Reisen sollte man darauf achten.

KAUF UND LAGERUNG

Obwohl man Artischocken im Supermarkt das ganze Jahr über bekommt, lohnt sich der Kauf wirklich nur während der Saison; die kleinen, etwas trockenen Exemplare der Winterzeit sollte man liegen lassen. Zur Erntezeit müssen die Blätter frisch und lebendig wirken, während die inneren Blätter fest um das Herz herum geschlossen sind. Man sollte sie so frisch wie möglich verzehren, doch lassen sie sich zur Not auch bis zu drei Tagen im Gemüsefach aufbewahren.

ZUBEREITUNG

Zuerst dreht man den Stengel heraus, schneidet den Boden flach und entfernt die unteren kleinen Außenblätter. Falls die übrigen Blattspitzen sehr hart sind, kann man sie mit einer Haushaltsschere stutzen. Danach unter fließendem Wasser abspülen und in kochendem Wasser, in das man den Saft einer halben Zitrone gegeben hat, etwa 30-40 Minuten ziehen lassen. Wenn sich die äußeren Blätter leicht abziehen lassen und ihr Ansatz weich ist, sind sie gar.

haarigen Bart ab und ißt den Boden mit Messer und Gabel unter Zugabe von Vinaigrette, Knoblauchbutter oder anderen, schmackhaften Dips.

KARDE

Dieses groß gewachsene Gemüse ist eng mit den Gartenartischocken verwandt und schmeckt wie eine großartige Mischung aus Artischocke und Spargel. Gut gepflegte Pflanzen können tatsächlich bis zu zwei Metern hoch werden und werden, wie Sellerie, in der späten Wachstumsphase gebleicht. Dazu werden die Stengel mit Zeitungspapier oder schwarzer Folie umwickelt und haben dann zur Ernte im Spätherbst, gerade vor den ersten Frösten, einen blaßgrünen Farbton.

Karde ist in Südeuropa als Gemüse sehr beliebt, überall sonst aber kaum bekannt. In Spanien wird es zusammen mit Maronen oder Walnüssen gekocht, man ißt nur die inneren Stengel und das Herz.

GETRÄNKEWAHL

Artischocken enthalten einen Stoff namens Cynarin, der bei vielen – obgleich nicht allen – Essern die Geschmacksknospen beeinflußt und Süßes stärker hervortreten läßt. Daher sollte man keinen süßen Wein dazu servieren: Man hätte nichts davon. Besser sind in diesem Fall Wasser oder trockener Wein.

ETIKETTE

Artischocken essen macht Spaß: Man ißt sie mit den Fingern. Eventuelle Befangenheiten zu Beginn einer Dinner-Party lösen sich so im Nu auf. Am besten teilen sich je zwei Personen eine Artischocke – und damit den Spaß des Zupfens und Tunkens. Rechnet man eine Artischocke pro Person, dann serviert man sie eben nacheinander. Verschiedene Dips – vor allem Vinaigrette und Knoblauchbutter – gehören unbedingt dazu; sie lassen sich wunderbar in schön geschmückten Schälchen auf dem Tisch servieren. Man zupft die Blätter einzeln, tunkt sie ein und zieht dann das »Fleisch« des unteren Endes mit den Zähnen ab. Den Rest der Blätter legt man beiseite. Schließlich erscheint das Herz der Frucht. Man zieht den

Ganz links: Artischockenköpfe
Ganz oben: Junge Artischocken
Oben: Karde

STANGENSELLERIE

Manche Leute behaupten, allein schon das Kauen von Stangensellerie habe einen gewichtsreduzierenden Effekt, da man dabei mehr Kalorien verbrauche, als die Stangen selbst enthalten. Sein ganz individueller, voller Geschmack gibt Suppen und Füllungen eine besondere Note, und er macht sich auch hervorragend als Salatzusatz. Die leicht säuerliche, bissige Textur der Stangen bildet dabei einen interessanten Kontrast zu den übrigen Zutaten eines Waldorf- oder eines Walnuß-Avocado-Salats.

HISTORISCHES

Von seinem Ursprungsland Italien aus ist Stangensellerie bei uns schon vor mehreren hundert Jahren heimisch geworden.

NÄHRWERTE

Die Stangen enthalten Kalium und Kalzium, jedoch wenig Kalorien.

SORTEN

Viele Gemüsehändler haben, je nach Saison, grünen wie weißen Stangensellerie im Angebot. Der Unterschied ist nicht sehr bekannt. Von Natur aus sind Selleriestangen grün. Häufelt man aber Erde über die Triebe, so bleiben sie vor Sonnenlicht geschützt und hell. Weißer Sellerie ist daher oft etwas verschmutzt, während der grüne schön »sauber« bleibt. Weißer Sellerie ist frostresistent, weshalb es ihn auch im Winter gibt. Er ist zarter und nicht so bitter wie grüner Sellerie und wird von Kennern vorgezogen. Sellerie wird oft als Wintergemüse angesehen und paßt in Füllungen oder Saucen gut zu einem Weihnachtsessen mit Truthahn oder Schinken.

KAUF UND LAGERUNG

Weißen Sellerie gibt es während der Wintermonate. Kaufen Sie möglichst die ungewaschenen Stangen, die herzhafter schmecken als die eher fahlen Supermarktgewächse. Die Stangen sollten gerade gewachsen und die Blätter frisch grün sein. Fehlen Blätter oder äußere Stangen, deutet das auf lange Lagerung hin.

Stangensellerie läßt sich einige Tage im Gemüsefach aufbewahren. Die Stengel lassen sich »wiederbeleben«, indem man sie mit Löschpapier umwickelt in ein Glas Wasser stellt.

VORBEREITUNG
Beim Waschen schneidet man das Wurzelende ab, trennt die Stangen und zerlegt sie in Scheiben. Möchte man die Stangen roh verzehren, zieht man, beginnend am unteren Ende, die groben Fäden aus der Außenschicht.

ZUBEREITUNG
Roher, fein geschnittener Stangensellerie paßt als Salatzutat gut zu einem Dressing mit Frischkäse oder Sauerrahm. Auch gedünsteter Sellerie, ob ganz oder in Stücken, schmeckt köstlich. Der leicht säuerliche, volle Geschmack macht sich hervorragend in Suppen und Füllungen.

KNOLLENSELLERIE

Botanisch gesehen, handelt es sich bei dem Knollensellerie um die Wurzel bestimmter Selleriearten. Die Außenschale ist braun-weiß, der Geschmack weniger ausgeprägt als der von Stangensellerie. Als Rohkost haben die Knollen schönen Biß, gekocht erinnert die Textur mehr an Kartoffeln. Aus Sellerie und Kartoffeln wird daher auch ein wunderbares Gratin.

VORBEREITUNG
Wenn Sie die Wahl haben, sollten sie eher kleine Knollen kaufen. Sobald die Knollen geschält und geschnitten sind, gibt man sie bis zur weiteren Verarbeitung in etwas Zitronenwasser, da sie sich im Licht verfärben.

ZUBEREITUNG
Die Knollen können in Suppen und Brühen oder gekocht und gewürfelt in Kartoffelsalat verarbeitet werden.

Links: Grüner Stangensellerie
Oben: Weißer Stangensellerie
Rechts: Knollensellerie

FARNSPRÖSSLINGE

Die Sprößlinge von tiefgrüner Farbe sind normalerweise etwa 5 cm groß. Ihr ungewöhnlicher Geschmack ähnelt einer Mischung aus Spargel und Okra. Sie stellen eine beliebte Bereicherung der orientalischen Küche dar und setzen sich in unseren Breiten erst langsam durch.

ZUBEREITUNG

Man schneidet die Enden ab. Dann gart man die Sprößlinge in Dampf oder wenig Wasser oder dünstet sie in Butter, bis sie schön zart sind. Zur Verwendung in Salaten oder als Vorspeise mit einer Sauce Hollandaise.

Rechts: Farnsprößlinge
Unten links: Alfalfa-Sprossen
Unten rechts: Mungbohnen-Sprossen

ASIATISCHE SPROSSEN

BAMBUSSCHÖSSLINGE

In Ostasien sind Bambusschößlinge auf jedem Markt zu kaufen. Man entfernt die braune Haut, der Rest ist genießbar. Obwohl man frische Bambusschößlinge in gut sortierten Asienshops findet, müssen wir zumeist auf Dosenware zurückgreifen. Frische Schößlinge haben einen ganz eigenen, milden Geschmack, der entfernt an Artischocken erinnert. Dosenware schmeckt eigentlich nach gar nichts, wird jedoch trotzdem, insbesondere in der chinesischen Küche, wegen ihres knackigen Bisses verwendet.

ZUBEREITUNG

Geschälte Spitzen werden in kochendem Wasser etwa eine halbe Stunde gegart; sie sollten dann fest, aber nicht hart sein. Danach in dünne Streifen geschnitten, serviert man sie mit Dips als eigene Beilage, in Bratgerichten, Frühlingsrollen und anderen Speisen von knackiger Konsistenz. Da Bambusschößlinge in Salzlake konserviert werden, muß man sie vor dem Zubereiten gut abspülen.

BOHNENSPROSSEN

Seit jeher in asiatischen Gerichten verwendet, gewinnen sie trotz bisheriger Vernachlässigung auch infolge zunehmenden Ernährungsbewußtseins endlich an Renommé. Sie schmecken wunderbar frisch und sind äußerst nahrhaft.

Man kann alle möglichen Arten von Samen zum Keimen bringen, doch vor allem Bohnensprossen sind köstlich. Hierzu zählen auch Mung- und Adukibohnen, Alfalfa, Linsen und

Sojabohnen, die man alle auch zu Hause leicht auskeimen lassen kann.

NÄHRWERTE
Bohnensprossen enthalten hohe Anteile an Protein, Vitamin C und viele B-Vitamine. In Salaten und auf Brot schmecken sie am besten und empfehlen sich als Teil jeder Diätnahrung, da sie wenig Kalorien haben, trotzdem sättigen und auch ohne Dressing köstlich schmecken.

KAUF UND LAGERUNG
Bohnensprossen nur frisch kaufen! Sie halten nicht lange und schmecken schnell säuerlich. Frische Sprossen erkennt man an ihren festen Stengeln und grünen oder gelben, keinesfalls braunen, Spitzen.

ZUBEREITUNG
Bei Wokgerichten gibt man Bohnensprossen erst ganz zum Schluß dazu, damit sie möglichst viel von ihrem Biß und ihren Nährstoffen behalten. In vielen Bioläden bekommt man Anleitungen und speziell zum Keimen geeignetes Saatgut.

PALMHERZEN
Frische Palmherzen, also die Keimspitzen bestimmter Palmenarten, werden in vielen Gegenden der Welt als Delikatesse gehandelt. Bei uns gibt es sie leider meist nur aus Dosen. Palmherzen sollte man vor dem Zubereiten blanchieren, um die Bitterstoffe herauszulösen. Man kann sie dünsten oder schmoren und warm mit einer Sauce Hollandaise oder kalt mit einer schlichten Vinaigrette servieren.

WASSERKASTANIEN
Der Begriff »Wasserkastanie« umreißt eine Anzahl von Wasserpflanzen mit nußähnlichen Früchten, von denen die »Chinesische Wasserkastanie«, auch »Chinesische Segge« genannt, vielleicht die bekannteste ist. Sie wird in China wie Reis angebaut und erfordert die gleichen Bedingungen von warmem Klima, flachem Wasser und gutem Boden. Im Frühjahr werden die Setzlinge ausgepflanzt und dann 10 cm tief geflutet. Im Herbst läßt man das Wasser ab und lagert die Ernte bis über den Winter. Wasserkastanien sind in der chinesischen Küche wegen ihres süß-knackigen Geschmacks mit nussigem Oberton sehr beliebt. Man kann sie roh oder gekocht verzehren.

Oben: Keimende Mungbohnen
Unten (im Uhrzeigersinn von links oben): Wasserkastanie aus der Dose, Bambusschößlinge aus der Dose, frische Wasserkastanien, Palmherzen aus der Dose

FENCHEL

Fenchelgemüse ist eng mit dem gleichnamigen Kräutergewürz verwandt. Man bezeichnet es auch als Süßen oder Italienischen Fenchel. Mit dem Gewürz hat Gemüsefenchel den ausgeprägten Anisgeschmack gemein, der besonders gut zu Fisch paßt. Zum Fisch selbst nimmt man das Gemüse, während das Trockengewürz bzw. die Samen in Fischbrühe und -suppe Verwendung finden. Das Grün ist eßbar und wird in Suppen und Saucen oder zur Verzierung benutzt.

HISTORISCHES

Richtig populär ist Fenchel bei uns erst in den letzten 20 Jahren geworden, obwohl er bereits in der Antike von Ägyptern, Griechen und Römern angebaut wurde. Entsprechend bekannt ist er in Italien, woher auch die besten Rezepte stammen.

KAUF UND LAGERUNG

Wenn möglich, kauft man zierliche, zarte weiße Knollen ohne Beschädigung und mit frischem, fedrigem Grün. Fenchel hält sich bis zu zwei Tagen im Kühlschrank.

VORBEREITUNG

Sofern die Knollen nicht besonders frisch und jung sind, entfernt man die äußere Schicht (die man allerdings für die Brühe nehmen kann). Je nach Laune können die Knollen dann quer oder längs in die gewünschte Stückelung geschnitten werden.

ZUBEREITUNG

Mit einer leichten Vinaigrette kann kleingewürfelter Fenchel roh serviert werden. In Salaten kontrastiert sein Geschmack angenehm mit Äpfeln, Stangensellerie und anderen bißfesten Zutaten. Ausgezeichnet schmeckt er auch gedünstet, zusammen mit Zwiebeln, Tomaten und Knoblauch, oder geschmort und überbacken.

Rechts: Florentiner Fenchel
Ganz rechts: Queller

QUELLER

Es gibt zwei Arten von Queller. Der Marsch-Queller wächst in Flußmündungen und Salzmarschen, während Felsen-Queller, gelegentlich auch Seefenchel genannt, an felsigen Küsten vorkommt. Obwohl es sich um ganz verschiedene Pflanzen handelt, werden sie häufig verwechselt – vielleicht auch, weil beide am Meer zu finden sind.

Beim Fischhändler wird man wohl eher den Marsch-Queller bekommen, auch als Seespargel bekannt. Obwohl Queller überall an den Küsten Europas und Nordamerikas vorkommt, wird er nur gesammelt und selten kultiviert, und man bekommt ihn nur in der kurzen Zeit im Spätsommer und frühen Herbst.

Queller schmeckt ausgeprägt salzig und hat einen knackigen Biß. Er paßt mit seinem Meeraroma hervorragend zu allen Arten von Fischgerichten, kann aber gedünstet und mit zerlassener Butter auch für sich genossen werden.

KAUF UND LAGERUNG

Zur Saison gibt es Queller bei guten Fischhändlern. Die Stengel müssen hell und frisch aussehen. Man kauft nur soviel, wie man benötigt; er hält sich nicht sehr lange.

ZUBEREITUNG

Man blanchiert Queller höchstens 3 Minuten. Man kann ihn auch roh essen, doch das Blanchieren nimmt etwas von seiner Salzigkeit.

Man ißt Queller, indem man – ähnlich wie bei Artischocken – mit den Zähnen das saftige Gemüsefleisch vom festen Inneren abzieht.

DREI

WURZEL-GEMÜSE

Kartoffeln

Pastinaken

Topinambur

Rübchen und Steckrüben

Karotten

Meerrettich

Rote Bete

Schwarzwurzeln

Exotische Wurzeln

Ingwer und Galangawurzel

KARTOFFELN

Ursprünglich stammt die Kartoffel aus Südamerika. In Nordamerika war sie, trotz anderslautender Legenden, bis zum 18. Jh. unbekannt.

HISTORISCHES

Möglicherweise ist Sir Francis Drake für ihre Einführung nach Europa verantwortlich. Im Jahre 1586 hatte er, nach Kämpfen mit den Spaniern in der Karibik, in Cartagena in Nordkolumbien neuen Proviant an Bord genommen – darunter auch Kartoffeln und Tabak.

Offenbar war Königin Elisabeth von den Knollen sehr angetan; sie wurden von ihren Gärtnern als Zierpflanze angebaut. Doch dauerte es einige Zeit, bis sie sich als Nahrungsmittel durchsetzen konnten. Die »feine Gesellschaft« fand Kartoffeln zunächst geschmacklos und verachtete sie als »Armeleutegericht«. Das Landvolk aber mißtraute der Tatsache, daß die Knollen unter der Erde heranreiften und hielt die ganze Sache für Teufelswerk. Presbyterianische Geistliche in Schottland warnten ihre Gemeinden, daß in der Bibel von Kartoffeln keine Rede sei und sie daher keine ordentliche Christenspeise abgäben.

Allen negativen Schlagzeilen zum Trotz erkannte man aber nach und nach die Vorzüge dieser Frucht. Um 1650 bildete sie das Hauptnahrungsmittel der Iren und ersetzte allmählich auch im übrigen Europa den Weizen als Grundnahrungsmittel für Mensch und Tier. In einem der frühesten englischen Kochbücher, dem »Adam's Luxury and Eve's Cookery«, werden nicht weniger als 20 verschiedene Koch- und Serviervorschläge für Kartoffeln unterbreitet.

In Nordamerika tauchen Kartoffeln zuerst im Jahre 1719 in der Gegend von Londonderry, New Hampshire, auf, wohin sie wohl mit irischen Siedlern geraten waren.

In Frankreich erkannte Antoine-Auguste Parmentier, ein Militärarzt des späten 18. Jhs., die Bedeutung der Kartoffel vor allem als wichtiges Nahrungsmittel für Arme und beschloß, ihren Ruf zu verbessern. Er überredete Louis XVI, dem Kartoffelanbau auf königlichem Land rund um den Palast von Versailles zuzustimmen, womit er auf die modebewußten Pariser großen Eindruck machte. Auch veranstaltete er bei Hof ein Bankett, bei dem jeder Gang ein Kartoffelgericht enthielt. So wurde das Kartoffelessen richtig »chic«, erst bei Hofe und dann in der feinen französischen Gesellschaft. Wenn heute eine Gericht die Charakterisierung »Parmentier« trägt, dürfen Sie Kartoffeln als Zutat erwarten. In Deutschland ist die Einführung des Kartoffelanbaus direkt mit der Person Friedrichs des Großen verbunden.

NÄHRWERTE

Kartoffeln sind hervorragende Lieferanten von Kohlehydraten. Längst haben sie ihren Ruf als Dickmacher verloren; man weiß stattdessen, daß sie bei Diäten eine wichtige Rolle spielen – sofern sie nicht in Öl fritiert oder mit reichlich Butter püriert werden. Ferner enthalten sie Vitamin C und sind während der Wintermonate oft sogar eine Hauptquelle dieses wichtigen Vitamins. Weitere Nährstoffe sind Kalium, Eisen und Vitamin B.

SORTEN

Es gibt weit über 400 Kartoffelsorten, doch im Handel hat man es meist nur mit etwa 15 Sorten zu tun. Da Kartoffeln immer unter ihrem Sortennamen gehandelt werden, läßt sich mit der Zeit herausfinden, welche man wie verwenden möchte.

FRÜHKARTOFFELN

Christa: Als sehr frühe gelbfleischige Sorte ist sie vorwiegend festkochend. Gekocht oder dampfgegart und mit Butter und etwas gehackter Petersilie schmeckt sie unübertrefflich. Ihr festes gelbes Fleisch hat einen ganz eigenen Geschmack.

Ukama: Eine festkochende Frühkartoffel aus den Niederlanden, mit mildem, aber ausgeprägtem Aroma.

Siracusa: Sie kommt aus dem sizilianischen Syrakus, daher der Name, und ist eine der ersten Frühkartoffeln. Ihr festes helles Fleisch eignet sich gut zum Dampfgaren.

Linda: Eine mittelfrühe, deutsche Sorte. Sie hat festes Fleisch, das beim Kochen nicht zerfällt – und daher für Kartoffelsalat bestens geeignet ist.

SPÄTKARTOFFELN

Désirée: Diese Kartoffel hat eine rosa Schale und gelbes weiches Fleisch. Sie eignet sich zum Überbacken, Fritieren, Braten und Pürieren.

Maja: Eine gute Allroundkartoffel mit gelbem Fleisch und heller Schale.

Sieglinde: Sie behält beim Kochen Form und Farbe, hat einen ausgezeichneten Geschmack und läßt sich hervorragend backen, schmeckt aber auch gekocht oder gebraten.

Granola: Diese mittelfrühe, vorwiegend festkochende Sorte eignet sich gut als Kochkartoffel und ist im Geschmack besonders mild.

Roseval: Sie ist eine mittelspäte französische Sorte, mit roter Schale und gelbem Fleisch, vorwiegend festkochend. Sie schmeckt gut als Bratkartoffel oder im Ofen gebacken.

Adretta, Likaria und Arkula: Diese Kartoffelsorten stammen aus der ehemaligen DDR, sind mehlig bis festkochend und kräftig im Geschmack.

Aula: Sie ist eine späte bis sehr späte deutsche Herbstkartoffel. Man kann sie im Ofen backen, fritieren, braten und pürieren. Sie hat eine braune Schale und kräftig gelbes, mehligkochendes cremiges Fleisch.

Links: Kartoffeln der Sorte Primura
Oben: Granola (links) und Ukama (rechts)
Rechts: Exemplare der Sorte Roseval

Grata: Eine Kartoffel von mehliger Konsistenz. Sie eignet sich gut als Bratkartoffel, da sie beim Ankochen weich und bei anschließendem Braten schön knusprig wird.
Nicola: Eine Kartoffelsorte, die für viele Zwecke zu gebrauchen ist. Sie hat einen feinen Geschmack und ist daher eine beliebte Salatkartoffel.
Spunta: Die »Spunta« hat eine helle Schale, weißes Fleisch, angenehmer Geschmack und feste Konsistenz.

WEITERE SORTEN

Die meisten dieser Sorten sind mittelfrühe Kartoffeln; man findet sie zunehmend in Supermärkten.

Bintje: Eine mehligkochende Sorte aus den Niederlanden.
Drillinge: Junge, etwa daumengroße Knollen werden auch als »Fingerkartoffeln« bezeichnet. Als Frühkartoffel ißt man sie einfach gekocht und mit etwas Butter und Petersilie oder im Salat.
Ratte: Diese französische Sorte hat eine glatte Schale und wachsartig gelbes Fleisch. Typisch ist ihre spitze Form. Der Geschmack erinnert an Maronen und entfaltet sich gut in Salaten.
Linzer Delikatess: Kleine Knollen mit heller, glatter Schale. Sie haben keinen besonderen Eigengeschmack und

eignen sich am besten für Salate, wo man ihnen mit weiteren Zutaten und Gewürzen etwas aufhelfen kann.

Pastusa: Eine Kartoffel aus Pasto in Kolumbien. Sie hat dunkelgelbes Fleisch und einen sehr interessanten neuen Geschmack. Sie ist bei uns aber leider nur selten zu finden, wie alle ursprünglichen Sorten aus Kolumbien.

Oben links: Die Sorten Nicola (links) und Grata (rechts)
Links: Linzer Delikatess
Oben: Désirée (links) und Pastusa (rechts)
Rechts: Drillinge

Quarta: Sie hat große Knollen mit sehr kräftigem Eigengeschmack und läßt sich daher in allen Gerichten, die den Geschmack der Kartoffel unterstreichen, sehr gut verwerten – wie etwa Kartoffelpüree.

Trüffelkartoffel: Eine dunkel purpurne, fast schwarze Kartoffel unbekannter Herkunft, die heute in Frankreich angebaut wird. Sie ist eine edle Sorte und nur sehr schwer zu bekommen. Sie hat einen nußartigen, leicht mehligen Geschmack und eignet sich vor allem für Salate. Sie behält beim Kochen ihre Farbe.

EMPFEHLUNGEN

Im Ofen gebacken: Wie beim Fritieren nimmt man hierfür mehlige Kartoffeln wie »Aula«, »Grata« und »Bintje«.

Gekocht: »Ukama«, »Siracusa« und viele der neuen belgischen oder ägyptischen Sorten; auch »Pastusa«, »Ratte« und »Linzer Delikatess« schmecken köstlich.

Fritiert: »Roseval«, Bintje«, »Nicola«, »Grata« und »Désirée«.

Püriert: »Bintje«, »Aula«, »Roseval«, »Désirée«, »Nicola« und »Grata«.

Bratkartoffeln: Ideal sind mehlige Sorten wie »Grata«, »Bintje«, »Aula«, »Roseval«, »Désirée« und »Nicola«.

Im Salat: Hierfür nimmt man kleine Sorten wie »Ratte«, »Pastusa«, »Linzer Delikatess« sowie Drillinge und kleine Frühkartoffeln.

Sautiert: Geeignet sind feste Kartoffeln wie »Siracusa«, »Linda«, auch »Nicola« und »Sieglinde«.

KAUF UND LAGERUNG
Kartoffeln soll man immer an einem dunklen, kühlen und trockenen Ort aufbewahren. Zu hell gelagert, bekommen sie grüne Stellen, die giftig sein können. Bei Feuchtigkeit entwickelt sich Schimmel; daher dürfen Kartoffeln nicht in den Plastiktüten gelagert werden, in denen sie oft verkauft werden. Man füllt sie in Papiersäcke oder schüttet sie in Kartoffelkisten und stellt sie an einen dunklen, kühlen, aber frostfreien Ort. Achten Sie darauf, nur unbeschädigte Kartoffeln ohne Druckstellen einzulagern.

Spätkartoffeln lassen sich unter guten Bedingungen mehrere Monate lagern, verlieren dabei aber allmählich ihre Nährwerte. Frühkartoffeln sollten innerhalb weniger Tage nach der Ernte verzehrt werden, da sie sonst leicht matschig werden.

VORBEREITUNG
Bei Kartoffeln stecken die meisten Mineralien und Vitamine in oder dicht unter der Schale. Am besten ißt man die Schale also mit. Frühkartoffeln kann man einfach unter fließendem Wasser abspülen, ältere Kartoffeln müssen abgebürstet werden.

Falls man sie aber doch schälen möchte, nimmt man einen speziellen Kartoffelschäler, der nur eine ganz dünne Schale abschabt (unten links), oder – speziell für Salate und Kaltgerichte – kocht man die Knollen mit Schale und pellt sie nach dem Abkühlen.

ZUBEREITUNG
Im Backofen: Auf einem Blech gebacken, bekommen Kartoffeln eine knusprige braune Schale und eine schön lockere Konsistenz. Schneller geht es in der Mikrowelle, doch brauchen die Kartoffeln zum Schluß noch 10 Minuten im vorgeheizten Backofen, damit die Schale richtig nachbräunt.
Kochen: Die Kochzeit hängt von der verwendeten Sorte ab. Neue Kartoffeln läßt man ganz, Spätkartoffeln schneidet man in etwa gleichgroße Stücke und kocht sie in Salzwasser bei mäßiger Hitze und geschlossenem Deckel. Bei zu großer Hitze fallen ältere Früchte leicht auseinander.
Fritieren: Selbstgemachte Fritten sind ein Genuß und jeder Fertigware vorzuziehen. Wegen ihres hohen Fettgehalts sollte man sie allerdings nicht zu häufig auf den Speiseplan setzen.

Man schneidet die Kartoffeln in gleichmäßige Stifte und legt sie in eine Schüssel kaltes Wasser. Danach werden sie mit Krepp oder einem alten Handtuch abgetupft. In einen Kessel mit heißem Fett gibt man jeweils nur soviele Stücke, daß sie locker schwimmen. Nach der halben Garzeit schöpft man die Kartoffeln heraus und heizt das Fett wieder auf, bevor die Pommes zu Ende fritiert werden. So wird ihr Äußeres schön knusprig und sie saugen nicht soviel Fett auf. Der Fettgeruch in Küche und Wohnung läßt sich freilich nur mit einer Friteuse vermeiden.

Püree: Kartoffeln kochen, bis sie weich sind, und dann sorgfältig abgießen. Mit etwas Milch und Butter zerstampfen und nach Gusto mit Salz und Pfeffer würzen. Küchenmaschine oder Mixer verwandeln die Kartoffeln in eine ungenießbare Masse. Nach dem Stampfen läßt sich das Püree mit einer Gabel auflockern. Beim Pürieren ist Handarbeit der maschinellen Bearbeitung auf jeden Fall überlegen.
Röstkartoffeln: Mehlige Sorten sind die besten Röstkartoffeln. Etwa gleich große Stücke werden in leicht gesalzenem Wasser angegart, bis die Oberfläche weich wird. Dann gut abgießen und zurück in den Topf geben, den man mit geschlossenem Deckel einige Male kurz schüttelt, um sie etwas aufzurauhen. Danach in einem offenen Topf in dem erwärmten Öl durchbacken und sofort servieren, wenn sie goldgelb aussehen. Warmgestellt werden sie leicht zäh und ledrig.
Bratkartoffeln: Es gibt verschiedene Möglichkeiten der Zubereitung von Bratkartoffeln, und keine ist besser als die anderen. Zunächst werden die Kartoffeln in Salzwasser unzerkleinert 5–10 Min. angegart, danach gießt man sie gründlich ab und schneidet sie in dicke Scheiben. Natürlich kann man auch roh gewürfelte Kartoffeln etwa 2 Min. blanchieren und dann gründlich abgießen. Die Scheiben oder Würfel in einer breiten Eisenpfanne in heißem Sonnenblumenöl oder einer Mischung aus Sonnenblumen- und Olivenöl unter gelegentlichem Wenden ausbraten (nicht mit Butter, da diese verkohlt!).
Dampfgaren: Vor allem junge Frühkartoffeln lassen sich ausgezeichnet dampfgaren. Dazu legt man sie auf einer Schicht Minze oder Thymian in den Dämpfer oder dämpft in einem groben Sieb über einem Topf kochendem Wasser. Die Garzeit beträgt dann etwa 15–20 Min.

Oben links: Eine Knolle der Trüffelkartoffel
Unten links: Trüffelkartoffeln (links) und Ratte (rechts)

PASTINAKEN

Pastinaken sind ein etwas altmodisches Gemüse. Bei mir wecken sie Erinnerungen an kalte Winterabende vor dem Kamin. Obwohl man sie heute fast immer bekommt, bleiben sie mit ihrem besonderen Geschmack trotz allem ein echtes Wintergemüse für Suppen und Eintöpfe.

Pastinaken sind mit Karotten verwandt, doch hat ihr vergleichsweise süßlicher Geschmack eine deutlich erdbetonte Note, die gut zu anderen Wurzelgemüsen paßt und mit Gewürzen noch betont werden kann.

HISTORISCHES

Pastinaken stehen schon lange auf dem Speisezettel. Bereits die Römer verarbeiteten sie in Brühen und Eintöpfen. Als sie Gallien und Britannien eroberten, entdeckten sie, daß die Wurzeln aus dem Norden viel besser schmeckten als deren südeuropäischen Verwandten.

Während des Mittelalters bildeten Pastinaken das stärkehaltige Gemüse des normalen Volkes – die Kartoffel war ja noch nicht eingeführt. Sie waren einfach anzubauen und standen auch während der Wintermonate zur Verfügung. Ferner schätzte man ihren hohen Zuckergehalt. Marmeladen und Desserts aus Pastinaken wurden zu einem festen Bestandteil der englischen Küche, ebenso wie daraus hergestellte Biere und Weine. In unseren Tagen wird Pastinakenwein mit seiner goldenen Farbe und seinem satten, sherryartigen Geschmack gerade wieder entdeckt.

NÄHRWERT

Pastinaken enthalten mäßige Mengen an Vitamin A und C sowie einige Vitamine der B-Familie, ferner ein wenig Kalzium, Eisen und Kalium.

KAUF UND LAGERUNG

Obwohl das ganze Jahr über erhältlich, sind Pastinaken ein echtes Wintergemüse. Traditionell schätzt man sie besonders nach dem ersten Frost, doch mögen Gourmets auch die ganz jungen und zarten Wurzeln, die schon früh im Sommer angeboten werden. Beim Kauf wählt man kleine bis mittelgroße Exemplare, da dicke oft faserig sind. Sie müssen fest und hell sein und sollen keine Wurzeltriebe aufweisen. In einer luftigen Speisekammer oder einem kühlen Schuppen halten sie sich 8–10 Tage.

VORBEREITUNG

Kleine Wurzeln müssen kaum oder gar nicht geschält werden. Man kappt die Enden und kocht nach Rezept. Mittlere und große Exemplare müssen geschält werden; bei letzteren sollte sogar die holzige Mitte entfernt werden, damit die Wurzeln rascher und gleichmäßiger garkochen.

ZUBEREITUNG

Pastinaken werden einige Minuten vorgekocht, dann im Backofen durchgebacken. Kleine Wurzeln läßt man ganz, größere werden der Länge nach halbiert oder geviertelt. In Butter oder Öl benötigen sie bei 200° C höchstens 45 Min.

Gekochte Pastinaken werden in etwa 5 cm lange Stücke geschnitten und 15–20 Min. gegart. Bei dieser Zubereitung behalten sie ihre Form; in Eintopfgerichten hingegen lösen sie sich irgendwann auf. Das braucht nicht zu stören, da sich so auch ihr Geschmack gut mit den übrigen Zutaten vermischt.

TOPINAMBUR

Topinambur-Knollen (Jerusalem-artischocken) sind mit Sonnenblumen verwandt und haben mit Jerusalem wirklich nichts zu tun. Im Italienischen nennt man sie »girasole«, weil sie ihre gelben Blüten nach der Sonne drehen. Wahrscheinlich stammt daher ihr seltsamer Beiname.

Die knubbeligen Knollen haben einen wunderbaren Geschmack, der typisch ist für die klassische Palästinasuppe. Auch im Ofen gebacken oder geschmort sind sie köstlich.

HISTORISCHES

Man nimmt an, daß Topinambur aus Kanada und dem Mittleren Westen der USA stammt, wo sie von den Ureinwohnern schon im 15. Jh. angebaut worden sein sollen. Manche Autoren verweisen auf ihre »windigen« Nebenwirkungen, was ihre Beliebtheit leicht beeinträchtigt.

KAUF UND LAGERUNG

Sie sind im Winter und frühen Frühjahr am besten. Ihre Gestalt ist immer knubbelig; doch wenn man rundere Exemplare sucht, hat man weniger Abfall. Ihre Schale darf keine dunklen oder weichen Stellen haben. An einen dunklen, kühlen Ort lassen sie sich bis zu 10 Tagen aufbewahren.

VORBEREITUNG

Unter Lichteinfluß wird das ursprünglich weiße Fleisch rasch dunkelbraun. Die roh geschälten oder gewürfelten Stücke gibt man daher bis zur Weiterverwendung in eine Schale Wasser, das mit dem Saft einer halben Zitrone gesäuert ist. Um das schwierige Schälen zu erleichtern, kann man die Knollen auch direkt in gesäuertem Wasser kochen – die Schale sollte sich danach leichter lösen lassen.

ZUBEREITUNG

Topinambur-Knollen lassen sich im Prinzip genauso zubereiten wie Kartoffeln oder Pastinaken. Sie lassen sich überbacken, dünsten oder in Rührteig fritieren, doch sollte man sie dazu vorher etwa 10–15 Min. vorgaren. Zu gleichen Teilen mit Kartoffeln in Sahnesoße vermengt, ergeben sie eine kräftige Beilage, die dennoch geschmacklich nicht zu dominant wirkt.

Links: Pastinaken
Unten: Topinambur

RÜBCHEN UND STECKRÜBEN

Rübchen sowie Steckrüben gehören zur Kohl-Familie und sind so eng verwandt, daß leicht verständlich ist, warum sie bis heute oft verwechselt werden.

Allerdings ist die Verwechslungsgefahr im Fall der heute angebotenen Teltower Rübchen oder der ausgezeichneten französischen *Navets* eher noch stärker: Beide Sorten sind klein und weiß mit grüner oder – im Fall der *Navets* – rosa bis purpurner Schattierung.

HISTORISCHES

Hauptsächlich als Viehfutter, doch auch für den menschlichen Verzehr wurden weiße Rübchen schon seit Jahrhunderten angebaut. Bei Feinschmeckern waren sie nicht so beliebt, doch ärmere Familien betrachteten sie als nützliche Ergänzung des winterlichen Speiseplans.

Steckrüben wurden in England zunächst als eine Art Rübenkohl angebaut, bevor die Schweden im späten 18. Jh. mit dem Export des Gemüses begannen, was dann auch zu dem Namen »Schwedische Rüben« führte.

Bei uns genossen weiße Rübchen und Steckrüben lange Zeit keinen besonderen Ruf – wohl, weil sich nur wenige Köche um brauchbare Rezepte bemüht hatten. In Schulen und anderen Institutionen wurden sie nach Kriegsende häufig einfach gekocht und zu Suppe zermatscht, so daß dies für viele die einzige Form ist, in der sie diese wunderbaren Rübchen kennen.

In Frankreich hatten da wenigstens die Rübchen mehr Glück: Seit Jahrhunderten gibt es Rezepte, wie man die köstlichen *Navets* röstet, in Zucker und Butter karamelisiert oder einfach gedämpf mit Butter serviert. Im gesamten Mittelmeerraum schätzt man die Rübchen, wenn sie jung und zart sind, und verwendet sie als Beilage zu Fisch und Geflügel oder als Gemüsegericht zusammen mit Tomaten, Zwiebeln und Spinat.

NÄHRWERTE

Beide Gemüse sind gute Kalzium- und Kaliumlieferanten.

SORTEN

Immer häufiger sieht man im Handel die Herbstrübchen, kleine, runde Rübchen mit rosa bis purpurnem Farbton. Seltener, doch noch höher geschätzt, sind die länglichen, karottenförmigen Teltower Rübchen, die man bei uns immer häufiger auf Wochenmärkten bekommt. Allen gemeinsam ist jedoch der charakteristische pfefferige Geschmack, der bei den Herbstrübchen allerdings etwas süßer ausfällt.

Der Geschmack von Steckrüben ist meistens voller als der von Rübchen und läßt bei erstklassigen Züchtungen an Delikatesse nichts zu wünschen. Die »Marian« ist eine gelbfleischige Sorte mit sehr ausgeprägtem Rübengeschmack. Weißfleischige Sorten wie »Merrick« schmecken etwas wäßriger und mehr wie Rübchen.

KAUF UND LAGERUNG

Rübchen: Kaufen Sie, wenn möglich, Teltower Rübchen oder die kleinsten und jüngsten Exemplare der Herbstrübchen, die es gibt. Idealerweise sind sie fest und glatt und weisen eine frische, helle Oberseite auf. Kühl und trocken lagern.

Steckrüben: Sie sind insgesamt etwas größer als Rübchen, doch sollte man auch hier nach möglichst kleinen, unbeschädigten Exemplaren Ausschau halten, da große Knollen oft holzig sind. Ebenfalls kühl und trocken lagern.

ZUBEREITUNG

Rübchen: Ganz junge Rübchen werden nicht geschält. Man kappt Wurzel und Laub und köchelt sie, bis sie weich sind. Auch roh gerieben oder als dünne Scheibchen in Salaten sind sie köstlich.

Ältere Exemplare werden geschält und vor dem Kochen in Scheiben geschnitten. Ältere Knollen, die man zu lange kocht, legen leicht die spezifische Ranzigkeit von Kohl an den Tag. Das vermeidet man durch Blanchieren oder entsprechend sparsame Verwendung in Suppen und Eintöpfen.

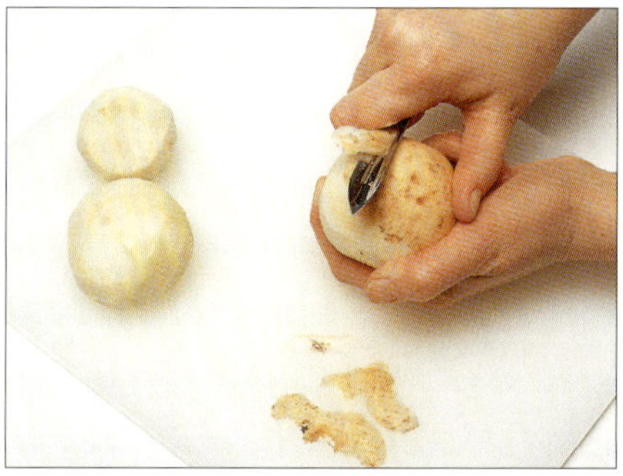

Steckrüben: Sie werden geschält und in Stücke geschnitten. Kocht man sie zu kurz, schmecken sie unangenehm roh, zu lang gekocht zerfallen sie – also häufiger probieren, ob sie schon gar sind. Steckrüben machen sich besonders gut zusammen mit anderen Wurzelgemüsen in Suppen und Eintöpfen, denen sie einen angenehm nussigen Beigeschmack verleihen.

Ganz links: Herbstrüben und Rübchen
Unten: Steckrüben

KAROTTEN

Nach Kartoffeln sind Karotten oder Möhren unser beliebtestes Wurzelgemüse. Zu Zeiten, als Gemüse noch hauptsächlich als Beilage zu Fleisch gereicht wurde, kamen sie nicht gut weg – oft überkocht und dennoch brav aufgegessen, weil sie angeblich gut für die Augen sind.

Je nach Zubereitung schmecken Karotten ganz verschieden. Ganz jung sind sie delikat süß, wenn in Butter und etwas Wasser gedünstet; gegart werden sie köstlich zart. Gerieben im Salat wirken sie frisch und klar, während sie Eintöpfen ein charakteristisches Aroma verleihen. In Suppen entfaltet sich ihr Duft besonders gut, während sie in Kuchen kaum wahrgenommen werden, denen sie aber eine besondere Süße verleihen.

HISTORISCHES

Noch im Mittelalter waren Karotten purpurrot. Die orangefarbenen Sorten kamen im 17. und 18 Jh. aus Holland. Außer in Frankreich sind purpurne und weiße Sorten heute eher selten geworden.

NÄHRWERT

Möhren enthalten große Mengen an Karotin und Vitamin A, zusammen mit den wichtigen Vitaminen B3, C und E; in rohem Zustand versorgen sie uns ebenfalls mit reichlich Kalium, Kalzium, Eisen und Zink, die sich beim Kochen allerdings verflüchtigen.

Die Behauptung, Karotten seien gut für die Nachtsicht, stammt aus dem Zweiten Weltkrieg. In England wurden 1939 Radarstationen entlang der Süd- und Ostküsten installiert, um einen Angriff frühzeitig zu entdecken. In Deutschland soll man die plötzlich verbesserte Fähigkeit der Engländer zur Nachtsicht auf deren großen Karottenverzehr zurückgeführt haben. In der Tat hilft das in Karotten enthaltene Vitamin A bei der Bildung des Stoffs Retinal, dessen Fehlen zu Nachtblindheit führen kann.

KAUF UND LAGERUNG
Selbstgezogene Möhren sind deutlich besser als im Laden gekaufte. Fast alle ökologisch angebauten Gemüse schmecken besser, aber für Möhren gilt das besonders.

Junge, bleistiftdünne Karotten sind besonders zart und schmecken roh oder kurz gedämpft. Junge Möhren werden mit dem Möhrengrün verkauft; es sollte beim Kauf frisch grün aussehen. Auch die älteren Exemplare sollen frisch und unbeschädigt sein. Schlaffe Vertreter haben nur geringen Nährwert.

Karotten darf man nicht zu lange aufbewahren. An einem kühlen und trockenen Ort oder im Gemüsefach halten sie sich aber einige Tage.

VORBEREITUNG
Da ihre wichtigsten Nährstoffe in oder dicht unter der Oberfläche liegen, richtet sich auch die Vorbereitung nach dem Alter des Gemüses. Junge Karotten werden einfach unter fließendem kalten Wasser abgespült. Mittelgroße Exemplare kann man mit dem Messer schaben, während dickere Möhren mit dem Kartoffelschäler geschält werden.

ZUBEREITUNG
Karotten ißt man roh oder gekocht. Kinder lieben sie roh wegen ihres süssen Geschmacks. In feine Julienne-Stifte geschnitten, mit passendem Dressing, sind sie ebenso delikat wie roh in Blatt- oder Krautsalat geraffelt.

Beim Garen gibt es viele Möglichkeiten. Karotten lassen sich als Julienne-Stifte mit Butter und Cidre dünsten, oder in ganz wenig Brühe garen und dann mit Butter und Kümmel verfeinern.

Gebratene Möhren schmecken köstlich süß. Große Stangen werden kurz vorgekocht, jüngere Exemplare blanchiert oder direkt zum Fleisch in die Pfanne gegeben.

MEERRETTICH

Am Meerrettich schätzt man seine scharf schmeckende Wurzel, die gerieben, mit Sahne oder Öl und Essig gemischt und so zu Fleisch oder Karpfen serviert wird. Frischen Meerrettich findet man im Frühjahr in vielen Geschäften. Ein schmackhafter Dip entsteht auf folgende Weise: Man verrührt 45 ml oder 3 TL geschälten und geriebenen Meerrettich mit 150 ml Sahne, etwas Dijon-Senf, Essig (gerne auch gewürzt) und ein wenig Zucker nach Geschmack. Der Dip paßt hervorragend zu heißem oder kaltem Rinderbraten, geräucherten Forellen oder Makrelen oder als dünner Brotaufstrich zu einer feinen Paté.

Links: Karotten
Rechts: Meerrettich

ROTE BETE

Die essiggetränkten Scheiben der Fertigware haben vielen Genießern die Rote Bete vergällt. Kenner kaufen frische Knollen, die sie selbst zubereiten. Dazu gibt es viele Möglichkeiten: im Ofen gebacken mit saurer Sahne, in Sahne gedünstet, im Salat oder als Bestandteil des klassischen Borschtsch.

HISTORISCHES

Rote Bete sind eng verwandt mit Zuckerrüben und Mangold. Der Anbau von Zuckerrüben nahm seinen Aufschwung, als man im 18. Jh. entdeckte, wie daraus Zucker gewonnen werden kann. Mangold wurde jahrhundertelang als Viehfutter angebaut, in Hungerzeiten aber auch von den Menschen gegessen.

Rote Bete jedoch werden vermutlich schon seit römischer Zeit angebaut. Um die Mitte des 19. Jhs. waren sie jedenfalls sehr beliebt: Im Kochbuch von Mrs. Beeton finden sich elf Rezepte, einschließlich einer Rote-Bete-und-Karotten-Marmelade und Rote-Bete-Pfannkuchen.

NÄHRWERT

Rote Bete sind ein exzellenter Kaliumlieferant. Ihre nach Spinat schmeckenden Blätter enthalten viel Vitamin A, Eisen und Kalzium.

KAUF UND LAGERUNG

Am besten sind kleine Knollen mit intakten Würzelchen und mindestens 5 cm langen Stengeln. Zu knapp geschnitten, bluten sie beim Kochen aus. Kühl lassen sich Rote Bete mehrere Wochen lang aufbewahren.

VORBEREITUNG

Zunächst werden die Knollen unter kaltem Wasser gewaschen und ihr Laub auf etwa 3 cm zurückgeschnitten; auf keinen Fall die Wurzel kappen oder gar schälen, weil sonst die Farbe ausblutet. Werden Rote Bete kalt zu Salat verarbeitet, gewürfelt oder gerieben, schält man sie dünn mit einem Kartoffelschäler.

ZUBEREITUNG

Für die Zubereitung im Backofen legt man Rote Bete mit 4–5 EL Wasser in einen Topf und bedeckt ihn mit einer doppelten Lage Alufolie und einem fest schließenden Deckel. Dann gart man sie in genügend Flüssigkeit 2–3 Std. Die Knollen sind gar, wenn ihre Schale runzlig wird und sich leicht abreiben läßt. Man kann Rote Bete auch direkt in doppelte Alufolie wickeln und garen. Möchte man Rote Bete kochen, so werden sie etwa 1,5 Std. gekocht.

»GRÜNE« ROTE BETE

Das Laub verschiedener Wurzelgemüse ist nicht nur eßbar, sondern sogar ausgesprochen nährstoffreich. Die Blätter der Roten Bete enthalten besonders viel Vitamin A und C und sogar mehr Eisen und Kalzium als Spinat. Obwohl die Blätter köstlich schmecken, sind sie nicht leicht zu finden – es sei denn, man zieht seine eigenen Knollen. Man blanchiert die Blätter nur wenige Minuten, schüttet sie gut ab und serviert sie mit Butter oder Olivenöl.

Links: Rote Bete
Oben und unten rechts: Schwarzwurzeln

SCHWARZWURZELN

Schwarzwurzeln gibt es mit schwarzer oder blaßbrauner Schale, sie sind aber eng verwandt und gehören zur selben Pflanzengattung wie Löwenzahn und Kopfsalat. Allen gemeinsam ist eine lange, spitz zulaufende Wurzel.

Schwarzwurzeln besitzen ein helles bis cremefarbenes Fleisch und erinnern im Geschmack an Artischocken oder Spargel. Von vielen Liebhabern werden sie sogar dem Spargel vorgezogen und als die »Auster« unter den Gemüsen bezeichnet.

Mit Sahne oder in Butter gebraten, geben Schwarzwurzeln eine delikate Beilage, lassen sich aber auch vorzüglich in Suppen verwenden.

HISTORISCHES

Schwarzwurzeln stammen aus dem Mittelmeerraum, werden heute aber in ganz Europa angebaut. Sie haben eine Geschichte als Medizinpflanze, da Wurzeln, Blätter und Blüten bei der Behandlung von Sodbrennen, Appetitlosigkeit und Diabetes verwendet wurden.

KAUF UND LAGERUNG

Feste, glatte Wurzeln, deren Laub möglichst noch frisch aussehen sollte, sind am besten. Die Wurzeln können kühl und dunkel mehrere Tage gelagert werden.

VORBEREITUNG

Schwarzwurzeln sind nicht ganz leicht zu putzen. Entweder schrubbt man die Wurzeln unter fließend kaltem Wasser und schält sie nach dem Kochen, oder man schält sie vorab mit einem scharfen Messer aus rostfreiem Stahl (unten). Anschließend werden die Stücke sofort in reichlich Zitronenwasser gelegt, weil sie sich schnell verfärben.

ZUBEREITUNG

Die Stücke 20–30 Min. köcheln, bis sie zart sind. Gut abgießen und kurz in Butter dünsten oder sofort mit Zitronensaft, zerlassener Butter und Petersilie servieren.

Schwarzwurzeln ergeben auch tolle Suppen. Gekochte, abgekühlte Wurzeln können mit einer Vinaigrette und einem Blattsalat angerichtet werden.

EXOTISCHE WURZELN

Überall in der Welt werden die verschiedensten Wurzeln angebaut, um damit eine unglaubliche Vielfalt an Gerichten zu zaubern. Yamswurzeln, Süßkartoffel, Maniok und Taro, um nur einige zu nennen, sind für viele Menschen das Grundnahrungsmittel: als ganzes Mahl, als Gemüse oder gemahlen und zu Brot und Gebäck verarbeitet. Die meisten exotischen Knollen können bei uns aufgrund des Klimas nicht angebaut werden, einige sind jedoch in gut sortierten Gemüseläden zu finden.

SÜSSKARTOFFELN

Sie gehören zu den Gemüsen, deren Geschmack man nicht mehr vergißt. Wie der Name verrät, schmecken sie süß, doch mit einer leicht scharfen Note. Diese besondere Geschmackskombination paßt hervorragend zu vielen pikanten Gerichten und gut zu Truthahn oder Schweinefleisch, die einen süßlichen Hintergrund vertragen können.

HISTORISCHES

Süßkartoffeln stammen aus Südamerika, werden aber überall angebaut. Sie waren den Vorfahren der Inkas bekannt und wurden noch vor der Kartoffel nach Spanien importiert. Ab dem 14. Jh. verbreiteten sie sich von Polynesien aus nach Neuseeland und Asien. In der Karibik und den Südstaaten der USA gehören Süßkartoffeln zu den Grundnahrungsmitteln, und viele bekannte Rezepte stammen von dort – beispielsweise als Erntedankgericht kandierte Süßkartoffeln zu Truthahn oder Schinken. Auf Jamaika und den Westindischen Inseln kennt man sie ebenso als gebackene Kartoffeln wie als Bestandteil des typisch karibisch-pikanten Auflaufs aus Süßkartoffeln, Kokosnuß, Limonen und Zimt.

In England scheint die Süßkartoffel eher angekommen zu sein als ihre »normale« Cousine. Henry VIII soll sehr angetan gewesen sein von ihrer Verwendung in Pasteten, wovon er sich eine Stärkung seiner Manneskraft versprach. Seine Regierungszeit im frühen 16. Jh. spricht für eine Verbindung zu spanischen Importen, da die Spanier seit Christoph Columbus eine ganze Reihe tropischer Gemüse und Früchte aus der Neuen Welt eingeführt hatten.

SORTEN

Je nach Sorte findet man weiße, rosafarbene oder rotbraune Schalen. Die rotschalige Variante mit weißem Fleisch wird in der karibischen Küche am häufigsten verwendet.

KAUF UND LAGERUNG

Kleine bis mittelgroße Knollen sind zart, dickere Exemplare leicht faserig. Sie sollten fest und gleichmäßig geformt sein. Feuchte Stellen oder Keimansätze verraten welke Knollen. Kühl halten sich Süßkartoffeln mehrere Tage.

ZUBEREITUNG

Für die Zubereitung im Backofen schrubbt man Süßkartoffeln gründlich und behandelt sie sonst wie normale Kartoffeln. Man pellt sie entweder nach dem Garen oder gibt sie sofort nach dem Schälen in leicht mit Zitronensaft gesäuertes Wasser, worin sie auch gekocht werden, da sie sich sonst leicht verfärben. Überhaupt lassen sich Süßkartoffeln braten, kochen, pürieren oder backen – eben ganz wie normale Kartoffeln. In sahnigen Gerichten oder Gratins sind sie allerdings wegen ihres gleichzeitig zu süßen und zu pikanten Eigengeschmacks nicht so gut.

Zum Braten und Dünsten mischt man sie mit Zwiebeln oder anderen Zutaten, die ihren Eigengeschmack unterstützen. Man kann sie aber auch z. B. püriert über krustierten Geflügelauflauf decken.

YAM

Seit Tausenden von Jahren ist Yam das Grundnahrungsmittel vieler Kulturen. Entsprechend verschieden in Form, Größe, Farbe und Name sind heute die zahlreichen Züchtungen auf der ganzen Welt. Man glaubt, daß die meisten Sorten aus China stammen, jedoch schon vor langer Zeit nach Afrika gelangten. In tropischem und subtropischem Klima sind sie leicht anzubauen und enthalten, wie für jedes Grundnahrungsmittel erforderlich, einen hohen Anteil an Kohlehydraten.

Indianische Yam, auch Cush-Cush genannt, waren ein in Nordamerika heimisches Gewächs; alle übrigen Sorten erreichten die Neue Welt mit dem Sklavenhandel des 16. Jhs. In den heißen Zonen dieser Erde gibt es ungezählte Yamrezepte, von denen die meisten wohl nur in mündlicher Überlieferung von Mutter zu Tochter weitergegeben werden.

SORTEN

Der Große Yam kann, wie der Name schon sagt, enorme Größen und Gewichte von über 60 kg erreichen. Bei uns gibt es Knollen von der Größe kleiner Kürbisse, doch auch kleinere Arten wie den Süßen Yam, der eher einer Kartoffel ähnelt und mit feinen Wurzeln bedeckt ist. Fast alle Sorten haben eine grobe, braune Schale und weißes oder rosafarbenes Fleisch.

In fernöstlichen Gemüseläden findet man gelegentlich den Japanischen Yam, dessen Knollen eher länglich oder keulenförmig und ebenfalls mit feinen Haarwurzeln überzogen sind.

KAUF

Die Knollen müssen fest, unbeschädigt und im Inneren geschmeidig und feucht sein. Vielleicht schneidet der Händler eine Knolle auf, damit man sich von ihrer Frische überzeugen kann. Dunkel und kühl gelagert halten sie mehrere Wochen lang.

VORBEREITUNG

Schälen Sie die Schale dick ab, denn ihre Unterschicht enthält das Gift Dioskurin. Etwaige Reste des Gifts werden beim Kochen aufgelöst. Aber Vorsicht mit den Schalen (Kinder und Haustiere fernhalten). Die geschälten Knollen müssen in gesäuertem Wasser aufbewahrt werden.

ZUBEREITUNG

Ob gekocht und püriert, gebraten, gedünstet oder fritiert – Yam dient ebenso wie die Kartoffel bei vielen Gerichten als der Haupt-Stärkelieferant. Yam verträgt pikante Saucen, und wird oft in Scheiben gebraten und mit Salz und Cayennepfeffer bestreut. Yampüree empfiehlt sich zu scharfen Eintöpfen oder Suppen.

TARO/EDDO

Taro-Knollen bilden, wie Yam, schon seit Tausenden von Jahren ein wichtiges Grundnahrungsmittel für die Menschen der tropischen Klimazonen.

Es gibt zwei Varietäten von Taro – eine dicke, faßförmige Knolle, genannt Dasheen, und eine etwas kleinere Varietät, die oft als Eddo bekannt ist. Mit ihrer dunkel mahagonibraunen, zottigen Schale ähneln alle Varietäten einer Mischung aus Rote Bete und Steckrübe.

Trotz des ähnlichen Aussehens gehört Taro zu einer ganz anderen Pflanzenfamilie als Yam und unterscheidet sich davon auch beträchtlich in Konsistenz und Geschmack (erinnert bei gekochten Knollen an eine Art mehliger Wasserkastanie).

KAUF UND LAGERUNG

Versuchen Sie, kleine Taroknollen zu finden. Es gibt relativ kleine Zwiebeln, die Tochterknollen der größeren Knollen sind. Sie werden Eddos oder Tarokinder genannt. Kühl und dunkel gelagert, sollte man sie einige Wochen aufbewahren können.

Links: Süßkartoffeln
Oben: Yam

VORBEREITUNG

Wie die Yam enthalten Taros dicht unter der Schale ein Gift, das zu allergischen Reaktionen führen kann. Entsprechend sollte man sie recht dick schälen, wobei sich Gummihandschuhe empfehlen, oder direkt mit der Schale kochen, da auch diese Toxine beim Kochen zerstört werden und die Schale sich hinterher leicht lösen läßt.

ZUBEREITUNG

Taros saugen beim Kochen eine große Menge Flüssigkeit auf; dies kann man sich zunutze machen, indem man sie in gehaltvoller Brühe oder zusammen mit wässernden Gemüsen wie z. B. Tomaten gart.

CALLALOO

Callaloo nennt man die Blätter der Taropflanze. Roh sind sie giftig. Man kocht sie lange und wickelt dann Fleisch oder Gemüse darin ein. Callaloo wird auch gehackt und zusammen mit Schweinefleisch, Speck, Krabben, Garnelen, Okra, Chili, Zwiebeln und Knoblauch sowie Limonensaft und Kokosmilch zu einem der bekanntesten karibischen Gerichte – nämlich »Callaloo«.

JICAMA

Das Wurzelgemüse ist ein Urgewächs Mittelamerikas und wird auch als »mexikanische Kartoffel« bezeichnet. Seine dünne braune Schale umhüllt weißes knackiges Fleisch mit süßem, nussigem Geschmack. Man kann die Knollen kochen und wie Kartoffeln zubereiten oder roh in Salate schneiden. Druckfeste Exemplare halten in einer Plastiktüte im Kühlschrank etwa zwei Wochen.

Ganz oben: Taro (Eddo)-Knollen
Oben: Jicama
Links: Callaloo

MANIOK
Ursprünglich aus Brasilien stammend, hat die Wurzel ihren Weg in die Karibik überraschenderweise über Afrika gefunden. In der Karibik kennt man das Gemüse als Cassava, in Brasilien wird es Maniok oder Mandiok genannt. Andere südamerikanische Namen sind Juca oder Yucca.

In Südamerika verarbeitet man Maniok zu Tapioka sowie zu Saucen und sogar zu einem berauschenden Getränk. In Afrika und der Karibik wird Cassava als gekochtes, überbackenes oder gebratenes Gemüse gegessen oder gekocht zu einem Teig namens Fufu zerstampft, aus dem ein pikanter Auflauf entstehen kann.

Rechts: Maniok
Unten links: Ingwer
Unten rechts: Galangawurzel

INGWER UND GALANGAWURZEL

INGWER
Ingwer zählt weltweit zu den beliebtesten Gewürzen und gehört zur traditionellen Küche vieler Länder wie China, Indien und der Karibik. Zwar schon den Römern bekannt, verbreitete sich bei uns der Gebrauch von Ingwer erst, als im 16. und 17. Jh. der Gewürzhandel zunahm. Mit seiner besonderen Schärfe kann Ingwer süße wie pikante Geschmacksrichtungen verschiedenster Gerichte unterstützen und ergänzen. Zum Backen nimmt man Ingwerpulver, Süßspeisen gibt eingelegter Ingwer eine köstliche Note, doch zum Würzen aller übrigen Gerichte sollte man frischen Wurzeln den Vorzug geben.

Heute bekommt man die hellen, knubbeligen Wurzeln in jedem Supermarkt, und braucht daher auch keine großen Mengen zu kaufen, da sich frischer Ingwer nicht unbegrenzt hält und man nur wenig auf einmal benötigt. Man schält Ingwer mit einem scharfen Messer und reibt oder schneidet die benötigte Menge je nach Anweisung.

GALANGAWURZEL
Galangawurzel ähnelt Ingwer, doch sind die Wurzeln schlanker und die frischen Triebe hell rosafarben. Man verarbeitet ihn wie Ingwer in Currygerichten und Satéesaucen.

VIER

BLATT-GEMÜSE

SPINAT

Wer denkt bei Spinat nicht sofort an Popeye, der gewaltige Mengen davon verzehrte? Dieses vielseitige Gemüse ist auf der ganzen Welt verbreitet. Speziell die Italiener zeigen besondere Vorliebe für die grünen Blätter, denen sie Hunderte von Rezepten gewidmet haben. Der Zusatz »à la florentine« besagt denn auch, daß ein Gericht Spinat enthält.

Spinat pur ist delikat, kann aber auch gehackt oder püriert mit einer Reihe weiterer Zutaten kombiniert werden. Das Gemüse scheint eine besondere »Beziehung« zu Milchprodukten zu haben: Im Mittleren Osten macht man aus Spinat und Feta- oder Helimkäse Böreks und andere Arten von Spinatkuchen. In Italien kombinieren viele Rezepte Spinat mit Ricotta oder Parmesankäse, und in England macht man ein Spinatsoufflé mit Eiern und Cheddarkäse.

HISTORISCHES

Schon vor mehreren tausend Jahren wurde Spinat in Persien angebaut. Die arabische Kultur brachte das Gemüse nach Europa: die Mauren nach Spanien und die Stämme des Nahen Ostens nach Griechenland. Vermutlich über Spanien gelangte der Spinat in 14. Jh. nach England. Überall wurde das Gemüse bald populär, weil es schnell und einfach anzubauen und ebenso schnell und einfach zuzubereiten ist.

NÄHRWERTE

Roher Spinat enthält viel Vitamin C, ferner die Vitamine A und B, Kalzium, Kalium und Eisen. Die Eisenversorgung durch Spinat geschieht in weit geringerem Maße, als man früher annahm, da das Metall an Oxalsäuren gebunden ist, die es im Körper nur in geringen Mengen freigibt. Nichtsdestoweniger ist Spinat – ob roh oder gekocht – ein ausgesprochen gesundes Nahrungsmittel.

KAUF UND LAGERUNG

Spinat wächst das ganze Jahr über, so daß man ihn jederzeit frisch kaufen kann. Tiefgefrorener Spinat hat viel weniger Geschmack als das frische Gemüse, daß man die Mühe der Zubereitung auf sich nehmen sollte.

Beim Kauf müssen die Blätter fest und grün sein, welke Blätter und schlaffe Stengel läßt man liegen. Beim Kochen fällt das Gemüse sehr zusammen; man rechnet je ein Pfund für zwei Personen. Im Gemüsefach hält sich Spinat etwa 1–2 Tage.

VORBEREITUNG

In einer großen Schüssel mit kaltem Wasser gründlich waschen und dabei alle harten oder zu langen Stengel entfernen.

ZUBEREITUNG

Man gibt den Spinat nur mit der Flüssigkeit, die vom Waschen noch an den Blättern hängt, in einen großen Topf. Leicht salzen und unter gelegentlichem Schütteln bei geschlossenem Deckel etwa 4–6 Min. auf kleiner Flamme garen. Dabei fällt das Gemüse auf ca. 1/8 seines ursprünglichen Volumens zusammen. Die restliche Flüssigkeit läßt sich mit einem Löffelrücken ausdrücken.

Spinat läßt sich in vielerlei Weise anrichten. Grob gehackt serviert man ihn mit reichlich Butter oder anderem Frühlingsgemüse wie jungen Möhr-

ROSENKOHL

chen oder jungen Bohnen. Köstliche Omelettes entstehen aus fein gehacktem Spinat mit etwas Parmesan sowie Salz, Pfeffer und einem Schuß Sahne in den geschlagenen Eiern. Saucen und Suppen macht man mit püriertem Spinat. Natürlich schmecken die Blätter auch roh, beispielsweise als Salat mit Speckwürfelchen oder Croûtons. Frischer Spinatsalat ist einfach köstlich, weil sein wunderbar ausgewogener herb-milder Geschmack so am besten zur Geltung kommt.

Unten: Spinat
Unten rechts: Rosenkohl

Rosenkohl hat einen ganz eigenen, herb-nussigen Geschmack. In England bereitet man ihn als traditionelles Weihnachtsgericht mit Maronen zu. Überhaupt passen verschiedene Nußarten sehr gut zu Rosenkohl – je süßer, desto besser, Mandeln eignen sich also besser als Hasel- oder Walnüsse.

HISTORISCHES

Im Mittelalter wurde Rosenkohl vor allem in Flandern angebaut (daher sein englischer Name »Brüsseler Sprossen«). Im Prinzip handelt es sich um winzige Kohlköpfchen, die an einem langen Stengel wachsen.

KAUF UND LAGERUNG

Am besten sind frische junge Röschen, da ältere Exemplare geschmacklich eher in Richtung der für Kohl typischen Ranzigkeit tendieren. Sie müssen druckfest und dicht geschlossen sein. Gelbe oder lose geöffnete Röschen sind abzulehnen.

Kühl gelagert, hält sich Rosenkohl einige Tage, doch sollte man ihn vorzugsweise frisch verarbeiten.

VORBEREITUNG

Man schneidet die unteren Enden ab und entfernt die äußeren Blätter. Man kann den Strunk kreuzweise einschneiden, damit die Röschen gleichmäßig gar werden. Falls man vorwiegend dickere Röschen bekommen hat, halbiert oder viertelt man sie vor dem Garen oder schneidet sie in dünne Streifen zum Braten.

ZUBEREITUNG

Wie alle Kohlarten gart man Rosenkohl kurz oder dünstet ihn im Backofen. Gut 8 Min. in sprudelnd kochendem Wasser sollten genügen. Zum Braten viertelt man die Röschen brät sie in etwas Öl oder Butter und richtet sie mit Zwiebeln oder Ingwer an.

BLUMENKOHL

Blumenkohl gehört zur Gattung der »Brassica oleracea«. Wie alle Kohlarten darf er nicht zu lange kochen. Richtig gegart hat er einen angenehm frischen Geschmack; zerkocht hingegen wird er grau und ungenießbar weich mit einem ranzigen Nachgeschmack. Kinder mögen Blumenkohl oft lieber roh.

HISTORISCHES

Man nimmt an, daß sich Blumenkohl von China kommend in den Nahen Osten verbreitet hat. Die Mauren führten das Gemüse im 12. Jh. nach Spanien ein, von wo es entlang der Handelsrouten seinen Weg nach England fand. Ursprünglich waren die Köpfe etwa tennisballgroß und wurden erst im Lauf der Zeit zu den Größen herangezüchtet, die wir heute kennen. Allerdings tauchen hier und da auch wieder kleinere Sorten auf.

SORTEN

Neben den weißen findet man gelegentlich auch grüne oder sogar violette Sorten. Letztere stammen ursprünglich aus Sardinien und dem italienischen Festland, werden in letzter Zeit aber auch in anderen Gegenden Europas angebaut.

Auf neuere Zwergzüchtungen wurde bereits hingewiesen.

Romanesko: Diese hübsch grünen oder weißen Köpfe sehen wie eine Kreuzung aus Brokkoli und Blumenkohl aus, sind aber eher mit dem Blumenkohl verwandt. Deutlich kleiner, sind sie schneller gar und behalten so ihren ausgezeichneten Geschmack.

Grüner Blumenkohl: Tatsächlich eine Kreuzung aus Brokkoli und Blumenkohl von hellgrüner Farbe. Ihr milder Geschmack bleibt erhalten, wenn man die Köpfe genau so kurz gart wie Blumenkohl.

Rechts: Zwergblumenkohl
Ganz rechts oben: Romanesko-Köpfe
Ganz rechts unten: Grüner Blumenkohl

NÄHRWERTE

Neben den Vitaminen A und C enthält Blumenkohl Kalzium, Eisen und Zink, die jedoch beim Kochen allmählich ausgewaschen werden.

KAUF UND LAGERUNG

Frische Exemplare sind cremig-weiß ohne dunkle Flecken, und die äußeren Blätter liegen fest am Kopf an. Auch kühl sollte Blumenkohl nicht länger als 2 Tage lagern, weil er danach zu welken beginnt und wichtige Nährstoffe verliert.

VORBEREITUNG

Will man einen Kopf unzerteilt garen, entfernt man zuerst die äußeren Blätter; die inneren, zarten Blättchen bleiben. Sehr große Exemplare werden halbiert oder in Röschen zerteilt, weil sonst die Gefahr besteht, daß das Äußere zerkocht, bevor die Mitte gar wird. Ob man den inneren Strunk entfernt, ist dem eigenen Geschmack überlassen.

ZUBEREITUNG

Als Ganzes oder in Röschen zerteilt läßt sich Blumenkohl hervorragend dampfgaren. Besitzt man keinen Dampfkochtopf, hilft auch ein Metallsieb, das man so in einen Topf mit kochendem Wasser plaziert, daß sich der Deckel schließen läßt. Beginnen die Röschen, zart zu werden, nimmt man sie vom Herd. Anschließend in etwas Olivenöl oder Butter einige Minuten lang hellbraun dünsten. Ganze Köpfe prüft man nach etwa 10 Min., ob schon das richtige Verhältnis von Zartheit und Biß erreicht ist.

Blumenkohl ist als Gemüse mit Butter oder einer Tomaten- oder Käsesauce sehr beliebt, läßt sich aber mit Zwiebeln, Knoblauch, Tomaten und Kapern auch sehr gut braten.

Für Salate oder Crudités verarbeitet man ihn roh oder 1–2 Min. in kochendem Wasser blanchiert und anschließend kalt abgeschreckt.

Zwergblumenkohl und Romaneskos werden unzerteilt mit einem Minimum an Wasser bei geschlossenem Deckel etwa 4–5 Min. gegart.

BROKKOLI

SORTEN

Brokkoli (Kalabrese): Das heute so geschätzte Gemüse mit festem grünem Kopf und saftigem Strunk wurde erstmals in Kalabrien, einer Provinz Italiens, gezüchtet.

Junge Brokkoli-Triebe: Die Urform des Brokkoli hat lange Stengel mit kleinen Blütenköpfen, die normalerweise violett sind, aber auch weiß oder grün sein können. Blütenköpfe, Stengel und die zarten Blätter sind eßbar. Violette Köpfchen werden beim Kochen grün, andere Sorten behalten ihre Farbe. Junge Triebe sind bei uns vor allem in ihrer Erntesaison vom späten Winter an erhältlich.

KAUF UND LAGERUNG

Brokkoli hält sich nicht sehr lange. Wenn möglich, kaufen Sie lieber losen Brokkoli anstatt der fertig verpackten Ware. Man kann leichter prüfen, ob er noch frisch ist, und außerdem verderben die verpackten Köpfe schneller. Auch junge Triebe gibt es lose oder fertig verpackt. Stengel, fest geschlossene Knospen und Blätter sollten frisch aussehen.

Brokkoli, eine vergleichsweise junge Züchtung, ist in den letzten Jahren sehr populär geworden. Er ist einfach zuzubereiten, schmeckt roh oder gekocht, und – anders als bei Kohlköpfen oder Blumenkohl – recht genau in der Menge zu kaufen, die man tatsächlich benötigt.

HISTORISCHES

Vor der Züchtung der heute bekannten Brokkoli wurden die jungen violetten Brokkoli-Triebe gegessen. Dabei handelt es sich im Prinzip um eine Wildform des Brokkoli mit Dolden eßbarer Blütenköpfe an langen Stengeln, die übrigens nach Spargel schmecken. Die Römer kochten die Triebe in Weinsauce; noch heute werden sie in Italien gern so gegessen. Man gart sie im Backofen mit Sardellen und Zwiebeln, oder mischt sie mit Tomaten und Knoblauch zu einer delikaten Pastasauce.

ZUBEREITUNG

Den Strunk einkürzen und alle welken Blätter entfernen.

Brokkoli (Kalabrese): Ist der Kopf sehr dick, wird er in etwa gleich große Knospen zerlegt. In einer geringen Menge kochenden Wassers 4–5 Min. garen und dann abschütten. Brokkoli sollte nicht dampfgaren, da er seine lebhaft grüne Farbe dabei verliert.

Junge Brokkoli-Triebe: Entweder wie Spargel in einem speziellen Spargeltopf kochen oder in ganzen Längen dampfgaren. Alternativ kann man die Stengel auch zusammenbinden und aufrecht stehend in etwas Wasser etwa 4–5 Min. kochen. Falls nötig, kann man sie dabei mit einer Kartoffel abstützen und den Topf mit einer Folienkuppel abdecken.

SERVIERVORSCHLAG

Beide Arten serviert man mit Butter und Zitronensaft oder mit Sauce Hollandaise oder Béarnaise.

Ganz links oben: Violetter Blumenkohl
Ganz links unten: Junge Brokkoli-Triebe
Oben: Brokkoli
Unten: Stengelkohl

STENGELKOHL

Der Stengelkohl ähnelt im Aussehen der Speiserübe oder dem Brokkoli. Er wird grob geschnitten (siehe unten), wenige Minuten gekocht oder gedünstet, abgeschüttet und mit Butter serviert.

KOHL

Gedünsteter Kohl ist entweder knackig zart mit mildem Geschmack – oder zerkocht und ungenießbar. Wirsing und andere Kohlarten enthalten Schwefelwasserstoff, der frei wird, sobald das Gemüse weich wird. Natürlich verflüchtigt er sich, doch in der Zwischenzeit verleiht er dem Gemüse seinen ranzigen Geruch und Geschmack. Entweder gart man Kohl also kurz oder kocht ihn bei kleiner Flamme mit Zutaten, die seinen Geruch überdecken.

HISTORISCHES

Kohl hat eine lange und wechselvolle Geschichte. Da es jedoch so viele Mitglieder der Brassica-Gattung gibt, ist heute nicht mehr festzustellen, ob das, was die Griechen und Römer unter Kohl verstanden, mit unserem Wirsing verwandt war, oder eher eine Art von Grünkohl oder gar Chinakohl darstellte.

Während des Mittelalters und der Rennaissance war Kohl ein wichtiges Grundnahrungsmittel, wie man auf vielen Gemälden der damaligen Zeit erkennen kann. Im Mittelalter kochte man Kohl zusammen mit Lauch, Zwiebeln und Gewürzkräutern. Für die Jahrhunderte, in denen die Menschen – mit Ausnahme der Reichen – all ihr Speisen in einem einzigen Kessel kochten, darf man getrost annehmen, daß Kohl einem lang dauernden Garungsprozeß ausgesetzt wurde.

SORTEN

Wirsing: Eine Spezies der grünen Kohlarten mit runzligen oder gewellten Blättern. Mild im Geschmack und sehr zart, verlangt er weniger Kochzeit als andere Kohlarten.

Frühkohl: Frische, locker aufgebaute Köpfe mit einem hellen, gelb-grünen Herz. Man erhält sie im Frühjahr. Sie werden in Streifen geschnitten, gedünstet und mit Butter verfeinert.

Rechts: Wirsingkohl
Rechts oben: Weißkohl
Rechts unten: Frühkohl

Spitzkohl: Alle Weißkohlsorten, welche die typisch spitz zulaufende Form aufweisen, bezeichnet man als Spitzkohl. Er hat im Gegensatz zu rundem Weißkohl wesentlich lockere Köpfe und eine besornders zarte Blattstruktur. Der Sommer-Spitzkohl hat hat etwas festere Köpfe und dickere Blätter als der Frühkohl. Spitzkohl wird in Deutschland häufig zur Sauerkrautherstellung verwendet.
Rotkohl: Ein fester Kopf von prächtig roter Farbe, die beim Kochen ausfärbt. Dem begegnet man mit etwas Essig im Wasser. Rotkohl läßt sich auch dünsten oder sauer einlegen.
Weißkohl: Die glatten, festen Köpfe von ganz hellem Grün gibt es hauptsächlich zur Winterzeit. Sie werden in dünne Streifen geschnitten und gekocht oder gedünstet und mit Butter serviert, aber auch roh zu Krautsalat oder Sauerkraut verarbeitet.

KAUF UND LAGERUNG

Man kauft nur frisch aussehende, feste und unbeschädigte Köpfe. Wirsing und Frühkohl halten sich bei kühler Lagerung einige Tage, die festeren Arten auch deutlich länger.

VORBEREITUNG

Falls erforderlich, entfernt man die äußeren Blätter und schneidet die Köpfe in Viertel. Dann entfernt man den Strunk und schneidet oder hackt den Rest je nach Rezept und Laune.

ZUBEREITUNG

Die gehackten Blätter der grünen und weißen Kohlarten gibt man mit einem Stich Butter und einigen EL Wasser (gegen das Anbrennen) in einen Topf. Deckel drauf, und bei mittlerer Hitze und unter gelegentlichem Schütteln oder Wenden garen, bis sie zart sind.

Rotkohl in Öl oder Butter andünsten und dann bei kleiner Hitze im Backofen zusammen mit Äpfeln, Rosinen, Zwiebeln, etwas Essig, Wein, Zucker und Gewürzen garen.

GRÜNKOHL

Sicherlich kennen Sie diese Vertreter der Brassica-Gattung. Mit ihren festen Stengeln und dicken, krausen Blättern formen sie keine geschlossenen Köpfe. Ihre Verwandten mit großen glatten Blättern werden auch als Futter für Rinder und Schafe angebaut.

HISTORISCHES

Grünkohl gehört wohl zu den ältesten, von Menschen kultivierten Kohlarten. Seine wilden Vorfahren wachsen auch heute noch an den Küsten Westeuropas.

SORTEN

Collard: Diese Art mit ihrem hohen Gehalt an Vitamin A ist in den USA sehr beliebt. Man pflanzt sie im Spätsommer und erntet im Frühjahr.

Grünkohl: Diesen Kohl mit seinen krausen Blättern erhält man im Winter nach dem ersten Frost überall. Sie können ihn aber auch im eigenen Garten ziehen.

Violetter oder Silberkohl: Er wird kaum gegessen, sondern vor allem als Zierpflanze gehalten.

ZUBEREITUNG

Grünkohl hat einen ganz besonderen Geschmack und kann gut zusammen mit einem mild schmeckenden Beigemüse wie etwa Tomaten oder Kartoffeln gekocht werden. Man trennt die einzelnen Blätter vom Strunk und entfernt die harten Stengel. In Streifen geschnitten oder als Ganzes kocht man sie etwa 5–8 Min. in etwas Salzwasser, bis sie zart werden. In Norddeutschland wird Grünkohl gerne deftig zubereitet und etwas länger gegart. In der indischen Küche wird Grünkohl oft sehr scharf gewürzt.

Ganz links oben: Weißkohl
Ganz links unten: Rotkohl
Links: Collard
Oben: Grünkohl

GARTEN- UND WILDKRÄUTER

WEINBLÄTTER

Die jungen Blätter aller früchtetragenden Weinstöcke sind genießbar. Ihr überraschend kräftiger Geschmack macht sie ideal zum Einwickeln von Fleisch und Gemüse. In den meisten Ländern, in denen Wein angebaut wird, gibt es Gerichte mit Weinblättern. Die in Griechenland und dem Nahen Osten beliebten »Dolmades« sind auch bei uns bekannt; in Frankreich, Spanien und Griechenland werden Weinblätter auch bei der Zubereitung von Vögeln wie Wachteln und Schnepfen verwendet.

Weinblätter schmecken leicht säuerlich, mit einem Hauch von Zitrone oder Kohl; in guten »Dolmades« kommt er am besten zur Geltung. Vor der Verarbeitung müssen die Blätter etwa eine Minute lang in kochendes Wasser gelegt werden, damit sie beim Einrollen nicht brechen.

LÖWENZAHN

Jedes Kind, das schon einmal gesehen hat, wie begeistert Kaninchen oder Meerschweinchen selbstgepflückten Löwenzahnblätter verspeisen, wird wohl verstanden haben, daß diese Blätter etwas ganz Besonderes sind. Der Gärtner hat da vermutlich eine andere Ansicht, es sei denn, er hätte selbst eine Vorliebe für frischen jungen Löwenzahnsalat. Hierzulande sind die Blätter ab und zu auf dem Markt zu haben.

In der Kräutermedizin spielt er eine wichtige Rolle. Seine harntreibende Wirkung ist so bekannt, wie sein französischer Name »Pissenlits« unzweideutig zu erkennen gibt.

Es macht Spaß, wild wachsenden Löwenzahn selbst zu pflücken, doch die aus Samen gezogenen Kultursorten sind vermutlich saftiger und weniger bitter. Selbstgepflückte Blätter sammelt man weit ab von jeder Straße und wäscht die Blätter danach sehr gründlich.

Löwenzahn eignet sich für Salate oder wird mit einer Vinaigrette und fein geschnittenem Pökelfleisch oder Schinken und Speck zu »Pissenlits au lard«.

SAUERAMPFER

Je nach Jahreszeit bekommt man Sauerampfer auf den Wochenmärkten oder im Gemüseladen. An schattigen Stellen jedoch wächst er wild. Die jungen Blätter schmecken köstlich in Salaten; später im Jahr verarbeitet man ihn in Suppen oder Fischsaucen. Sauerampfer schmeckt stark zitronenartig, was beim Kochen oft mit Eiern oder Sahne gemildert wird.

GARTENMELDE

Obwohl nicht mit Spinat verwandt, wird diese Pflanze mit ihren prachtvoll roten Blättern als Bergspinat bezeichnet und wie Spinat verarbeitet.

FETTHENNE UND GUTER HEINRICH

Diese Mitglieder der Familie der Gänsefußgewächse waren früher sehr beliebt. Die Fetthenne ist praktisch verschwunden, während Guter Heinrich sein Dasein als Wildkraut fristet. Beiden hat der Spinat den Rang abgelaufen, dem sie geschmacklich ähneln – die Fetthenne ist vielleicht etwas milder.

BRENNESSELN

Brennesseln, um die man normalerweise einen Bogen macht, gibt es im Überfluß, kosten nichts und sind gekocht völlig harmlos. Man sammelt vorzugsweise junge Pflanzen für Brennesselsuppe oder -salat.

Ganz links oben: Frische Weinblätter
Links oben: Löwenzahn
Links unten: Sauerampfer
Rechts: Guter Heinrich
Unten: Brennesseln

CHINESISCHE GEMÜSE

Viele Gemüse der chinesischen Küche gehören zu den Kohl-Arten. Gut sortierte chinesische Supermärkte in europäischen Städten mit nennenswertem chinesischen Bevölkerungsanteil bieten darin eine enorme Auswahl. Allerdings ist es nicht immer leicht, die Namen der entsprechenden Gemüse herauszubekommen, da es zum Teil keinerlei europäische Bezeichnungen gibt.

SENFBLÄTTER

Es lohnt sich, frische Senfblätter zu kaufen – sie sind delikat. Senf gehört, wie Kohl, zur Familie der Kreuzblüter und wird hauptsächlich wegen der Körner angebaut. In Indien und Ostasien verwendet man auch das Öl der Samenkörner, und speziell in China kultiviert man die Pflanze wegen ihrer nahrhaften grünen Bestandteile. Sie sind von sattem Grün, leicht faltig, und schmecken ausgeprägt nach Senf.

Die besonders köstlichen, jungen Blätter machen dem normalen Kopfsalat etwas Feuer. Ältere Blätter lassen sich eher braten und mit einem leichten chinesischen Dressing garnieren, aber auch mit Zwiebeln und Knoblauch dünsten und zu Schweinebraten oder Schinken reichen.

CHINAKOHL

Chinakohl, auch Napakohl genannt, hat blaßgrüne, leicht zerknitterte Blätter mit langen weißen Adern. Wegen seiner Form nennt man ihn manchmal auch Selleriekohl. Er ist angenehm knackig im Biß, mit schwachem Kohlgeschmack und über das ganze Jahr erhältlich, was ihn zu einem beliebten Bestandteil winterlicher Salate macht. Chinakohl läßt sich auch gut braten und mit einer gehaltvollen Sauce anrichten. Für viele asiatische Rezepte ist er unverzichtbar.

KAUF UND LAGERUNG

Am Gemüsestand sieht Chinakohl fast immer frisch und knackig aus, weil er sich gut transportieren läßt. Farblose oder schlaffe Exemplare kommen nicht in Frage. Im Gemüsefach hält er sich eine knappe Woche.

VORBEREITUNG

Man entfernt die äußeren Blätter und zerkleinert den Rest je nach Bedarf.

ZUBEREITUNG

In Blattsalaten kombiniert sich Chinakohl mit kräftig schmeckenden Ge-

ne oder grobe Streifen. Sie lassen sich gut mit Knoblauch und Zwiebeln braten oder wie Mangold dünsten. Pak-Choi schmeckt milder als chinesischer Senf und hat mehr Biß als der gelegentlich etwas blasse Chinakohl.

CHINESISCHER BROKKOLI

Die schlanken Blütenstände dieses Blattgemüses erinnern an unseren Brokkoli, sind allerdings meist weiß oder gelb. Man schneidet die unteren Stielenden ab und behandelt den Rest in Zubereitung und Garnierung wie chinesische Senfblätter.

Ganz links: Chinesische Senfblätter
Links: Chinakohl
Oben: Chinesischer Brokkoli
Unten: Pak-Choi

fährten wie Endivie oder Rauke und einem gut gewürzten Dressing. Zum Braten rundet man ihn mit Knoblauch, Ingwer oder anderen starken Geschmacksnoten ab. Dabei verliert er seinen schwachen Kohlgeschmack, während der Biß erhalten bleibt und die Blätter jede Sauce gut aufnehmen.

PAK-CHOI

In jedem chinesischen Supermarkt findet man Pak-Choi, das völlig zu Recht auch als Chinesischer Selleriekohl bezeichnet wird. In der Tat schmecken die fetten, an der Wurzel zusammengewachsenen Stengel entfernt nach Sellerie. Die löffelförmigen Blätter werden in ganz unterschiedlichen Größen angeboten und tragen dann so blumige Namen wie »Pferdeohr« oder »Pferdeschwanz«. Selbst wenn man nicht ganz sicher ist, welche Unterart man gerade erwerben möchte, sollte man in jedem Fall auf die Frische der Blätter und die Festigkeit der Stengel achten.

ZUBEREITUNG

Man bricht die Stengel auseinander, wäscht sie einzeln und schneidet sie dann mit den Blättern in beliebig fei-

KOHLRABI

Kohlrabi ähnelt einer Kreuzung aus Weißkohl und Steckrübe und wird oft als Wurzelgemüse bezeichnet, obwohl er über der Erde wächst. Doch sind es hier, anders als beim Kohl, nicht die Blätter, die uns interessieren, sondern der knollige Stengel.

Es gibt zwei Varianten: eine violette und eine blaßgrüne. Beiden gemeinsam ist der milde, frische Geschmack, der ein bißchen an Wasserkastanien erinnert. Er ist weniger pfefferig als Steckrüben und weniger grob als manche Kohlarten, so daß Kohlrabi in manchen Gerichten auch als Alternative zu Mohrrüben dient.

HISTORISCHES

Kohlrabi ist nicht nur in Europa sehr beliebt, sondern auch in weiten Teilen Indiens und des Fernen Ostens. Besonders in Kaschmir wird er intensiv angebaut und auf interessante Weisen zubereitet: Dort ißt man die Knollen fein geschnitzelt und roh in Salaten oder kocht die Blätter in Senföl mit Knoblauch und Chilischoten.

KAUF UND LAGERUNG

Junge, kleine Knollen sind am besten, da größere Exemplare oft faserig oder holzig werden. Kühl gelagert halten sie sich zwischen 7 und 10 Tagen.

VORBEREITUNG

Man schält die Knolle mit einem Messer und kocht sie in Scheiben, Stiften oder unzerkleinert.

ZUBEREITUNG

Ganz junge Knollen sind sehr zart und können unzerteilt gegart werden. Größere Knollen lassen sich gut füllen (beispielsweise mit gerösteten Zwiebeln und Tomaten). Kohlrabistifte dünstet man, bis sie gerade zart werden, und serviert sie mit Butter oder einer Sahnesauce. In Gratins lassen sich Kohlrabi langsam und bei kleiner Hitze garen, beispielsweise zusammen mit Kartoffeln als Variation des »Gratin Dauphinois«. Kurz vorgekocht, lassen sie sich auch im Backofen in einer Käsesauce zubereiten.

MANGOLD

In der Wachstumsphase braucht Mangold sehr viel Wasser, vielleicht wird er deshalb gern in solchen Gegenden angebaut, wo es viel regnet. Nicht nur Gärtner lieben Mangold, weil er köstlich schmeckt und zudem im Garten sehr dekorativ aussieht.

Mangold wird oft mit Spinat verglichen. Trotz einiger Ähnlichkeit sind die beiden Gewächse nicht miteinander verwandt. Mangold wächst üppiger, mit großen Blättern und saftigen weißen Stengeln, und sein Geschmack ist robuster als der von Spinat. In Frankreich, wo Mangold seit jeher sehr geschätzt ist, wird er im Backofen mit Reis, Eiern und Milch zu »Tians« gebacken, oder kommt in das berühmte Nizzaner Gebäck »Tourte de blettes«: eine süße Torte mit Rosinen, Pinienkernen, Äpfeln – und mit in Eiern gebundenen Mangoldblättern. Ebenso köstlich erlebt man Mangold mit Eiern in Omelettes oder Tortillas.

Mangold gehört zur Familie der Rüben und wird daher manchmal auch unter lokalen Bezeichnungen wie Spinatrübe oder Seekohlrübe gehandelt. Sorten wie der auffallend violette Rhabarbermangold schmecken süßlich, werden im Garten aber nur wegen ihrer dekorativen Blätter gezogen.

KAUF UND LAGERUNG

Mangoldköpfe müssen frisch, unbeschädigt und leuchtend grün sein. Mangold hält sich besser als Spinat, sollte aber trotzdem nicht länger als 2 Tage aufbewahrt werden.

VORBEREITUNG

Manche Gärtner ziehen Mangold wegen seiner weißen Stengel und werfen die Blätter weg. Schade um das köstliche Gemüse. Man trennt das Grün von den Stengeln. Dann werden die Stengel der Länge nach geteilt. Das Blattwerk wird gehackt oder blanchiert und zum Einwickeln kleiner Bissen verwendet. Bei jungen, kleinen Pflanzen kann man die Blätter als Ganzes verarbeiten.

ZUBEREITUNG

In Aufläufen, Pfannengerichten und Gratins können Blattwerk und Stengel zusammen gegart werden: Man dünstet die Rippen vorsichtig in Butter oder Öl und gibt nach gut einer Minute die Blätter dazu. Man kann die Stengel auch in wenig Wasser dämpfen und dann die Blätter kurz mitgaren.

Ganz links oben: Kohlrabi
Links: Violetter Kohlrabi
Oben: Mangold

— FÜNF —

HÜLSENFRÜCHTE UND VERWANDTE

Dicke Bohnen

Stangenbohnen

Erbsen

Grüne Bohnen

Gemüsemais

Okra-Schoten

Getrocknete Hülsenfrüchte

DICKE BOHNEN

Wer einen eigenen Garten hat, weiß, wie köstlich frisch geerntetes Gemüse schmeckt. Das gilt besonders für Dicke Bohnen, deren wunderbar süßer Geschmack beim Tiefkühlen leider schwindet. Falls man das Glück hat, eigene Bohnen zu ziehen, braucht man sich um geeignete Rezepte keinen Gedanken machen. Man kocht sie einfach, bis sie zart sind, und serviert sie mit Butter. Delikat! Dicke Bohnen sind ein vielseitiges Gemüse für Suppen und Eintöpfe, und bei mehliger Konsistenz lassen sie sich sogar pürieren.

HISTORISCHES

Seit den frühesten Anfängen der Geschichte gehören Dicke Bohnen zur Nahrung des Menschen. In Südeuropa, Nordafrika und Asien wuchs eine wilde Sorte Bohnen, die dem Urmenschen sicher nicht entgangen ist. Es gibt archäologische Zeugnisse dafür, daß Dicke Bohnen schon während der Jungsteinzeit angebaut wurden, was sie in den Rang einer der ersten Kulturpflanzen erheben würde.

Dicke Bohnen wachsen auf fast allen Böden und in fast allen Klimazonen. Im Mittelalter bildeten sie ein Grundnahrungsmittel für Mensch und Vieh, bis sie im 17. und 18. Jh. von der Kartoffel abgelöst wurden. Besonders für ärmere Leute waren Dicke Bohnen eine wichtige Eiweißquelle.

NÄHRWERTE

Bohnen haben einen hohen Gehalt an Eiweiß, Kohlehydraten und den Vitaminen A, B1 und B2, aber auch Kalzium und Eisen.

KAUF UND LAGERUNG

Dicke Bohnen kauft man so frisch wie möglich, und zwar kleine, zarte Schoten.

VORBEREITUNG

Junge Bohnen können mit Schote verspeist werden. Man kappt beide Enden und schneidet die Schoten vor dem Garen in grobe Stücke. Normalerweise jedoch wird man die Bohnenkerne aus ihren Schoten pulen müssen. Ältere Bohnen kann man nach dem Kochen häuten, um die manchmal unangenehmen Bitterstoffe zu entfernen.

ZUBEREITUNG

Man gibt die Bohnenkerne (oder bei jungen Exemplaren die ganzen Schoten) in sprudelnd kochendes Wasser und gart sie, bis sie zart sind. Man kann sie auch kurz vorkochen und dann in Butter zu Ende dünsten. Ein einfaches Püree entsteht aus den gekochten Dicken Bohnen, in Butter gegartem Knoblauch, Sahne und einem Tick frischer Kräuter wie Bohnenkraut oder Thymian.

LIMABOHNEN

Die Limabohne ist nach der Hauptstadt von Peru benannt, man erhält sie meist ohne Schote. Sie ist Hauptbestandteil des indianischen Succotash. Sie gart in kochendem Wasser, bis sie zart ist. Ältere Exemplare müssen vielleicht nach dem Kochen gehäutet werden. Die getrockneten Bohnen, auch Butterbohnen genannt, gibt es in verschiedenen Größen. Die großen Sorten verarbeitet man am besten in Suppen und Pürees.

Oben: Dicke Bohnen
Unten: Limabohnen
Rechts: Stangenbohnen

STANGENBOHNEN

Stangenbohnen werden in ihrer Heimat Südamerika bereits seit über 2000 Jahren angebaut. Sie sind bei Gärtnern sehr beliebt, weil sie einfach zu ziehen sind und ihre Wurzeln mit stickstoffsammelnden Bakterien besetzt sind, die den Boden verbessern.

Von Grünen Bohnen, mit denen sie gleichwohl eng verwandt sind, unterscheiden sie sich in mehrerer Hinsicht: Sie sind deutlich größer, haben eine flache Schote, schmecken kräftiger; ihre Oberfläche ist rauher, glättet sich allerdings bei jungen Exemplaren während des Kochens. Und die Schoten umhüllen violett-rote Bohnenkerne, während die Kerne der Grünen Bohnen meistens weiß oder blaß grün sind.

KAUF UND LAGERUNG

Beim Kauf achtet man auf junge Schoten, die zarter sind. Idealerweise sind frische Bohnenkerne nicht größer als der Nagel des kleinen Fingers. Die Schoten müssen sich fest und frisch anfühlen. Kann man die Umrisse der innenliegenden Kerne erkennen, ist die Schote vermutlich schon faserig. Allerdings könnte man die Bohnenkerne trocknen und später im Jahr weiterverwenden. Auf jeden Fall werden Stangenbohnen sofort nach dem Kauf verarbeitet, da sie sich nicht gut lagern lassen.

VORBEREITUNG

Bei Stangenbohnen muß man Spitze und Ende abschneiden, möglicherweise auch die Faser ziehen. Dazu schneidet man mit einem Küchenmesser vorsichtig in die Spitze, ohne sie ganz abzutrennen, und zieht sie dann nach unten. Wenn sich dabei eine feste Faser abziehen läßt, sollte man dasselbe bei allen anderen Bohnen auch versuchen. Schoten vor dem Kochen in Stücke schneiden.

ZUBEREITUNG

In kochendes Wasser geben und al dente garen.

ERBSEN

Frische junge Erbsen roh aus der Schote sind etwas ganz Feines. Schade, daß die Erntezeit für Erbsen so kurz ist. Tiefgefrorene – der nächstbeste Ersatz – sind doch nie so gut. Mit Erbsen aus dem eigenen Garten lebt man im Frühsommer drei oder vier Wochen lang wie ein König. Danach ist ist es selbst mit einem guten Gemüsehändler schwer, sich wieder an Handelserbsen zu gewöhnen.

HISTORISCHES

Die archäologischen Zeugnisse für den gezielten Anbau von Erbsen gehen auf die Zeit um 5700 v. Chr. zurück. Mit ihrem hohen Gehalt an Eiweiß und Kohlehydraten gehören sie zu den Grundnahrungsmitteln, und man verarbeitete sie frisch und getrocknet in Suppen und Eintopfgerichten. Erbsenpüree wird in einem griechischen Theaterstück aus dem 5. Jh. v. Chr. erwähnt. Ein entsprechendes Rezept aus unserer Region ist ein Erbsenauflauf, der aus getrockneten Erbsen, Zwiebeln und Kräutern besteht und traditionell zu Braten oder Schinken gegessen wird.

Eines der ältesten französischen Rezepte aus dem im 17. Jh. erschienenen »Le Cuisinier Français« sind gekochte Erbsen mit Salat – sie stehen noch heute auf vielen Speisekarten.

UNTERARTEN

Markerbsen: Sie schmecken köstlich und werden, kurz gegart, ganz verspeist. Zu langes Garen macht sie breiig. Daher kann man sie auch einfach kurz blanchieren, dünsten oder roh in Salaten essen.

Palerbsen: Hierbei handelt es sich nicht, wie man annehmen könnte, um kaum gereifte Erbsen, sondern um eine eigene Züchtung. Sofern man sie nicht selber zieht, sind sie schwer zu bekommen, da sie überwiegend zu Konserven und Tiefkühlkost verarbeitet werden.

Zuckerschoten: Sie sind knackiger als die Markerbsen und haben auch roh einen köstlich frischen Geschmack.

KAUF UND LAGERUNG

Sofern man keine frischen Erbsen bekommt, hält man sich lieber an tiefgefrorene Ware. Frische Schoten sind lebhaft grün; je welker sie aussehen, desto länger sind sie schon unterwegs. Am besten prüft nicht nur das Auge, sondern auch die Hand. Nach dem Kauf sollte das Gemüse sobald wie möglich verarbeitet werden.

VORBEREITUNG

Erbsenpulen ist sehr entspannend. Man knackt die Schote und streift die Erbsen mit dem Daumen heraus (unten). Bei Markerbsen und Zuckerschoten braucht man nur die Zipfelchen zu kappen (unten rechts).

Links: Erbsen
Oben rechts: Zuckerschoten

ZUBEREITUNG

Erbsen kocht man mit oder ohne einem Zweig Minze in sprudelnd kochendem Wasser oder dampfgart sie bei geschlossenem Deckel. Man kann sie aber auch bei schwacher Hitze mit etwas Butter bei geschlossenem Deckel 4–5 Min. gar dünsten. Zuckerschoten und Markerbsen werden genauso zubereitet, brauchen aber noch weniger Zeit.

BUSCHBOHNEN

Ob Gartenbohne, Grüne Bohne oder Wachsbohne – sie gehören alle zu einer großen und vielseitigen Gattung.

HISTORISCHES

Alle Mitglieder dieser Bohnengattung stammen aus der Neuen Welt, wo sie von den Ureinwohnern schon seit Jahrtausenden angebaut wurden.

SORTEN

Irgendeine Sorte gibt es immer frisch, so daß wir es hier mit einem sehr bekömmlichen Gemüse zu tun haben.

Grüne Bohnen: Die Sammelbezeichnung für eine ganze Reihe von Bohnen, wie etwa Schnippel- und Brechbohnen. Frische sind fest und lassen sich mit einem hörbaren Knack in der Mitte durchbrechen.

Haricots Verts: Sie gelten als kleinste und feinste Sorte, schlank, delikat

und sollten auf keinen Fall länger als 7,5 cm sein.

Spargelbohnen: Den französischen Bohnen vergleichbar, können sie genau wie diese zubereitet werden.

Wachsbohnen: Diese ebenfalls aus Frankreich stammende Sorte hat einen milden, leicht butterigen Geschmack.

KAUF UND LAGERUNG

Unabhängig von der Sorte müssen Bohnen beim Kauf frisch, fest und wenig biegsam sein. Man verarbeitet sie so rasch wie möglich.

VORBEREITUNG

Praktischerweise kappt man die Enden so, daß man ein ganzes Bündel Bohnen in einer Hand zusammenfaßt (unten) und dann die Enden 5 mm abschneidet. Faserige Teile aussortieren.

ZUBEREITUNG

Man gibt Bohnen in sprudelnd kochendes gesalzenes Wasser und gart al dente. Verkocht verlieren sie viel von ihrem Geschmack. Nach dem Abgiessen wendet man sie in Butter oder garniert mit einer Sauce aus Schalotten und Speck. Für Salat kocht man sie, bis sie gerade zart werden, und schreckt sie dann unter kaltem Wasser ab. Exzellent paßt dazu eine Vinaigrette mit viel Knoblauch.

Oben links: Brechbohnen
Unten links: Wachsbohnen
Rechts: Haricots verts
Unten: Spargelbohnen

GEMÜSEMAIS

Gekochte frische Maiskolben mit Butter und Salz sind so köstlich, daß manche Gärtner schon das Wasser aufsetzen, wenn sie in den Garten gehen. Der Kauf im Supermarkt ist immer ein bißchen eine Glücksache. Zur Erntezeit sollte man jedoch auch dort wirklich frische Kolben bekommen.

HISTORISCHES
Als Christoph Columbus im Jahre 1492 seinen Fuß auf das heutige Kuba setzte, wurde er von den Bewohnern mit zwei Gastgeschenken begrüßt – das eine war Tabak, das andere eine Frucht, die sie »maïs« nannten. Mais stammt aus Südamerika und hatte enorme Bedeutung für die dortigen Ureinwohner, deren Lebensumstände entscheidend von den Maisernten abhingen. Sie bezeichneten das Gemüse auch als »Erste Mutter und Ersten Vater, Quelle des Lebens«. Bei weitem das wichtigste Grundnahrungsmittel, wurde Mais auch für viele andere Zwecke verwendet. Aus den Stengeln baute man Hütten und Zäune, aus Fasern und Kolben fertigte man Kleidungs- und Schmuckstücke.

Nicht nur bei den Azteken gab es Pflanzzeremonien, bei denen auch Menschen geopfert wurden, um den Maisgott gewogen zu stimmen. Kein Wunder, daß sich um diese Frucht, um ihre Pflanzung und Ernte, ungezählte Mythen und Geschichten ranken, die Völkerkundlern und Historikern ein reiches Untersuchungsfeld bieten.

NÄHRWERTE
Mais hat reichlich Kohlehydrate und enthält die Vitamine A, B und C. Eiweiß ist nicht ganz so viel wie bei Bohnen. Hinzu kommen Kalzium, Magnesium, Phosphor und Eisen.

SORTEN
Es gibt fünf Hauptgruppen von Mais: Puffmais, Zuckermais, Zahnmais, Hartmais und Weichmais. Zahnmais ist die weltweit am meisten angebaute Sorte zur Gewinnung von Viehfutter und Öl; die Kolben für den mensch-

lichen Verzehr stammen vom Zuckermais. Babymais sind jung gepflückte Kolben vom Zuckermais und werden ganz verzehrt.

KAUF UND LAGERUNG

Sobald der Kolben geerntet wurde, beginnt sich der Zucker in Stärke zu verwandeln. Je schneller er also im Topf landet, desto besser. Man sollte also möglichst Mais aus der Gegend kaufen.

Frische Ware erkennt man am grünen Blattwerk, den straffen Grannen und dem prallen gelben Kolben. Bei ausgebleichten und weißen oder gar schrumpeligen Körnern wird man sicherlich enttäuscht.

VORBEREITUNG

Man entfernt die Schutzblätter. Um lose Körner zu verwenden, löst man sie mit einem Messer von der Spitze zum Kolbenansatz hin.

ZUBEREITUNG

Ganze Kolben garen in reichlich sprudelndem und gesalzenem Wasser, bis sie zart werden. Je nach Größe sollten 10–15 Min. genügen. Man serviert sie mit Salz und Butter, bei sehr süßen Sorten kann man sogar die Butter weglassen. Babymais wird gebraten in orientalischen Rezepten verwendet.

Ganz links und unten: Zuckermais

OKRA-SCHOTEN

Okra stammt aus Afrika. Als viele Afrikaner im 16. Jh. versklavt wurden, konnten sie nur wenig mitnehmen – unter anderem getrocknete Erbsen, Yams, Ackee und eben Okra. Diese laternenförmigen Schoten enthalten lange Reihen von Samenkörnern. Da sie beim Kochen Schleim absondern, schätzt man sie nicht nur wegen ihres Geschmacks, sondern auch, weil sich Suppen und Eintöpfe damit sehr gut eindicken lassen.

In den tropischen Zonen Amerikas gedieh die Pflanze so prächtig, daß sie im 19. Jh. bereits eine wichtige Rolle in der Küche der Karibik und der Südstaaten der USA spielte. In und um New Orleans verwendeten Kreolen die Schoten, um ein ursprünglich indianisches Gericht namens Gumbo zu verbessern. Wesentlicher Aspekt dieser beliebten Speise war ihre dicke Konsistenz, welche die Indianer mit Filé, dem Pulver getrockneter Blätter des Sassafras-Baums, erzeugten. Okra lieferte da eine bekömmlichere Alternative. Heute sind Gumbos ein Markenzeichen kreolischer Küche, und in manchen Gegenden wird Okra nun »gumbo« genannt.

KAUF UND LAGERUNG

Junge Schoten sind vorzuziehen, da ältere Exemplare faserig werden. Sie müssen grün sein und auf Druck elastisch reagieren, schrumpelige Exemplare läßt man liegen. Im Gemüsefach halten sich Okras einige Tage.

VORBEREITUNG

Bevor man die Schoten kocht, schneidet man den Stiel ab, ohne die Samen zu entblößen, damit der Saft sich nicht mit übrigen Zutaten vermischt. Falls das aber genau das ist, was Sie wollen, sollten Sie die Schoten in Stücke schneiden, wie das Rezept es verlangt (rechts). Wenn man vorab den Saft etwas reduzieren möchte, legt man die ganzen Schoten zuerst eine Stunde lang in mit Zitronensaft gesäuertes Wasser.

ZUBEREITUNG

Die Schoten lassen sich dünsten, kochen oder anbraten und mit anderen Zutaten weiterverarbeiten. Ganz gekocht, sind Okras nicht klebrig, sondern angenehm zart. Als Gewürze empfehlen sich Knoblauch, Ingwer, Chili oder – auf indianische Weise – Zwiebeln, Tomaten und Kräuter.

Oben: Okra-Schoten

GETROCKNETE HÜLSENFRÜCHTE

Von mexikanischen Bohnen bis zur italienischen »Pasta e fagioli« werden trockene Hülsenfrüchte überall gerne verwendet. Sie sind nahrhaft, kombiniert mit Reis eine gute Eiweißquelle, und lassen sich für Notfälle lange bevorraten.

Augenbohnen: Sie sind cremig weiß mit einem kleinen schwarzen Auge. Gekocht werden sie ganz zart und entfalten ihren leicht geräucherten Geschmack. Sie werden in der indianischen Küche viel verwendet.

Chana Dhal: Diese Linsen sind kleiner und etwas süßer als trockene gelbe Erbsen, denen sie ähnlich sehen.

Kichererbsen: Gekocht entfalten diese blaßgelben Hülsenfrüchte z. B. in Aufläufen ein nußartiges Aroma. Viele indische Gerichte wie Pakoras und Bhajees werden mit gemahlenen Kichererbsen zubereitet.

Flageoletbohnen: Die schlanken, ovalen Bohnen mit weißem oder hellgrünem Äußeren haben einen frischen Geschmack, der in vielen klassischen Gerichten eine Rolle spielt.

Grüne Linsen: Mit ihrem kräftigen Geschmack sind sie vielseitig verwendbar und behalten beim Kochen ihre Form.

Haricots: Die kleinen ovalen weißen Kerne gibt es in verschiedenen Sorten. Sie sind ideal für indische Rezepte, weil sie formfest sind und schnell den Geschmack der Gewürze annehmen.

Kidneybohnen: Mit ihrem rot-braunen Äußeren und dem kräftigen Geschmack gehören sie zu den beliebtesten Hülsenfrüchten.

Mungbohnen: Gekocht bekommen sie einen leicht süßlichen Geschmack und cremige Konsistenz. Aus ihnen lassen sich die bekannten Bohnensprossen ziehen.

Rote Linsen: Eine überall erhältliche Sorte, aus der man Dhal-Gerichte bereitet. Kann anstelle von Toovar Dhal verwendet werden.

Toovar Dhal: Dunkel orangefarbene geschälte rote Linse mit einem erdigen Geschmack. Es gibt sie einfach oder als ölhaltige Variante.

ZUBEREITUNG

Mit Ausnahme von Linsen müssen die meisten trockenen Hülsenfrüchte über Nacht eingeweicht werden. Davor wäscht man sie und bedeckt sie mit kaltem Wasser. In etwa doppelt so viel Wasser wie Hülsenfrüchte aufkochen und etwa 10 Min. garen. Dieses Vorkochen wäscht etwaige Giftstoffe aus. Dann gießt man die Bohnen ab, spült durch und setzt sie in frischem Wasser neu auf. Die Garzeit muß man nun nach Art und Alter der Frucht individuell herausfinden. Linsen braucht man eigentlich nicht einzuweichen, obwohl viele es tun. Sie müssen aber mehrmals gewaschen werden.

Links (im Uhrzeigersinn von rechts unten): Mungbohnen, Flageoletbohnen, Kichererbsen, Haricots, Weiße Bohnen, Kidneybohnen

Oben (im Uhrzeigersinn von oben): Rote Linsen, grüne Linsen, Toovar Dhal, Chana Dhal

SECHS

Kürbis und Gurken

ZUCCHINI

Zucchini sind bei uns sehr beliebt. Sie lassen sich einfach und schnell zubereiten, sind zart und schmecken mild und unaufdringlich. Es gibt sie frisch fast das ganze Jahr über, und frisch schmecken sie am besten. Die Erntezeit selbst dauert lange, und – was den Gärtner besonders freut – je mehr man erntet, desto mehr produziert die Pflanze. Ohne Pflege würden die Zucchini sich zu wenigen dicken Kürbissen entwickeln.

SORTEN

Zucchini, cucurbita pepo, stammen ursprünglich tatsächlich vom Riesenkürbis ab.

Zucchini: Hierbei handelt es sich im Prinzip um unreife Kürbisse, um kleine »zucca«, wie ihr italienischer Name verrät. Sie haben eine dunkelgrüne Schale und festes helles Fleisch. Samenkörner und Mark, wie sie sich in reifen Kürbissen bilden, sind erst bei älteren Zucchini zu erkennen. Entsprechend makellos ist das feste Fruchtfleisch ganz junger Kolben. In Wasser gekocht oder mit Kapern in Öl angedünstet, sind sie kalt oder warm sehr schmackhaft.

Gelbe Zucchini: Sie sind leuchtend gelb und gerader geformt als ihre grünen Vettern. Auch ihr Fleisch ist etwas fester. In Italien werden sie gerne für Vorspeisen verwendet.

Mini-Patissons: Diese winzigen Kürbisse fallen durch ihre interessante Form auf. Es gibt sie hellgrün, gelb und weiß. Der Geschmack ist ähnlich, das Fleisch fester als das der Zucchini. Wie diese kann man sie in Scheiben braten oder dünsten, doch ihre Form wirkt am besten unzerteilt und dampfgegart.
Sommer-Crooknecks: Sie sind blaßgelb, haben einen abknickenden Hals und eine knubbelige Oberfläche und werden so zubereitet wie Zucchini.
Italienische Zucchini: Italienische Sorten fallen durch ihre langgestreckte Form auf.

KAUF UND LAGERUNG

Zucchini müssen druckfest sein und eine glänzende Schale haben. Vermeiden Sie matte, zu weiche Stücke. Kleine Exemplare sind besser als große, und man kauft nicht mehr, als man umgehend verarbeiten kann.

VORBEREITUNG

Ganz junge Zucchini können nach dem Waschen so verarbeitet werden, wie sie kommen. Falls sie noch Blüten tragen – um so besser. Größere Exemplare müssen an Kopf und Ende beschnitten und nach Rezept zerteilt oder gefüllt werden.

ZUBEREITUNG

Ganz junge Zucchini müssen kaum oder gar nicht gekocht werden. Man kann sie dampfgaren oder blanchieren. Größere, zerteilte Früchte werden dampfgegart, wobei man allerdings auf die Zeit achten muß, damit sie nicht matschig werden. Man kann die Scheiben auch in Teig tauchen und fritieren. Auch bekannt sind Grillen, Braten und Überbacken: Dazu legt man die Scheiben in eine Form mit gepreßtem Knoblauch, einigen Basilikumblättern und etwas Olivenöl. Der Backofen muß sehr heiß sein.

Links oben: Mini-Patissons
Ganz links: Zucchini
Links: Gelbe Zucchini
Rechts: Italienische neben weißen und grünen Zucchini

GARTEN- UND SOMMERKÜRBISSE

Garten- oder Sommerkürbisse sind die etwas ärmeren Verwandten der Gattung. Sie bestehen zum größten Teil aus Wasser und sind im günstigsten Fall ein leicht süßliches Gemüse, im schlimmsten Fall eine zerkochte, geschmacksfreie Masse. Man kann Gartenkürbisse füllen, doch bedeutet das viel Aufwand für wenig Geschmack. Am besten schmecken sie, wenn man sie auf kleiner Flamme ohne zusätzliches Wasser in etwas Butter dünstet.

HISTORISCHES

Sämtliche Sommer- und Speisekürbisse stammen aus Amerika. Nordamerikanische Indianer aßen sie mit Mais und Bohnen, und eine Legende der Irokesen erzählt von den drei Gemüsen als unzertrennlichen Schwestern. Obwohl die ersten Siedler Gartenkürbisse sicher kennengelernt hatten, wurden sie erst im 19. Jh. nach England importiert. Dort allerdings verbreiteten sie sich rasch. Im Kochbuch der Mrs. Beeton finden sich acht Rezepte dafür, wobei Zucchini, die junge Gartenkürbisse sind, interessanterweise nicht weiter erwähnt werden.

SORTEN

Im Spätsommer und Frühherbst findet man eine große Auswahl kräftig gewachsener Gartenkürbisse.

Gelber Zentner: Unter diesem Namen firmieren die Riesen, die man im Sommer auf Züchterwettbewerben bewundern kann. Für die Küche nimmt man aber möglichst kleine Exemplare oder Stücke.

Spaghettikürbis: Diese hübsche Sorte wächst lang und gelb und kann ziemliche Größen erreichen. Auch hier sind wohl die kleineren Exemplare schmackhafter und leichter zuzubereiten. Ihren Namen haben sie daher, daß ihr Geschmack gekocht an Spaghetti erinnert.

Vor dem Kochen durchbohrt man die Enden, damit die Hitze ins Innere dringen kann. Nach 25 Min. sollte die Schale sich weich anfühlen. Dann teilt man den Kürbis der Länge nach, entfernt die Samenkörner und zieht die Fleischstränge mit der Gabel auf einen Teller. Das Gemüse hat ein angenehmes Aroma nach Honig oder Zitrone; dazu passen Knoblauch oder Pesto.

Patissons: Blaßgrüne Kürbisse mit einer hübschen, welligen Form und einem Geschmack wie Zucchini. Man kauft möglichst kleine Exemplare bis etwa 10 cm Durchmesser. Sie werden als Ganzes gekocht, bis sie zart sind. Dann schneidet man von der Oberseite einen Deckel ab, entfernt die Samenkörner und serviert sie mit einem Stich Butter.

KAUF UND LAGERUNG

Nur unbeschädigte Früchte ohne weiche oder braune Stellen kommen in Frage. Kühl gelagert, halten sich Riesen- und Spaghettikürbisse mehrere Monate, Patissons eine Woche.

VORBEREITUNG

Zum Dünsten oder Dampfgaren Kürbisse mit fester Schale schälen, ansonsten einfach waschen. Zum Schmoren entfernt man die Samenkörner und schneidet die Kürbisse in dicke Würfel (rechts). Gefüllte Kürbisse werden längs aufgeschnitten und ausgehöhlt.

ZUBEREITUNG

Kürbisstücke mit etwas Butter in einem schweren Topf garen. Gegen Ende mit Knoblauch, Kräutern oder Tomaten verfeinern. Gefüllte Kürbisse werden blanchiert, dann gefüllt und bei geschlossenem Deckel gegart.

Oben: Riesenkürbisse
Ganz links: Spaghettikürbisse
Links: Kürbiskerne entfernen

WINTERKÜRBISSE

Winterkürbisse sind auffallend dekorative Gewächse: dick und rund, mit schönen Farben und glatter Oberfläche. Ursprünglich kommen sie aus Amerika, und dort liegt auch heute noch ihre kulinarische Heimat. Es gibt buchstäblich Hunderte verschiedener Sorten, einschließlich solch klangvoller Namen wie »Sweet Dumpling«, »Queensland Blue« (aus Australien), »Calabaza«, »Ayote« und »Golden Nugget«.

HISTORISCHES

Seit den Tagen der Pilgerväter feiert man in Nordamerika das Erntedankfest mit traditionellen Kürbisgerichten. Ursprünglich wurde der Kürbis dafür oben aufgeschnitten, die Samenkörner entfernt und der Rest mit Milch, Honig und Gewürzen gefüllt und im Ofen gegart. Heutzutage macht man es sich etwas einfacher: Es gibt Kürbispüree, frisch oder aus der Dose, das zu kleinen Pfannkuchen gebacken wird.

SORTEN

Nicht nur, daß es so viele Sorten von Speisekürbissen gibt – sie sind oft gleichzeitig unter verschiedenen Namen bekannt. Unter kulinarischen Gesichtspunkten ist dies nicht so entscheidend, da der Reifegrad den Geschmack oft stärker beeinflußt als die Sorte. Allgemein haben sie sämtlich eine mehlige, leicht faserige Konsistenz und schmecken mild süßlich. Wegen eben dieser Milde kann man sie gut mit anderen Zutaten kombinieren.

Eichelkürbis: Klein, herzförmig, mit herrlich dunkelgrüner oder orangefarbener Schale oder Farbmischung aus beiden Tönen. Sie werden geschält und gedünstet oder unzerteilt im Ofen gegart und mit Butter serviert.

Butternut: Butterfarben und von perfekter Pfirsichform. Für Suppen oder jedes andere Kürbisrezept.

Delicata: Ein hübscher, blaßgelber Kürbis mit saftigem Fleisch, der wie eine Kreuzung aus Süßkartoffel und Butternut-Kürbis schmeckt.

Englischer Kürbis: Sein Fleisch ist weicher als das der amerikanischen Sorten. Gut für Suppen oder Pürees zusammen mit Kartoffeln oder anderen Wurzelgemüsen.

Hubbard-Kürbis: Dieser üppige Winterkürbis hat eine dicke, knubbelige Schale, deren Farbe von leuchtendem Orange bis zu dunklem Grün gehen kann. Auf dem Markt kann man ihn in der Regel auch als Hälften oder Viertel kaufen. Wegen seines körnigen Fleisches wird er am besten mit Butter und Gewürzen püriert.

Kabocha: Ein hübscher hellgrüner Kürbis mit blaß orangefarbenem Fleisch. In Geschmack, Konsistenz und Verarbeitung wie Eichelkürbis.

Zwiebel-Kürbis: Die runden gelben oder hell orangefarbenen Zwiebelkürbisse haben einen milden, leicht fruchtigen oder honigartigen Geschmack. Gut für Risottos und die meisten anderen Kürbisrezepte. Vielleicht muß man sie nachwürzen oder nachzuckern.

Oben (im Uhrzeigersinn): eine Kürbishybride, Kabochakürbis, Eichelkürbis
Rechts (im Uhrzeigersinn): Kürbishybride, 2 goldene Eichelkürbisse, 2 kleine und ein großer Winterkürbis

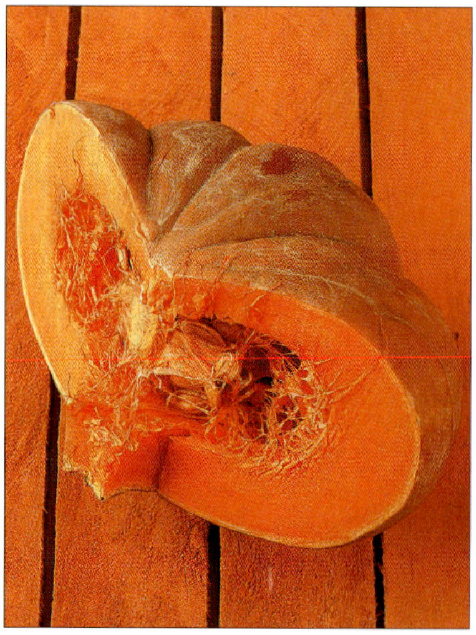

Moschuskürbis: Ein großer hellgelber oder orangefarbener Kürbis mit voll-orangefarbenem Fleisch. Sein süßlicher, honigartiger Geschmack weckt vermutlich bei vielen Amerikanern und Australiern Kindheitserinnerungen an Kürbissuppen, Kürbisbrot, Kürbiskuchen und geschnitzte Masken zu Halloween. Allerdings ist der Geschmack nicht jedermanns Sache, und manchem ist er einfach zu süß.

KAUF UND LAGERUNG

Alle Speisekürbisse können lange lagern. Man kauft feste Exemplare mit glatter, glänzender Haut.

VORBEREITUNG

Große Kürbisse, die man zu Suppen und Pürees verarbeiten will, werden geschält, entkernt und zerschnitten.

ZUBEREITUNG

Kürbisse kocht man in wenig Wasser etwa 20 Min. Dann werden sie püriert und mit Butter sowie reichlich Salz und Pfeffer aufgetragen. Kleinere Exemplare können im Ofen gebacken und mit Butter serviert werden. Man kann Kürbisse auch in Butter andünsten und dann Brühe, Sahne oder geschnittene Tomaten dazugeben.

EXOTISCHE KÜRBISSE

Typisch für Afrika, Indien und den Fernen Osten sind die dort beheimateten Flaschenkürbisse – obgleich sie inzwischen ihren Weg auch auf die anderen Kontinente gefunden haben. Flaschenkürbisse und die aus Amerika stammenden Kürbisarten gehören zur Familie der Cucurbitaceae, allen gemeinsam sind ihre schnell wachsenden Ranken.

Flaschenkürbis: In Afrika ist er weit verbreitet, weniger seines Fleisches wegen, als wegen seiner Form. Die getrockneten Schalen werden zu Wasserflaschen, Tassen oder Musikinstrumenten verarbeitet. Junge Früchte können gegessen werden, sind aber extrem bitter und werden deshalb nur sparsam an kräftige Eintöpfe und Aufläufe gegeben.

Chayote: Ein weltweit recht beliebter Kürbis, den man auch bei uns in exotischen Gemüseläden finden kann. In der Karibik nennt man ihn »christophine«, andere Namen lauten »choko«, »shu-shu« oder »chinchayote«. Untypischerweise stammt er aus Mexiko, wurde nach dem Einfall der Spanier aber auch in andere tropische Länder gebracht. Die etwa pfirsichförmige Frucht hat einen festen Kern und cremig-grünes Fleisch. Ihr Geschmack ist nicht sehr ausdrucksstark. In der Karibik verzehrt man sie als Gemüsebeilage, in Soufflés oder roh in Salaten.

Chinesische Bittermelone: In Europa praktisch unbekannt, ist dieses Gemüse in ganz Asien beliebt und wird unter verschiedenen Namen gehandelt – Bitterkürbis oder Bittergurke etwa, um nur zwei zu nennen. Es werden nur die sehr jungen, extrem bitteren Früchte verzehrt. Man kann sie leicht an ihrer stacheligen Schale erkennen, mit der sie ein bißchen wie Spielzeugdinosaurier aussehen. Anfangs ist die Schale weiß, doch meist ist sie dunkelgrün geworden, bevor die Früchte den Markt erreichen.

Die meisten chinesischen Rezepte schlagen vor, die Kürbisse der Länge nach zu halbieren, zu entkernen und dann in Scheiben geschnitten einige Minuten zu blanchieren, um die Bitterstoffe zu mildern, bevor sie gebraten oder in anderer Form weiterverwendet werden.

Ganz links: Sweet Dumpling
Links: Moschuskürbis
Rechts oben: Chinesische Bittermelone
Rechts: Luffa
Unten: Chayote

Glatte und gerippte Luffa: Die glatte Luffa ist wohl eine der seltsamsten Pflanzen, die es gibt. Die junge Frucht kann gegessen werden, obwohl es kaum jemand tut. Man kultiviert die Pflanze fast ausschließlich zur Gewinnung von Schwämmen. Dazu wird die reife Frucht geschält; dann schüttelt man die Samen heraus und trocknet die Frucht zu dem faserigen Gebilde, das wir aus dem Bioladen kennen.

Gerippte Luffas werden häufiger gegessen, allerdings nur, solange sie jung sind. Sie erinnern etwas an Zucchini und sollten auch wie sie zubereitet werden: in Butter gebraten oder mit Tomaten, Knoblauch und Kapern in Öl gedünstet.

GURKEN

Die Chinesen sagen, der Geschmack der Lebensmittel sei genauso wichtig wie ihre Konsistenz. Wie gut, daß es Gurken gibt mit ihrem knackigen Biß und dem frischen, kühlen Geschmack. Ein Abendbrot mit Gurkenscheiben auf Butterbrot bietet einen schönen Kontrast von Geschmack und Bißerlebnis.

SORTEN

Salatgurke: Die bekannteste Gurkenart. Sie hat weniger Samenkörner und eine dünnere Schale als die Gemüsegurke.

Essiggürkchen: Eine kleine Gurke mit pickeliger Schale, die sauer eingelegt und später zu kaltem Braten oder in Mayonnaisen gegessen wird.

Kirbys: Kleine Gurken aus den USA, die sauer eingelegt werden.

Gemüsegurke: Sie ist kleiner als die Salatgurke, hat mehr Samenkörner und eine festere Schale. In Frankreich bekommt man sie überall, bei uns findet man sie auf Wochenmärkten. Gelegentlich sind die Schalen mit Wachs behandelt; dann müssen sie unbedingt geschält werden.

KAUF UND LAGERUNG

Gurken müssen sich rundum fest anfühlen. In Folie verpackte Exemplare können im Gemüsefach etwa eine Woche aufbewahrt werden. Nachdem man die Gurke angebrochen hat, sollte man aber die Folie entfernen.

VORBEREITUNG

Ob man Gurken schält, ist eine Frage des persönlichen Geschmacks. Falls nicht, sollte man die Schale auf jeden Fall gründlich waschen. Mit Wachs behandelte Gurken müssen auf jeden Fall geschält werden. Im Zweifelsfall kauft man ökologisch angebaute Ware. Man kann die Schale streifenweise abschälen und dann die Gurke in Scheiben schneiden, was sehr hübsch aussieht.

Links: Salatgurken
Rechts oben: Gemüsegurken
Ganz rechts oben: Junge Gurken
Rechts unten: Kirbys

SERVIERVORSCHLÄGE
Dünn in Scheiben geschnittene Gurken richtet man oft mit einem leichten Dressing oder saurer Sahne an. In Griechenland ist ein Bauernsalat aus dicken Gurkenstücken, Tomaten, Peperoni, Fetakäse, Olivenöl und Weinessig praktisch das Nationalgericht.

Köstlich ist kalte Gurkensuppe; auch ein Püree aus Gurken, Joghurt, Knoblauch, Kräutern und saurer Sahne ist kalt unbedingt zu empfehlen.

ZUBEREITUNG
Oft werden Gurken roh verzehrt, doch auch gekocht sind sie eine angenehme Überraschung. Man schneidet sie in lange Streifen, entfernt die Kerne und dünstet sie einige Minuten, bis sie zart sind. Das Wasser abschütten, die Gurken zurück in den Topf geben und mit Sahne und Gewürzen verfeinern.

SIEBEN

FRUCHT-GEMÜSE

Tomaten

Auberginen

Paprika

Chilischoten

Koch- und Grüne Bananen

Ackee

Avocado

Brotfrüchte

TOMATEN

Neben Zwiebeln sind Tomaten die wichtigsten Zutaten der mediterranen Küche. Zusammen mit Knoblauch und Olivenöl bilden sie die Grundlage so vieler italienischer, spanischer und provençalischer Gerichte, daß es Mühe macht, Rezepte ohne sie zu finden.

HISTORISCHES

Tomaten, Kartoffeln, Auberginen, Paprika und Chilischoten gehören alle zur Familie der Nachtschattengewächse. Einige besonders giftige Vertreter dieser Familie könnten unsere Vorfahren von der frühzeitigen Kultivierung der Tomaten abgeschreckt haben. Auch ihre Blätter sind giftig und können schlimme Magenschmerzen verursachen.

Zur Zeit der Eroberung durch die Spanier wurden Tomaten in ganz Südamerika und Mexiko angebaut. Fernando Cortez, der das Aztekenreich zerstörte, sandte die ersten Pflanzen einer gelben Art zusammen mit dem geraubten Aztekengold zurück nach Spanien.

Allerdings wurden die »goldenen Äpfel« hier nicht sofort mit Begeisterung aufgenommen. Zunächst wurden sie hauptsächlich als Zierpflanze angebaut; dann erst begann man in Spanien, später auch in Italien, sich für ihre reifen Früchte zu interessieren. Das restliche Europa reagierte zurückhaltend.

Die ersten roten Tomaten erreichten Europa im 18. Jh., von zwei Jesuiten nach Italien mitgebracht. Bis zur Mitte des 19. Jhs. hatten sie dann endlich ihren Weg auch in die Gärten und Küchen des nördlichen Europas gefunden.

Oben: Rote und gelbe Kirschtomaten
Unten: Gelbe Flaschentomaten
Rechts oben: Strauchtomaten
Rechts unten: Fleischtomaten

SORTEN

Es gibt eine Vielzahl von Tomatensorten, von den dicken Fleischtomaten mit beinahe 10 cm Durchmesser über längliche Eiertomaten bis zu den daumennagelgroßen Kirschtomaten. Es gibt sie rund, länglich, birnenförmig und sogar plattrund.

Fleischtomaten: Große, leicht eingekerbte rote oder orangefarbene Tomaten mit kräftigem Geschmack. Ideal für alle Salate oder gefüllt als Ganzes gekocht.

Dosentomaten: Tomaten sind eines der wenigen Gemüse, die auch als Konserve gut genießbar sind – speziell im Winter, wenn frische Ware oft ausdruckslos schmeckt. Mit Knoblauch oder Kräutern vorgewürzte Konserven sind allerdings nicht zu empfehlen.

Kirschtomaten: Einst der Stolz jedes Gärtners, sind diese delikaten Früchtchen heute überall zu haben. Sie kosten etwas mehr, doch ist ihr feines Aroma es wert. Ideal im Salat.

Eiertomaten: Diese italienische Züchtung kann gekocht oder im Salat verarbeitet werden. Sie ist ausdrucksvoll im Geschmack und hat weniger Kerne als normale Tomaten.

Salattomaten: Die Standardtomate, wie sie jeder kennt. Größe und Geschmack schwanken je nach Jahreszeit und Herkunft. Sonnengereifte Früchte schmecken am besten; leider werden Tomaten oft schon sehr frühzeitig geerntet und künstlich nachgereift. Geschmacksschwächen lassen sich mit etwas Zucker oder Gewürzen einigermaßen ausgleichen.

Getrocknete Tomaten: An der Sonne getrocknete Früchte können vielen mediterranen Gerichten eine besondere Note verleihen. Wohldosiert verwenden.

Tomatenmark: Gut geeignet, um Gerichten ein starkes Tomatenaroma zu geben. Vorsichtig dosieren, damit die Wirkung nicht zu stark gerät. Tuben sind besser als Dosen, da sie sich nach dem Öffnen im Kühlschrank noch 4–6 Wochen halten.

Gelbe Tomaten: Es gibt sie in allen Größen und Varianten wie rote Tomaten, nur – sie sind gelb.

KAUF UND LAGERUNG

Idealerweise sollten Tomaten langsam am Strauch reifen, damit ihr Aroma sich voll entfalten kann. Demnach sind selbstgezogene Tomaten die besten, gefolgt von regional angebauten. Kauft man im Supermarkt, so achtet man auf den grünen Stengelansatz. Je frischer er aussieht, desto besser. Fleisch- und Kirschtomaten eignen sich für Salate, Eiertomaten für gehaltvolle Saucen. Möchten Sie Ihre Tomaten sofort verwenden, sollten Sie nur leuchtend rote Exemplare kaufen; blasse oder leicht grüne Früchte können in einer braunen Papiertüte oder im Gemüsefach nachreifen. Überreife Tomaten, bei denen vielleicht schon die Schale aufplatzt, ergeben eine ausgezeichnete Suppe. Schimmelige oder angeschlagene Stellen sind jedoch vorher unbedingt zu entfernen.

VORBEREITUNG

Für Salate und Pizzabelag schneidet man Tomaten quer in Scheiben, für andere Verwendungen halbiert man sie der Länge nach und schneidet sie in kleine Schiffchen.

ZUBEREITUNG

Klassische Rezepte sind die Tomatensuppen mit Brühe bzw. Milch oder die langsam geköchelte Suppe mit Gemüseeinlage, Knoblauch und Basilikum. Rezepte »à la provençale« deuten an, daß sie Tomate enthalten. In der provençalischen und italienischen Küche verwendet man Tomaten buchstäblich bei jeder Gelegenheit: zu Fisch, Fleisch, Gemüse, in Saucen und Füllungen, zu Pasta und in Salaten. Der italienische Tri-colori-Salat besteht aus Tomaten, Mozzarella und Basilikum, den Farben der Nationalflagge.

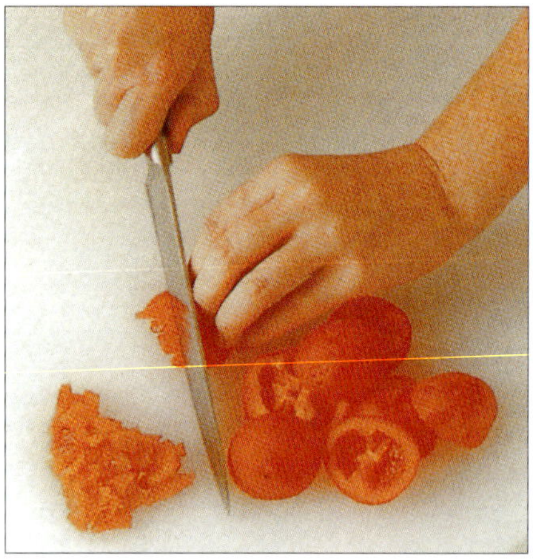

GEWÜRFELTE TOMATEN

Tomatenwürfel verleihen vielen Fleisch- oder Gemüsegerichten eine schöne geschmackliche Tiefe. Allerdings sollte man die Früchte zuvor schälen, weil die Schalen stören. Manche Saucen verlangen sogar das Entkernen der Tomaten: Man schneidet sie in Hälften und streift die Kerne vor dem Würfeln heraus (siehe oben).

TOMATEN SCHÄLEN

Man schneidet die Tomaten über der Spitze kreuzweise ein und übergießt sie in einer Schale mit kochendem Wasser (siehe oben), und läßt sie einige Minuten ziehen. Danach sollte sich die Schale problemlos abziehen lassen. Lassen Sie die Früchte nicht zu lange im Wasser liegen, weil sie sonst anfangen zu garen.

AUBERGINEN

In Europa, Asien und Amerika gibt es eine Vielzahl von Auberginensorten, die in ebenso unterschiedlichen Gerichten verarbeitet werden.

HISTORISCHES

Auberginen sind Nachtschattengewächse und damit Verwandte von Kartoffel, Tomate und Paprika. Gleichwohl stammen sie nicht aus der Neuen Welt, sondern ihr Anbau ist erstmals für das 5. Jh. v. Chr. in China bezeugt. Vermutlich wurden sie davor bereits in Indien verwendet. Vor etwa 1200 Jahren brachten die Mauren die Frucht nach Andalusien, möglicherweise auch nach Italien. Von dort verbreitete sich ihr Anbau über die südlichen und östlichen Regionen

Europas. In England und den USA waren Auberginen zwar bekannt, wurden dort aber erst in den letzten Jahren richtig populär.

Links oben: Eiertomaten
Ganz oben: Auberginen
Oben: Baby-Auberginen
Links: Japanische Auberginen

In Italien, Griechenland, der Türkei und dem Nahem Osten rühmt man sich, über hundert Methoden zu kennen, dieses herrliche Gemüse auf schmackhafte Weise zuzubereiten.

SORTEN

Je nach Herkunftsland können sich Auberginen in Farbe, Größe und Form unterscheiden. Kleine elfenbeinfarbene Sorten sehen wie große Eier aus (daher ihr anderer Name »Eierfrucht«). Es gibt hübsche violette oder rosafarbene Sorten mit weißen Streifen. Die japanische oder asiatische Aubergine ist lang und schmal und entweder tiefviolett oder violett-weiß gemustert. Sie hat zartes, leicht süßes Fleisch. Die bei uns am häufigsten vorkommenden Sorten jedoch sind glänzend violett, manchmal fast schwarz und entweder länglich, schlank oder fett wie ein Zeppelin. Bei allen farblichen Unterschieden sind sich Auberginen in Geschmack und Konsistenz sehr ähnlich. Roh fühlt sich das Fleisch ziemlich

schwammartig an, gekocht wird es weich und bekommt einen leicht rauchigen Geschmack.

KAUF UND LAGERUNG
Auberginen müssen sich beim Kauf fest und schwer anfühlen und dürfen keine Beschädigungen zeigen. Im Gemüsefach halten sie sich bis zu zwei Wochen.

VORBEREITUNG
Wo Auberginen gestückelt und gebraten werden, ist es ratsam, die Stücke vorher gut zu salzen, um ihnen etwas von ihren Bitterstoffen und ihrer Feuchtigkeit zu entziehen. Sonst saugen sie beim Garen einfach zuviel Fett und Wasser auf. Man schneidet die Früchte in 1 cm dicke Stifte (ganz oben rechts) oder Scheiben (oben rechts) und bestreut sie großzügig mit Salz. 1 Std. im Sieb stehen lassen, danach gut abspülen und sorgfältig mit Küchenkrepp trockentupfen.

ZUBEREITUNG
Auberginenscheiben können mit oder ohne Teigmantel in Olivenöl gebraten werden – beide Formen sind als Vorspeisen beliebt.

Für Moussaka, Parmigiana und andere Gerichte, bei denen Auberginen mit weiteren Zutaten aufgeschichtet werden, werden die Scheiben erst kurz in heißem Olivenöl angebraten. Das gibt ihnen eine leckere Kruste, während das Innere weich bleibt.

Sehr delikat ist auch ein Püree; hierzu werden die Auberginen zunächst mit der Gabel eingestochen und im Backofen etwa 30 Min. gegart. Dann schöpft man das Fruchtfleisch mit dem Löffel heraus und vermischt es mit Frühlingszwiebeln, Zitronensaft und Olivenöl. Eines der berühmtesten Gerichte ist das Imam Bayaldi – »dem Imam schwanden die Sinne« – aus gebratenen Auberginen, gefüllt mit Zwiebeln, Knoblauch, Tomate, Gewürzen und viel Olivenöl.

Links oben: Weiße Auberginen
Links unten: Gestreifte Auberginen
Oben: Thai-Auberginen mit weißen, gelben und erbsengroßen Sorten

PAPRIKA

Paprika sind mit Chili verwandt, beide sind Mitglied der Familie der Capsicum. Mit den Pflanzen des bekannten schwarzen Pfeffers haben sie nichts zu tun.

HISTORISCHES

Die Entdeckungsfahrten des Christoph Columbus und der anderen Eroberer waren stark davon motiviert, das Herkunftsland jener Gewürze zu finden, die Marco Polo hundert Jahre zuvor aus dem Fernen Osten mitgebracht hatte. Statt des Orients erreichte Columbus Amerika, und statt der gesuchten Gewürze fand er Mais, Kartoffeln und Tomaten. Jedoch fiel ihm auf, daß die Indios ihre Speisen mit getrockneten und geriebenen, scharf schmeckenden Schoten würzten, die er, seiner ursprünglichen Reiseabsicht gedenkend, kurzerhand zu Pfefferschoten erklärte. Was aber nicht stimmte.

SORTEN

Paprikas sind viel süßer als die verwandten Chilis; es gibt rote, grüne, gelbe, orangefarbene und dunkelviolette Sorten.

Die Farbe sagt einiges über den Geschmack. Grüne Schoten sind am wenigsten reif und haben einen frischen, »rohen« Geschmack. Rote Schoten sind aus grünen gereift und schmekken deutlich süßer. Gelbe und orangefarbene Paprikas schmecken den roten sehr ähnlich, vielleicht etwas feiner. Schwarze Paprikas schmecken so ähnlich wie grüne – und werden beim Kochen auch grün! Wenn Sie sie wegen ihrer dramatischen Farbe gekauft haben, sollten Sie sie also am besten roh im Salat verarbeiten.

In Griechenland und anderen Gegenden Südeuropas findet man oft eine längliche, schlanke Paprika, die gleichzeitig süßer und schärfer schmeckt als die bekannten runden Sorten. Sie heißt Peperoni und kommt wie Paprika in verschiedenen Farben und Schärfen vor.

KAUF UND LAGERUNG

Paprikaschoten müssen glatt und glänzend aussehen und sich fest anfühlen. Matte, schlaffe Exemplare sind abzulehnen. Im Gemüsefach halten sie sich einige Tage.

VORBEREITUNG

Kerne und weiße Rippen kann man leicht entfernen, nachdem man die Schoten halbiert oder geviertelt hat. Möchte man die Schoten füllen, schneidet man oben einen Deckel ab und entfernt die Kerne von dort.

ZUBEREITUNG

Es gibt zahlreiche Zubereitungsarten. Man kann Paprikastücke mit Zwiebeln und Knoblauch in Olivenöl anbraten und danach mit Tomaten und Kräutern gar dünsten. Das ergibt ein einfaches Ratatouille. Natürlich können weitere Gemüse wie Zucchini, Brokkoli und Auberginen dazugegeben werden.

Man kann die Schoten auch im sehr heißen Backofen (220° C) garen – allein, mit anderen Ratatouillegemüsen oder mit Zwiebeln und Knoblauch. Man schneidet sie in große Stücke, verteilt sie auf dem Backblech und beträufelt das Ganze mit Olivenöl, frischem Basilikum und Kräutergewürz. Auch gegrillte Schoten sind eine feine Sache – heiß oder enthäutet und in den Salat gemischt.

Ganz links oben: Rote, grüne und orangefarbene Paprikaschoten
Ganz links unten: Gelber Paprika
Oben links: Weißer Paprika
Oben rechts: Violette Schoten

PAPRIKA HÄUTEN

Man schneidet die Schoten in Viertel und grillt sie, Außenseite nach oben (siehe oben), bis die Haut braun ist. Anschließend gibt man die Stücke sofort mit einer Zange oder Gabel in einen Gefrierbeutel, den man fest verschließt und einige Minuten kalt ruhen läßt. Danach sollte sich die Haut ganz leicht abziehen lassen.

CHILISCHOTEN

Wer seine Zunge auch im Bereich der pikanten Geschmäcker ausgebildet hat, weiß, daß die Schärfe getrockneter Chilischoten eine Rundheit und Tiefe besitzt, die Pfeffer oder andere Gewürze nicht erreichen.

UNTERARTEN

Nach Salz sind Chilis das weltweit am häufigsten benutzte Gewürz. Anders als bei ihren Verwandten, den Paprikas, kann ihre Stärke je nach Herkunft erheblich variieren.

Anaheim-Chili: Eine lange, schlanke Chilisorte mit stumpfem Stielansatz, benannt nach der Stadt in Kalifornien. Mild und süß.

Ancho-Chili: Sehen wie Paprika aus. Mild genug, um die hintergründige Süße herauszuschmecken.

Vogelaugen- oder Vogel-Chili: Kleine rote, feurig scharfe Schoten. Auch als »Pequin-Chili« bekannt.

Cayennepfeffer: Wird aus getrockneten Schoten und Samenkörnern der Chilis hergestellt. Nach der Hauptstadt von Französisch-Guayana benannt, obwohl die hierfür gebrauchten Schoten inzwischen aus der ganzen Welt stammen.

Early Jalapeño: Eine in Amerika beliebte Chilisorte, die zuerst dunkelgrün ist und später rot wird.

Habañero: Oft auch als »Scotch Bonnet« bezeichnet, ist dies der schärfste Chili überhaupt. Die kleinen Schoten sind grün, rot oder gelb, doch die Farbe gibt keinen Aufschluß über den Schärfegrad. Stammt ursprünglich aus Mexiko und wird auch in der karibischen Küche freigebig verwendet.

Hot Gold Spike: Eine große, blasse, gelb-grüne Schote aus dem Südwesten der USA – sehr scharf!

Poblano: Kleine, dunkelgrüne Schoten, die in Spanien geröstet oder gegrillt als Ganzes serviert werden.

Roter Chili: Ziemlich lange, runzlige Schoten, die während des Reifens von

Oben: Vogelaugen-Chili
Links: Habañero-Chili (in und unterhalb der Schale) und gelbe Wachspaprikas

deres Feuer Wert legt. Capsaicin reizt Haut und Augen – Vorsicht bei der Handhabung. Tragen Sie Küchenhandschuhe oder waschen Sie sich anschließend gründlich die Hände. Doch selbst dann sollte man eine Weile warten, bevor man sich z. B. mit den Fingern die Augen reibt.

ZUBEREITUNG

In der mexikanischen Küche spielen Chilis eine der Hauptrollen. Soweit

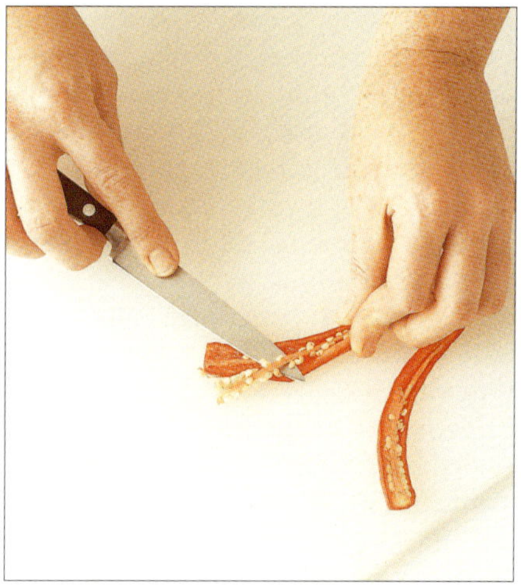

Grün zu Rot wechseln. Von unterschiedlicher Schärfe, und, weil sie so dünn sind, schwierig zuzubereiten.

Serrano-Chili: Lange rote und extrem scharfe Schoten

Tabasco: Eine feurige Sauce aus Chilischoten, Salz und Essig, die ursprünglich aus New Orleans stammt. Gut für kreolische, karibische oder mexikanische Gerichte und überall da, wo man schnell nachwürzen möchte.

Gelbe Wachspaprika: Blaßgelb bis grün und von sehr unterschiedlicher Schärfe

KAUF UND LAGERUNG

Manche Chilisorten sehen auch im besten Zustand runzlig aus, so daß dies kein Hinweis auf ihre Frische ist. Weiche oder beschädigte Schoten sollte man jedenfalls nicht kaufen.

Die Schärfe der Chilis entsteht aus einem flüchtigen Öl namens Capsaicin. Natürlich sind manche Chiliarten schärfer als andere. Doch die Schärfe der Schoten hängt stark von den Wachstumsbedingungen jeder einzelnen Pflanze ab: Je mehr sie um Licht, Wasser oder Boden zu kämpfen hat, desto mehr Capsaicin produziert sie. Entsprechend kann man auch nicht davon ausgehen, daß grüne Chilis generell milder seien als rote; oft haben rote Schoten ausgiebig Zeit gehabt, in der Sonne zu reifen, und sind entsprechend milder. Obwohl das bei allen Chilis ein relativer Begriff ist.

In einer Plastiktüte kann man Chilis im Kühlschrank einige Tage aufbewahren.

VORBEREITUNG

Das Capsaicin der Chilis konzentriert sich vor allem im Mark und den Kernen der Schoten, die man daher entfernen sollte (oben rechts), sofern man nicht gerade auf deren besonderes Feuer Wert legt.

ich weiß, gibt es eigentlich kein Gericht, in dem Chilis dort nicht in der einen oder anderen Form vorkommen – frisch, aus dem Glas, getrocknet oder pulverisiert. Ähnliches gilt für die indische, fernöstliche, karibische oder kreolische Küche.

Bei der Dosierung gilt vor allem eins: Vorsicht! Man sollte von einer neugekauften Chilisorte zunächst testweise nur eine geringe Menge nehmen, bis man Dosierung und Wirkung einschätzen kann.

Oben: Ancho-Chili (links) und Anaheim-Chili (auf dem Brett)

KOCH- UND GRÜNE BANANEN

Im Unterschied zur bekannten Staudenbanane, die jeder als Obst kennt, können Koch- oder Mehlbananen durchaus zu den Gemüsen gezählt werden. Sie sollten nicht roh verzehrt werden und geben eine delikate Vorspeise oder ein geschmacklich reizvolles Hauptgericht ab.

SORTEN

Kochbananen: Ihr Fleisch ist grober und schmeckt kräftiger als das ihrer süßen Verwandten. Flüchtig betrachtet sehen sich beide Arten sehr ähnlich, doch werden Kochbananen etwas größer und schwerer. Unreife Früchte sind grün, später werden sie gelb, und die schwarz gesprenkelten schließlich sind voll ausgereift.

Grüne Bananen: Die in der afrikanischen und karibischen Küche verwendeten Bananen mit grüner Schale sind eine eigene Sorte von Bananen: Die grünen Exemplare, die man aus dem Supermarkt kennt, sind in der Regel nicht ganz ausgereifte Obstbananen. Echte Grüne Bananen finden Sie in besonders gut sortierten Gemüseläden.

VORBEREITUNG

Kochbananen: Roh sind sie ungenießbar und müssen unbedingt gegart werden. Sind sie nicht ganz reif, kann das Schälen etwas Mühe machen. Man schneidet die Frucht in zwei oder drei Stücke, schneidet die Schale entlang einer der natürlichen Kanten auf und wickelt das Fruchtfleisch vorsichtig heraus (unten). Danach

kann man die Stücke längs oder quer in Scheiben schneiden und rösten oder braten. Auch Kochbananen verfärben sich, wenn sie zu lange an der Luft liegen. Kann man sie nicht sofort verarbeiten, benetzt man sie mit Zitronensaft oder legt sie in eine Schale mit Salzwasser.

Grüne Bananen: Auch sie kann man nicht roh verzehren; sie werden mit oder ohne Schale gekocht. Bananenchips aus Grünen Bananen schneidet man so dünn wie möglich, am besten mit einem Kartoffelschäler (links).

Will man Grüne Bananen in der Schale garen, schneidet man sie seitlich der Länge nach ein. Man erhitzt sie in Salzwasser bis zum Siedepunkt und läßt sie 20 Min. köcheln. Nach dem Abkühlen können die Schalen mühelos abgezogen werden.

ZUBEREITUNG

Beide Bananenarten schmecken ausgezeichnet. In vielen afrikanischen und karibischen Gerichten werden sie geröstet oder gebraten und mit etwas Salz serviert. Gekocht kann man sie in Scheiben schneiden und mit gehackten Zwiebeln zu einem einfachen Salat verarbeiten, oder aus Bananen, Mango, Avocado, Blattsalat und Garnelen den deutlich anspruchsvolleren Gado-Gado-Salat zaubern.

Kochbananen und süßer Gemüsemais ergeben eine köstliche Suppe. Man brät eine Zwiebel und etwas Knoblauch an, gibt zwei geschälte und in Scheiben geschnittene Kochbananen dazu und, falls man möchte, einige geschälte Tomaten. Das Ganze dünstet man einige Minuten an, gibt dann zwei zerkleinerte Chilis und etwa 175 g Gemüsemais dazu und gießt mit Gemüsebrühe auf. Köcheln lassen, bis die Bananen zart sind.

Links oben: Kochbananen
Links unten: Grüne Bananen
Unten: Ackee aus der Dose

ACKEE

Ackee ist eine tropische Frucht, die vor allem in der Karibik gerne zum Kochen verwendet wird. Die Frucht selbst ist leuchtend rot. Sie platzt in der Reife auf und zeigt drei große schwarze Samenkerne und das cremige Fruchtfleisch. Es schmeckt leicht nach Zitrone und bildet mit Pökelfisch eines der Nationalgerichte Jamaikas. Man kauft nur vollreife Früchte, da bestimmte Partien vorher giftig sind. Sofern Sie nicht in die Karibik reisen, werden Sie Ackees wahrscheinlich nur als Konserven finden; doch die meisten Rezepte kommen auch gut mit konservierten Früchten aus.

Jamaikanische Köchinnen verwenden Ackee, um Gemüse- und Bohnengerichten einen besonderen Geschmack zu geben. Konservierte Ackees brauchen kaum Garzeit und sollten der Speise erst in den letzten Minuten beigegeben werden. Vorsicht beim Unterrühren, damit die Fruchtstücke nicht völlig zerbrechen.

AVOCADO

Je nach Region und Erdteil sind Avocados unter anderen auch als »Butterbirne« oder »Alligatorbirne« bekannt. Den ersten Beinamen verdankt sie zweifellos der cremigen Konsistenz des Fruchtfleischs. Der zweite Beiname kommt nicht, wie man vielleicht annehmen könnte, von der runzligen Schale der Frucht, sondern ist eine spanische Verballhornung des aztekischen Namens »ahuacantl«. Von dort zum einfacheren »Alligator« bis zum heutigen Namen waren es nur kleine Schritte.

HISTORISCHES

Die Avocado ist eine Frucht aus Mexiko. Sicherlich haben die spanischen Eroberer sie kennengelernt, doch wurde sie erst ab der Mitte dieses Jhs. bei uns populär. Mitte des 19. Jhs. begannen kalifornische Farmer Avocados anzubauen, doch erst die heutigen Transportmöglichkeiten erlauben auch ihre weltweite Vermarktung.

NÄHRWERTE

Avocados enthalten große Mengen an Eiweiß, Kohlehydraten und Fett. Hinzu kommen reichlich Kalium, Vitamin C und einige B-Vitamine. Besonders die gesättigten Öle und der Anteil an Vitamin E geben Avocados nicht nur einen Wert als Nahrungsmittel, sondern auch als Kur für Haare und Haut. Diese Wirkung war den Inkas und Azteken übrigens schon bekannt. Mit ihren wertvollen Eiweißen und Vitaminen sind Avocados eine bekömmliche Babynahrung. Man kann sie leicht mit anderen Früchten mischen, und die Kleinen mögen die cremige Konsistenz und den angenehmen Geschmack.

SORTEN

Es gibt verschiedene Sorten: Hass mit violett-schwarzer, knubbeliger Schale, Ettinger und Fuerte, die, pfirsichförmig, eine glatt-grüne Schale haben, und die leicht rundliche Nabal. Die Hass hat goldgelbes Fleisch, während die Fleischfarbe der anderen zwischen blaßgrün und gelb liegt.

KAUF UND LAGERUNG
Als Regel beim Avocadokauf gilt: Sie sind niemals reif, wenn man sie braucht – entweder noch steinhart oder schon breiig und jenseits ihrer besten Zeit. Das Vernünftigste ist, eine noch unreife Frucht einige Tage, bevor man sie braucht, zu kaufen und sie zuhause 4–7 Tage bei Zimmertemperatur nachreifen zu lassen. Danach kann man sie noch einige Tage im Kühlschrank aufbewahren, doch sollte man sie dann verwenden.

Beim Kauf zeigen gute Früchte eine frische, unbeschädigte Schale ohne dunkle Flecken. Reife Früchte geben auf Daumendruck leicht nach, ohne sich weich anzufühlen. Überreife Avocados sollte man auch im günstigsten Sonderangebot verschmähen, da ihr Fleisch unangenehm braun und faserig geworden ist.

VORBEREITUNG
»Erst schälen und dann entkernen« funktioniert nur selten, weil die Früchte so schlüpfrig sind. Eine Möglichkeit: Man halbiert die Frucht, entfernt den Kern und löffelt das Fruchtfleisch aus der halben Schale. Oder man schneidet die halbierten Früchte samt Schale mit einem scharfen Messer in Streifen, die man zu Salat mischen kann, nachdem man ihnen dann problemlos die Schale abgezogen hat. Benetzen Sie die Streifen mit Zitronensaft, damit sie sich an der Luft nicht verfärben.

ZUBEREITUNG
Meistens werden sie roh gegessen, jedoch können Avocados auch im Backofen gegart, gegrillt oder geschmort werden.

SERVIERVORSCHLÄGE
Halbierte Avocados lassen sich mit einer Reihe von Köstlichkeiten füllen: mit Garnelen, einer Vinaigrette, einer Mischung aus zerkleinerten Tomaten und Gurken, einem milden Knoblauch-Käse-Dip oder einem feinen Kartoffelsalat mit saurer Sahne. Köstlich sind Avocadostücke mit Tomaten- und Mozzarellascheiben, Olivenöl, Zitronensaft und reichlich schwarzem Pfeffer. Zerkleinerte Avocado kann man in Salate mischen oder zu einem gehaltvollen Dressing pürieren.

In Mexiko wachsen Avocados überall, und entsprechend viele Rezepte gibt es. Die Guacamole ist eins der bekanntesten, aber es gibt auch Suppen, Eintöpfe und Avocadobeilagen zu Tacos und Enchiladas.

BROTFRÜCHTE

Brotfrüchte wachsen auf dem im Südpazifik beheimateten Brotfruchtbaum. Sie sind etwa so groß wie kleine Melonen und haben eine rauhe Schale und helles, mehliges Fleisch.

VORBEREITUNG
Die Frucht wird geschält und das Kerngehäuse entfernt.

ZUBEREITUNG
Brotfrüchte lssen sich wie Kartoffeln zubereiten, d.h. kochen, im Backofen garen oder braten. Auf pazifischen Inseln gehören sie zu den Grundnahrungsmitteln. Das Fleisch wird gebakken, getrocknet oder gemahlen, um daraus Brot und Aufläufe zu machen. Reife Früchte sind süß und weich.

Links (im Uhrzeigersinn von rechts): Die Avocadosorten Fuerte, Hass und Nabal
Rechts: Brotfrucht

ACHT

SALAT-GEMÜSE

KOPFSALAT

Salat unterscheidet sich von allen anderen Gemüsen darin, daß man ihn nur in einem Zustand kaufen und verarbeiten darf: extrem frisch.

HISTORISCHES

Kopfsalat wird schon seit Tausenden von Jahren gezüchtet. Im alten Ägypten war er dem Fruchtbarkeitsgott Min geweiht. Man hielt Kopfsalat für ein starkes Aphrodisiakum, während Griechen und Römer ihm genau den entgegengesetzten Effekt zuschrieben. Nahrungsmittelchemiker bestätigen heute, daß Salatblätter ein opiumähnliches Schlafmittel enthalten, weshalb man sie auch zur Behandlung von Schlaflosigkeit einsetzt.

SORTEN

Es gibt Hunderte verschiedener Salatsorten. Im Handel findet man zu jeder Jahreszeit eine reiche Auswahl, so daß in der Salatschüssel keine Langeweile aufkommen muß.

KOPFSALATE

Blattsalat: Der klassische Salat, den man auch gut selber ziehen kann. Er hat ein helles Herz und locker gepackte Blätter mit angenehmem Geschmack – solange sie frisch sind!
Eisbergsalat: Eisbergsalat und verwandte Sorten haben einen knackigen Biß und bleiben bedeutend länger frisch als Blattsalat.
Pflücksalate: Zu dieser Varietät herzloser Salate mit losen Blättern zählen Lollo Rosso, Lollo Biondo und Eichblattsalat. Ihr Geschmack ist weniger beeindruckend als ihr Aussehen.

ROMAGNASALATE

Dies ist die Salatgattung, die auch schon in der Antike bekannt gewesen sein wird. Gelegentlich sprich man auch von Kos-Salaten nach der

Oben: Blattsalat
Rechts: Lollo Rosso
Rechte Seite oben: Romagna
Rechte Seite unten links: Feldsalat
Rechte Seite unten rechts: Little Gem

gleichnamigen griechischen Insel. Es gibt zwei Unterarten, beide mit länglichen, aufrecht stehenden Köpfen.
Romagnasalat: Wird von Kennern für den delikatesten Salat gehalten und ist der, den man für den klassischen Cäsar-Salat benötigt.
Little Gem: Sieht aus wie eine Kreuzung aus einem kleinen Romagna und einem fest gewickelten Blattsalat. Er hat ein sehr festes Herz, einen sehr ausgeprägten würzig angenehmen Geschmack und kann, wie andere feste Salate, auch gegart werden.

FELDSALAT

Genau genommen, gehört Feldsalat nicht zur großen Gattung der Blattsalate. Aber da er sich mit ihnen so harmonisch kombinieren läßt, soll er hier nicht unerwähnt bleiben. Seine löffelförmigen Blätter haben einen feinen Nußgeschmack.

NÄHRWERTE

Salat versorgt uns mit den Vitaminen A, C und E, mit Kalium, Eisen, Kalzium und weiteren Spurenelementen.

KAUF UND LAGERUNG

Der beste Salat ist der frisch geerntete aus dem eigenen Garten. Die nächstbeste Lösung ist frisch geernteter Salat aus ökologischem Anbau in der Nähe, zu stark gedüngte oder mit Pestiziden behandelte Salate sind geschmacklich nämlich eine große Enttäuschung. Beim Kauf in Folie verpackter Ware müssen Sie darauf achten, daß sie wirklich frisch ist. Erde und Tierchen kann man abwaschen, matte oder gelbe Blätter kann man nur noch wegwerfen. Verzehren Sie Salat nach dem Kauf so bald wie möglich. In der Zwischenzeit können Sie ihn an einem kühlen, dunklen Ort wie dem Gemüsefach des Kühlschranks aufbewahren.

SALATE ANRICHTEN

Salate kann man aus einem einzigen Kopf oder aus einer Mischung verschiedener Sorten anrichten. Frische Kräuter wie Petersilie, Koriander oder Basilikum geben dem Ganzen einen zusätzlichen Pfiff.

Pflücksalate sollte man zerkleinern, Eisberg- und andere feste Salate werden geschnitten. Danach sollte Salat sofort verzehrt werden.

Das Dressing darf kräftig schmekken – etwas scharf, aber nicht zu sauer. Man kann es in einem Mixer oder Glas mit Schraubverschluß anrichten, um die Zutaten gründlich zu verbinden. Bei Öl und Essig sollte man stets nur beste Qualität wählen und etwa im Verhältnis von 5 Teilen Öl auf 1 Teil Essig oder Zitronensaft mischen (gutes Oliven- mit Sonnenblumenöl oder eine Kombination von Walnuß- und Sonnenblumenöl). Salz und Pfeffer gehören dazu, Senf kann dabei sein. Zucker, früher sehr beliebt, empfiehlt sich sehr selten, Sekt oder Cognac schon eher.

Das Dressing gibt man unmittelbar vor dem Verzehr über den Salat, niemals früher.

RAUKE

Rauke – auch Ruccola oder Steinrauke genannt – hat einen herzhaft herben Geschmack und gehört in jeden gemischten Blattsalat. Die Blätter erinnern an Löwenzahn. Schon im Altertum war die aphrodisierende Wirkung des Krauts bekannt, Griechen und Römer mischten es zum Blattsalat, um dessen dämpfende Wirkung auszugleichen. Man säte Rauke vor den Statuen des griechischen Fruchtbarkeitsgottes Priapos, des Beschützers von Gärten und Kräutern und Sohns von Aphrodite und Dionysos.

KAUF UND LAGERUNG

Beim Kauf müssen die Blätter frisch und grün sein. Zur Not kann man sie in einer Schüssel mit kaltem Wasser wieder etwas auffrischen.

ZUBEREITUNG

Blasse Blätter werden aussortiert. Danach kann man Rauke sehr vielseitig verwenden. Natürlich zum Garnieren von Speisen oder zerrupft an grünem Blattsalat oder in Pastasauce, indem man Rauke mit Knoblauch, Pinienkernen und Olivenöl im Mörser zerreibt. Weil das Kraut kräftig schmeckt, braucht man keine großen Mengen. Hervorragend schmeckt Rauke zu gegrilltem Ziegenkäse, auch auf dem Sandwich oder im Pittabrot wirkt sie prächtig – in einer Mischung aus Tomaten, Avocado, Erdnußcreme und Bohnensprossen.

Links oben: Eichblattsalat
Links unten: Krauser Endiviensalat
Unten: Rauke

Chicoree und Radicchio

Chicoree, Radicchio, Endivie und Eskarol sind miteinander verwandt. Warum machen Sie nicht mal den Versuch, sie gemeinsam zu kosten, um ihre geschmacklichen Unterschiede und Gemeinsamkeiten zu ergründen?

CHICOREE

Ab dem späten 18. Jh. wurde Chicoree als »Zichorie« angebaut, weil man die Wurzel mit Kaffee mischte. Der Belgier Bezier entdeckte, daß man die weißen Blätter essen konnte, hielt diese Tatsache aber sein Leben lang geheim. Nach seinem Tod wurde Chicoree zuerst in Belgien, dann auch im übrigen Europa, als Gemüse sehr populär. Auf Flämisch heißen die weißen Blätter »witloof«, weil sie im Dunkeln gezogen werden; je weißer, desto weniger bitter ihr Geschmack.

Chicoree kann roh gegessen werden, wird aber häufig gebraten oder gedünstet. Als Rohkost mischt man ihn mit Früchten wie Orangen, Nüssen oder Grapefruit, um seine Bitterkeit auszugleichen.

RADICCHIO

Eine der vielen Varietäten, die aus wildem Chicoree gezüchtet wurde. Durch sorgfältige Abschattung werden die kompakten Köpfe kräftig rot mit hellen Blattrippen. Wenn sie in völliger Dunkelheit heranwachsen, können sie pink marmoriert aussehen, bei längerer Lichteinwirkung werden sie auch grün oder kupferfarben. Radicchio schmeckt etwas bitter und kontrastiert gut mit milderen Salatvarianten. Man kann ihn braten oder dünsten, obwohl sich die Blätter dabei grün färben.

KRAUSE ENDIVIE UND ESKAROL

Zwei robuste Salate nach Geschmack und Biß. Endiviensalat ist etwas fransiger oder feingliedriger als Eskarol, aber beiden gemeinsam ist der bittere Geschmack. Ein feines Joghurtdressing kann das herb-bittere Aroma abschwächen.

VORBEREITUNG

Welke oder beschädigte Blätter werden entfernt und das Herz von unten her mit einem scharfen Messer ausgestochen (links). Gut abspülen und trockentupfen.

Oben: Chicoree
Rechts oben: Radicchio
Rechts unten: Eskarol

SALAT PUTZEN

Blätter vom Strunk trennen, beschädigte oder welke Blätter wegwerfen.

In reichlich kaltem Wasser schwenken, bis Erde und Insekten abgewaschen sind.

Gewaschene Blätter in einem Handtuch vorsichtig trockentupfen.

In trockenem Tuch und Plastiktüte 1 Std. in den Kühlschrank legen.

RETTICH

Die Mitglieder der Rettichgattung haben ein scharfes Aroma, das leicht in die Nase steigen kann. Es entwickelt sich je nach Art und Boden, in dem die Pflanzen gezogen wurden. Frisch sind Aroma und Biß besonders ausgeprägt.

SORTEN

Rettiche und Radieschen wurden schon in der Antike geschätzt, und entsprechend viele Sorten gibt es weltweit.

Radieschen: Die hübschen roten Kugeln mit knackig weißem Fleisch gibt es fast das ganz Jahr über. Manche Sorten sind um die Wurzel herum etwas heller oder ganz weiß. Im Frühjahr sind sie am mildesten. Man ißt sie roh, als feine Scheiben auf gebuttertem Toast z.B. ergeben sie ein leichtes Hors d'œuvre.

Französische Radieschen: Sie sind etwas länger als die bei uns üblichen Radieschen und in Frankreich sehr beliebt, wo sie beispielsweise mit weiteren Gemüsespezialitäten als Crudités serviert werden.

Mooli, Daikon oder Weißer Rettich: Dieser längliche weiße Rettich spielt in der japanischen Küche eine große Rolle, wird aber auch bei uns gern gegessen, etwa als Bierhappen. Frisch geerntete Exemplare sind feuriger als länger gelagerte. Man kann ihn roh raffeln, schnitzeln oder gewürfelt zu Bratgerichten servieren.

KAUF UND LAGERUNG
Radieschen müssen ganz fest sein und frische Blätter haben. Weißer Rettich sollte nach Möglichkeit noch am Laub sein, damit man seine Frische prüfen kann, denn er läßt rasch nach. Unbeschädigte Exemplare halten sich im Gemüsefach einige Tage.

ZUBEREITUNG
Radieschen müssen lediglich gewaschen werden. Dann kann man sie ganz verspeisen oder in Scheibchen zum Salat mischen. Mein Vorschlag: Ein Salat aus Radieschen, Orangen, Walnüssen und etwas Rauke mit einer Walnußöl-Vinaigrette. Zum Braten schneidet man Weißen Rettich in Stifte und gibt sie erst ganz zum Schluß zu den übrigen Zutaten. Ihr Beitrag liegt nicht nur im Geschmack, sondern auch in ihrem herzhaften Biß.

Links: Radieschen
Oben: Französische Radieschen
Rechts: Weißer Rettich (Daikon)

BRUNNENKRESSE

Von allen Salatpflanzen hat Brunnenkresse sicherlich den herzhaftesten Geschmack, und mit einer Handvoll davon läßt sich ein sonst fader Kopfsalat wirkungsvoll aufpeppen. Auch zum Garnieren sind die dunkelgrünen Blättchen gut geeignet.

In natürlicher Umgebung gedeiht Brunnenkresse am besten an klaren Quellen und Bachläufen mit kalkreichem Untergrund. Künstliche Kulturen gibt es inzwischen auf der ganzen Welt.

WINTERKRESSE

Wo nicht genügend fließendes Wasser vorhanden ist, wird oft Speisekresse oder Landkresse als Alternative zur Brunnenkresse angebaut. Sie sieht nicht nur etwas robuster aus, sondern schmeckt auch leicht schärfer. Verwendet wird sie wie Brunnenkresse in Salaten und Suppen.

NÄHRWERTE

Brunnenkresse enthält sehr viel Vitamin A, B2, C, D und E. Hinzu kommen Kalzium, Kalium, Eisen sowie große Mengen an Schwefel und Chlorverbindungen.

KAUF UND LAGERUNG

Je dunkler und größer die Blätter, desto frischer sind sie. Kaufen Sie keine matte oder gelbliche Ware. Im Kühlschrank bleiben sie einige Tage frisch, am besten in einem Behälter mit kaltem Wasser.

ZUBEREITUNG

Dicke Stengel und gelbe Blätter aussortieren. Junge Triebe kommen in den Salat. Zu Suppen und Pürees serviert man Brunnenkresse entweder roh oder kurz in Brühe, Milch oder Wasser gegart. Das Kochen zerstört unweigerlich einige der Nährstoffe, doch nimmt es etwas von der Herbheit des Geschmacks.

Senf und Kresse

Mit Senf- und Kressesamen, auch gemischt, läßt sich das ganze Jahr über frisches, würziges Grün ziehen, das man in Salaten oder zum Garnieren verwenden kann. Ein preiswertes Keim-Set mit Saatgut bekommt man in jeder Gartenhandlung. Senfsprößlinge keimen 3–4 Tage eher als Kresse, so daß sie bei gemischten Kulturen in den ersten Tagen das Bild bestimmen.

HISTORISCHES

Kresse ist den Menschen schon seit Tausenden von Jahren bekannt. Von den Persern und anderen Völker gibt es Zeugnisse, daß sie Kresse gerne auf Brot aßen.

SERVIERVORSCHLAG

Senf- und Kressesprößlinge auf Butterbrot schmecken köstlich, entweder solo oder mit Avocadocreme oder Gurkenscheibchen. Mit ihrem mild-pikanten Aroma kann Kresse jeden grünen Blattsalat vor der Eintönigkeit bewahren. Köstlich auch in Tomatensalat mit einem einfachen Dressing aus Olivenöl und Estragonessig.

Links oben: Brunnenkresse
Links unten: Winterkresse
Oben rechts: Senfsprossen
Rechts: Kressesprossen

NEUN

PILZE

Champignons

Wiesenchampignons

Waldpilze

Austernpilze und Exoten

CHAMPIGNONS

Nichts geht über brutzelig heiße Champignons auf Toast. Sie müssen rasch serviert werden, weil sie sonst weich werden – was ihrem köstlichen Geschmack allerdings nicht schadet.

HISTORISCHES

Pilze wurden immer irgendwie mit dem Übernatürlichen in Verbindung gebracht. Man kennt die Hexenringe – kreisförmige Pilzformationen im Wald –, und es heißt, daß nach einem Gewitter Pilze besonders zahlreich sprießen.

Viele Pilzarten sind giftig oder rufen Halluzinationen hervor, und man hat sich dieser Wirkungen immer wieder zu heiligen oder unheiligen Zwecken bedient.

Wer selbst Pilze sammelt, sollte sich damit wirklich gut auskennen. Viele Volkshochschulen bieten im Herbst geführte Wanderungen zu Pilzgebieten an, bei denen man auch die sachgerechte Pilzernte erlernt.

SORTEN

Champignon: Der bestens bekannte Champignon wird überall in Kulturen gezüchtet und manchmal in sehr kleinen Köpfchen als Knopfchampignons verkauft. Ältere, dicke Exemplare gibt es als Riesenchampignons. Allen gemeinsam ist ihr angenehm erdiger Geschmack.

Cremechampignons: Sie sind dunkler und haben einen dickeren Stiel, festeres Fleisch und einen herzhafteren Geschmack als alle weißen Champignons.

KAUF UND LAGERUNG

Frische Champignons erkennt man an ihren sauberen, glatten, unbeschädigten Köpfen. Je älter sie sind, desto dunkler die Haut, auch die Lamellen verändern sich von Rosa zu Braun.

Beim Kauf darf man Pilze nur in Papiertüten verpacken, in Plastiktüten schwitzen sie und werden unappetitlich matschig. In Kartons mit Zellophanabdeckung gekaufte Pilze legt man zuhause sofort lose ins Gemüsefach, wo sie sich 1–2 Tage aufbewahren lassen.

VORBEREITUNG

Man sollte Champignons nicht waschen, sondern mit feuchtem Küchenkrepp vorsichtig abwischen. Sie sollen kein weiteres Wasser ziehen und außerdem beim Braten so trocken wie möglich sein. Stielenden kann man kürzen, die Haut braucht nicht abgezogen zu werden.

ZUBEREITUNG

Champignons bestehen überwiegen aus Wasser und fallen bei der Zubereitung deutlich zusammen. Da sie beim Braten Fett aufsaugen, nimmt man hierzu am besten Butter oder ein sehr gutes Olivenöl. Man brät sie bei scharfer Hitze, damit das Wasser schnell verdunstet und sie nicht im eigenen Saft dünsten. Darum brät man auch nie zu viele Pilze gleichzeitig in der Pfanne.

Wenn bei den Rezepten in diesem Buch von Champignons die Rede ist, macht es keinen Unterschied, welche Sorte man gerade günstig bekommt.

Oben: Champignons
Rechts oben: Flache Champignons
Rechte Seite links: Cremechampignons (oben) und Riesenchampignons
Rechte Seite unten rechts: Wiesenchampignons

WIESENCHAMPIGNONS

Wiesenchampignons sind die wilden Vettern der gezüchteten Champignons und haben ein wunderbar würziges Aroma. Oft gibt es auf dem Markt flache Champignons, die vermutlich aus Kulturen stammen, aber von Wiesenchampignons äußerlich nicht zu unterscheiden sind. Kenner schwören auf das Aroma wilder Champignons und halten ihre Fundorte geheim.

KAUF UND LAGERUNG
In guten Geschäften bekommt man Wiesenchampignons nur im Herbst, und auch dann sollte man auf ihre Frische achten. Sofern man sie nicht füllen möchte, macht es nichts, wenn sie leicht beschädigt sind, da man sie ja ohnehin kleinschneidet.

VORBEREITUNG
Wenn nötig, werden der Stengelansatz abgeschnitten und die Hüte mit einem feuchten Tuch abgewischt. Je nach Rezept schneiden.

ZUBEREITUNG
Bei echten Wiesenchampignons braucht man nicht mehr zu tun, als sie mit Butter oder gutem Olivenöl und, wenn man möchte, etwas Knoblauch zu braten. Man kann sie aber auch füllen oder in Suppen oder anderen Pilzrezepten verarbeiten. Ihr Geschmack ist delikat, und sie geben Suppen oder Saucen einen dunklen Farbton. Will man Pilze füllen, brät man sie leicht von beiden Seiten an. Die Stengel können gehackt und für die Füllmasse, eine Suppe oder eine Brühe verwendet werden.

WALDPILZE

SORTEN

Steinpilz: In Frankreich als »cèpe« und in Italien als »porcino« bekannt, ist der Steinpilz von kräftiger Statur, festem Fleisch und typisch gehaltvollem Geschmack. Statt Lamellen hat er eine Schwammstruktur, die man – außer bei ganz jungen Exemplaren – vor dem Kochen am besten herauskratzt, weil sie sonst matschig wird. Köstlich sind in Öl oder Butter scharf gebratene Steinpilze (damit die Flüssigkeit verdunstet) im Omelett.

Die Italiener machen es so: Stiel und Schwamm entfernen, die Hutoberseiten mit Öl einreiben und etwa 10 Min. bei mäßiger Hitze grillen. Danach die Pilze umdrehen, etwas Öl und Knoblauch in den Stielansatz reiben und nochmals 5 Min. grillen. Mit Salz, Pfeffer und Petersilie servieren.

Pfifferling: Die trompetenförmigen Pfifferlinge können cremefarben bis lebhaft gelb sein. Die späten Winterpfifferlinge haben grau-violette Lamellen unter ihren dunklen Hüten. Pfifferlinge haben einen delikaten, leicht fruchtigen Geschmack und festes, beinahe gummiartiges Fleisch. Das Säubern bereitet etwas Mühe, weil sich in den Lamellenrillen häufig etwas Erde versteckt. Man spült Pfifferlinge vorsichtig unter fließendem Wasser ab und schüttelt sie trocken. Dann dünstet man sie in Butter mild an, um das Wasser herauszutreiben und erhöht dann die Hitze, um es zu verdampfen. Pfifferlinge sind delikat zu Rührei oder auf kleinen Toasthappen.

Füllhorn: Den Namen verdankt der Pilz seiner Form; seine Farbe liegt irgendwo zwischen mittelbraun und schwarz. Weil er hohl ist, muß man ihn sorgfältig säubern; große Exemplare werden dazu der Länge nach halbiert. Er kann vielseitig eingesetzt werden, paßt aber besonders gut zu Fisch.

Spitzmorchel: Morcheln sind die ersten Pilze des Jahres, ihre Zeit ist nicht der Herbst, sondern der Frühling. In Skandinavien, wo sie

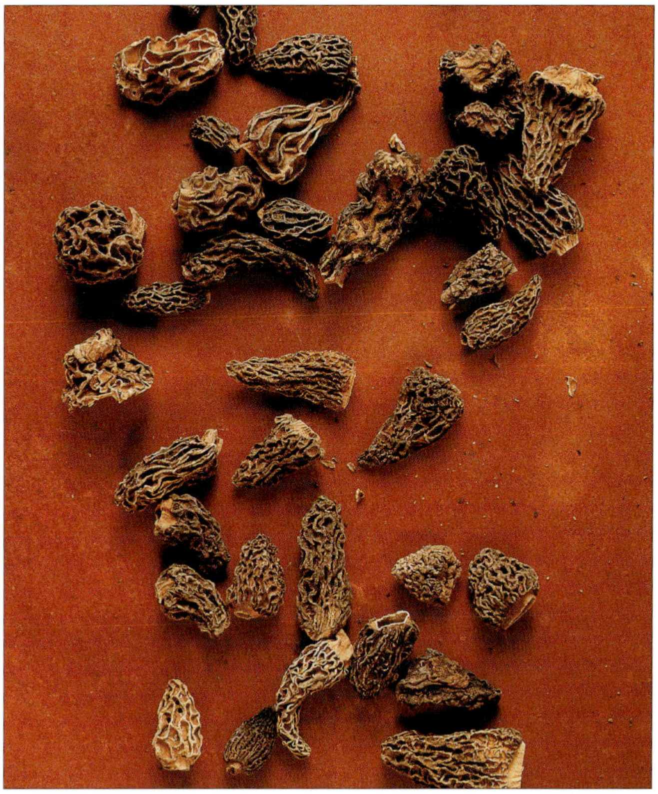

sehr geschätzt werden, nennt man sie »Trüffel des Nordens«. Sie haben einen faltigen, kolbenförmigen Hut; innen sind sie hohl. Man muß sie unter fließendem Wasser gründlich waschen, weil in den Höhlungen gern kleine Insekten sitzen. Morcheln garen länger als die meisten anderen Pilze. Man dünstet sie in Butter an, gibt einen Spritzer Zitronensaft dazu, und läßt sie bei geschlossenem Deckel etwa 1 Std. köcheln, bis sie zart sind. Dann kann man den Saft mit Sahne oder Eigelb eindicken.

Getrocknete Pilze: Viele Waldpilze bekommt man in getrockneter Form. Ihr Geschmack, besonders bei Steinpilzen, ist meist recht intensiv. Vor der Verarbeitung weicht man sie etwa 20–30 Min. in warmem Wasser ein, Spitzmorcheln nur etwa 10 Min.

Linke Seite (im Uhrzeigersinn von oben): Steinpilze, Füllhorn, Pfifferlinge
Oben links: Spitzmorcheln
Oben rechts: Getrocknete Spitzmorcheln
Rechts: Winterpfifferlinge

AUSTERNPILZE UND EXOTEN

In Osteuropa, Italien und Frankreich ist das herbstliche Pilzesuchen jedes Jahr ein Anlaß für fröhliche Familienausflüge. Die ergiebigen Pilzgründe werden geheimgehalten oder nur den besten Freunden verraten.

AUSTERNPILZE

Der ohrenförmige Austernpilz wächst auf verrottendem Holz. Hut, Lamellen und Stiel haben immer die gleiche Farbe – mal graubraun, mal rosafarben, mal gelb. Ursprünglich ein Wildpilz, wird er heute kultiviert. Der Geschmack ist köstlich, die Konsistenz gegart weicher als beim Champignon mit mehr Volumen und Biß.

KAUF UND LAGERUNG

Frische Exemplare stehen aufrecht mit festen Lamellen und glatten Hüten. Aus Transportkartons mit Folienabdeckung befreit man sie so schnell wie möglich und verarbeitet sie dann auch recht bald.

VORBEREITUNG

Von Austerpilzen muß man selten einmal etwas wegschneiden. Man zerkleinert sie besser durch Reißen als durch Schneiden. Bei sehr großen Exemplaren entfernt man den zäh gewordenen Stiel.

ZUBEREITUNG

In Butter gebraten, brauchen sie weniger Garzeit als Champignons. Nicht zu lange erhitzen, weil der schöne Geschmack verfliegt und die Pilze etwas gummiartig werden.

Links: Rosa und gelbe Austernpilze
Oben: Graue Austernpilze

ENOKITAKI-PILZE

Auch dieser Pilz stammt aus Japan. Seine wildwachsende Varietät ist orange-braun mit leuchtenden Köpfchen, doch außerhalb Japans wird man wohl nur die gezüchteten hellen Sorten bekommen, die im Geschmack freilich ebenso delikat sind – süß und leicht fruchtig. In Japan kommt der Enokitaki in den Salat oder als Verzierung in Suppen und scharfe Gerichte. Überkocht wird er hart, so daß man ihn dem Gericht erst in letzter Minute hinzufügt.

SHIITAKE-PILZE

Der japanische Shiitake wird in unseren Supermärkten immer häufiger angeboten. Er gehört zu einer Familie von Baumpilzen mit der japanischen Bezeichnung »take«, während »shi« den speziellen Hartholzbaum bezeichnet, auf dem er wächst. Er hat einen fleischigen, leicht säuerlichen Geschmack und eine ziemlich glitschige Konsistenz. Der Shiitake kann nicht kurzgebraten, sondern muß in 3–5 Min. durchgegart werden. Bratgerichten verleiht er einen delikaten Beigeschmack mit seinem typischen Biß. Alternativ kann man ihn in Sesamöl gar braten und mit Sojasauce verfeinern.

Oben: Enokitaki-Pilze
rechts: Shiitake-Pilze

Kochen mit Gemüse

REZEPTE MIT ZWIEBELN UND LAUCH

GEBACKENE ZWIEBELN MIT FETA

Für 4 Personen

ZUTATEN
4 große rote Zwiebeln
1 EL Olivenöl
25 g Pinienkerne
115 g Feta, zerbröckelt
25 g frische Weißbrotbrösel
1 EL frischer gehackter Koriander
Salz und frisch gemahlener schwarzer Pfeffer

1 Den Ofen auf 180° C vorheizen. Die Zwiebeln schälen und von Deckel wie Boden eine dünne Scheibe abschneiden. In einem großen Topf mit kochendem Wasser 10–12 Min. garen. Im Schaumlöffel vorsichtig herausheben, abtropfen und leicht abkühlen lassen.

2 Mit einem kleinen Messer das Innere der Zwiebeln entfernen, so daß noch etwa 2–3 Außenringe stehenbleiben. Diese in eine gefettete Form setzen, die Kernringe fein hacken.

3 Das Öl in einer mittelgroßen Pfanne erhitzen und die gehackten Zwiebeln ca. 4–5 Min. braten, bis sie goldbraun sind. Dann die Pinienkerne hinzufügen und unter Rühren einige Minuten dünsten.

4 Den Fetakäse in einer Schüssel mit der Zwiebeln-Pinienkernmasse, Brotkrumen und Koriander vermengen. Gut mit Salz und Pfeffer abschmekken und anschließend die Masse in die Zwiebelringe füllen. Locker mit Folie bedecken und im Ofen 30 Min. backen. Nach 20 Min. die Folie entfernen.

5 Als Vorspeise mit warmem Olivenbrot servieren.

ZWIEBELKUCHEN MIT ZIEGENKÄSE

ALS VARIANTE ZUM KLASSISCHEN FRANZÖSISCHEN REZEPT DER TARTE À L'OIGNON, WIRD HIER ZIEGENKÄSE STATT RAHM VERWANDT. DER MILDE, CREMIGE GESCHMACK ERGÄNZT DAS AROMA DER ZWIEBELN. DIE ZUTATENMENGE GILT FÜR EINEN GROSSEN KUCHEN ODER 8 KLEINE TÖRTCHEN.

Für 8 Personen

ZUTATEN
FÜR DEN TEIG:
175 g Mehl
65 g Butter
25 g Ziegencheddar oder Cheddar, gerieben

FÜR DIE FÜLLUNG:
1–1,5 EL Olivenöl
3 Zwiebeln, fein gehackt
175 g junger Ziegenkäse
2 Eier, geschlagen
1 EL Sahne
50 g Ziegencheddar, gerieben
1 EL frischer gehackter Estragon
Salz und frisch gemahlener schwarzer Pfeffer

1 Für den Teig Mehl in eine Schüssel sieben und die Butter einarbeiten, bis es eine krümelige Masse ist. Käse und Wasser hinzufügen, bis ein Teig entsteht. Kneten und kühl stellen. Den Ofen auf 190° C vorheizen.

2 Den Teig auf einer leicht bemehlten Fläche ausrollen und in 8 gleichgroße, runde Stücke teilen. Die Stücke in kleine Förmchen geben und im Ofen etwa 10–15 Min. backen, bis sie fest, jedoch nicht braun sind. Die Ofentemperatur auf 180° C reduzieren.

3 Oliven- oder Sonnenblumenöl in einer großen Pfanne erwärmen und die Zwiebeln darin bei kleiner Hitze etwa 20–25 Min. andünsten, bis sie eine dunkel goldbraune Farbe bekommen. Gelegentlich umrühren, um Anbrennen zu vermeiden.

4 Den Ziegenkäse mit den Eiern, Sahne, Ziegencheddar und Estragon verrühren. Mit Salz und Pfeffer abschmecken und zu den gebratenen Zwiebeln geben.

5 Die Masse in die halbfertig gebackenen Förmchen geben und für weitere 20–25 Min. backen, bis sie eine goldbraune Farbe erhalten. Warm oder kalt mit grünem Salat servieren.

KLASSISCHE ZWIEBELSUPPE

WENN FRANZÖSISCHE ZWIEBELSUPPE LANGSAM UND SORGFÄLTIG ZUBEREITET WIRD, KARAMELISIEREN DIE ZWIEBELN FAST UND BEKOMMEN EINEN DUNKLEN MAHAGONI-TON. EIN IDEALES WINTERGERICHT.

Für 4 Personen

ZUTATEN

4 große Zwiebeln
2 EL Oliven- oder Sonnenblumenöl oder je 1 EL von beidem
25 g Butter
900 ml Rinderbrühe
4 Scheiben französisches Weißbrot
40–50 g Gruyère oder Cheddar, gerieben
Salz und frisch gemahlener schwarzer Pfeffer

1 Zwiebeln schälen, vierteln und in etwa 5 mm dicke Scheiben schneiden. Öl und Butter in einem tiefen, schweren Topf erhitzen. Nach Möglichkeit einen Topf mittlerer Größe verwenden, so daß die Zwiebeln darin eine dicke Schicht bilden.

2 Zwiebeln unter ständigem Rühren einige Min. anbraten, dann Hitze reduzieren und weitere 45–60 Min. dünsten. Zu Beginn brauchen die Zwiebeln eher selten gerührt zu werden, doch mit zunehmender Farbe muß man sie regelmäßig bewegen. Die Zwiebeln werden erst goldbraun und wechseln dann sehr schnell ins braune, so daß nur konstante Bewegung sie vor dem Anbrennen schützt.

3 Sobald die Zwiebeln einen dunklen Mahagoni-Ton angenommen haben, die Rinderbrühe zufügen und eventuell leicht würzen. Dann bei nicht

ganz geschlossenem Deckel weitere 30 Min. köcheln lassen. Danach nochmals abschmecken.

4 Ofen vorheizen und das Weißbrot rösten. Die Suppe in vier ofenfeste Tassen gießen und mit dem Brot belegen. Etwas Käse darübergeben und einige Min. überbacken.

THAI-NUDELN MIT KNOBLAUCHGRÜN

DIE VORBEREITUNG IST ETWAS ZEITAUFWENDIGER, DAFÜR IST DIE KOCHZEIT KURZ. DAS GERICHT WIRD IM WOK GEGART UND SOLLTE DANN SOFORT SERVIERT WERDEN.

Für 4 Personen

ZUTATEN

350 g getrocknete Reisnudeln
ca. 1 cm frischer Ingwer, geraspelt
2 EL helle Sojasauce
3 EL Pflanzenöl
225 g Tofu, in Würfel geschnitten
2 Knoblauchzehen, gepreßt
1 große Zwiebel, geviertelt und in dünne Streifen geschnitten
115 g gebratenes Bohnenmus, dünn geschnitten
1 grüne Chili, entkernt und fein geschnitten
175 g Bohnensprossen
115 g Knoblauchgrün, in 5-cm-Stücke geschnitten
50 g geröstete und gehackte Erdnüsse
2 EL dunkle Sojasauce
2 EL frisch gehackter Koriander
1 Zitrone, in feine Sicheln geschnitten

1 Die Nudeln in einer großen Schüssel mit warmem Wasser bedecken und etwa 20–30 Min. stehen lassen, bis sie sich vollgesogen haben. Das Wasser abgießen. Den Ingwer mit der hellen Sojasauce und 1 TL Öl vermengen, Tofu einlegen und beiseite stellen. Abgießen und die Marinade auffangen.

2 1 TL Öl in der Pfanne erhitzen und den Knoblauch darin kurz anbraten. Mit Tofu 3–4 Min. braten. Dann auf einem Teller beiseite stellen.

3 Das restliche Öl in Wok oder Pfanne erhitzen, und die Zwiebeln 3–4 Min. braten, bis sie weich sind. Nun Bohnenmus und Chili dazugeben und braten; danach die Nudeln dazugeben und weitere 4–5 Min. braten.

4 Bohnensprossen, Schnittlauch sowie den größten Teil der Erdnüsse untermengen. Die restlichen Erdnüsse zum Garnieren aufbewahren. Gut durchmengen und dann Tofu, dunkle Sojasauce und die Marinade zufügen.

5 Nochmals gut erwärmen und vor dem Servieren mit den restlichen Erdnüssen, dem Koriander und Zitronenscheibchen garnieren.

KLEINER TIP DER KÖCHIN

Mit Tofu ist dies ein vegetarisches Gericht. Für fleischhaltige Varianten kann dünn geschnittenes Schweine- oder Hühnerfleisch verwendet werden. Es wird ebenfalls 4–5 Min. angebraten.

Champignons mit Knoblauch

Knoblauch und Champignons ergänzen sich wunderbar. Das Gericht muss sehr heiss serviert werden. Man sollte es in der Eisenpfanne oder dem Wok zubereiten und daraus auch servieren.

Für 4 Personen

ZUTATEN

2 EL Sonnenblumenöl
25 g Butter
5 Frühlingszwiebeln, dünn geschnitten
3 Knoblauchzehen, gepreßt
450 g Champignons
40 g frische Weißbrotbrösel
1 EL frisch gehackte Petersilie
2 EL Zitronensaft
Salz und frisch gemahlener schwarzer Pfeffer

1 Öl und Butter in Pfanne oder Wok erhitzen. Frühlingszwiebeln und Knoblauch dazugeben und bei mittlerer Hitze etwa 1–2 Min. anbraten.

2 Ganze Champignons hinzufügen und bei größerer Hitze unter ständigem Wenden mit einem Holzlöffel etwa 4–5 Min. braten.

3 Zum Schluß Weißbrotbrösel, Petersilie, Zitronensaft und Gewürze einmengen und braten, bis der Zitronensaft verdampft ist. Danach servieren.

Gerösteter Knoblauch mit Croûtons

Geröstete Knoblauchknollen sorgen bei Ihren Gästen sicherlich für Aufsehen. Das Aroma ist so delikat, dass Ihre Gäste bereit sein werden, Ihnen die Folgen nachzusehen.

Für 4 Personen

ZUTATEN

2 Knoblauchknollen
3 EL Olivenöl
3 EL Wasser
1 Zweig Rosmarin
1 Zweig Thymian
1 Lorbeerblatt
Meersalz und frisch gemahlener schwarzer Pfeffer

ZUM SERVIEREN:

Weißbrotscheiben
Oliven- oder Sonnenblumenöl zum Braten
175 g junger Ziegenkäse oder anderer Weichkäse
2 TL frisch gehackte Kräuter, z. B. Majoran, Petersilie und Schnittlauch

1 Ofen auf 190° C vorheizen. Die Knoblauchknollen in eine kleine ofenfeste Form setzen und mit Öl und Wasser übergießen. Rosmarin, Thymian und Lorbeerblatt dazugeben, und das Ganze mit Meersalz und Pfeffer würzen. Mit Folie abdecken und im Ofen etwa 30 Min. backen.

2 Folie entfernen, die Knollen mit dem eigenen Saft begießen und weitere 15–20 Min. backen, bis sie sich weich anfühlen

3 Etwas Öl in einer Pfanne erhitzen und das Weißbrot darin von beiden

Seiten anrösten, bis es goldbraun ist. Den Käse mit den gemischten Kräutern verrühren und in einer Schale bereitstellen.

4 Die Knoblauchknollen halbieren und leicht auseinanderfalten. Auf kleinen Tellern mit den Croûtons und dem Käse servieren. Vor dem Verzehr wird jede Knobauchzehe aus der Haut gelöst, auf dem Brot verteilt und mit dem Käse genossen.

Lauch mit Ei-Zitronen-Sauce

Die Kombination von Ei und Zitrone ist typisch für die Küche Griechenlands und der Türkei. Diese Sauce ist köstlich frisch im Geschmack und hebt das Aroma des Lauchs. Nehmen Sie für dieses Gericht unbedingt nur zarten Lauch.

Für 4 Personen

ZUTATEN

675 g Lauch
1 EL Maismehl
2 TL Zucker
2 Eigelb
Saft von 1 1/2 Zitronen
Salz

1 Lauchstangen an den Enden kappen, der Länge nach aufschneiden und gründlich waschen.

2 Legen Sie die Lauchstangen nebeneinander in eine Form. Mit Wasser bedecken und salzen. Zum Kochen bringen, abdecken und 4–5 Min. simmern, bis der Lauch weich ist.

3 Die Stangen vorsichtig herausheben, gut abtropfen lassen und in einer flachen Schale anrichten. Vom Kochwasser etwa 200 ml behalten.

4 Das Maismehl mit dem abgekühlten Wasser verrühren und in einem kleinen Topf aufkochen, dabei immer rühren und bei kleiner Hitze köcheln, bis die Sauce eindickt. Zucker einrühren, den Topf vom Herd nehmen und die Sauce abkühlen lassen.

5 Das Eigelb mit dem Zitronensaft verquirlen und langsam in die abgekühlte Sauce rühren. Die Masse dann unter ständigem Rühren erwärmen, bis die Sauce eindickt. Bei zu großer Hitze gerinnt die Sauce. Sobald sie eindickt, wird sie vom Herd genommen und noch 1 Min. weitergerührt. Nach Belieben Salz und Zucker zufügen. Leicht abkühlen lassen.

6 Die Sauce mit einem Holzlöffel umrühren und über die Lauchstangen gießen. Zudecken und etwa 2 Std. lang abkühlen lassen.

LAUCH-SOUFFLÉ

NACH ANSICHT MANCHER ZEITGENOSSEN SIND SOUFFLÉS SCHWIERIG ZUZUBEREITEN UND NUR FÜR FESTLICHE ANLÄSSE. WER DAS GLAUBT, WEISS OFFENBAR NICHT, DASS SIE SICH MIT IHRER GUT SÄTTIGENDEN WIRKUNG UND EINFACHEN ZUBEREITUNG ALS FAMILIENGERICHTE GERADEZU ANBIETEN.

Für 2–3 Personen

ZUTATEN

1 EL Sonnenblumenöl
40 g Butter
2 Lauchstangen, dünn geschnitten
300 ml Milch
25 g Mehl
4 Eier, getrennt
75 g Gruyère oder Emmentaler, gerieben
Salz und frisch gemahlener schwarzer Pfeffer

1 Den Ofen auf 180° C vorheizen und eine große Soufflé-Form ausbuttern. Das Öl und 15 g Butter in einem Topf erhitzen und den Lauch 4–5 Min. andünsten, bis er weich, jedoch nicht braun ist. Gelegentlich umrühren, damit er nicht anbrennt.

2 Die Milch hinzufügen und aufkochen. Zudecken und weitere 4–5 Min. köcheln lassen. Dann die Flüssigkeit durch ein Sieb in einen Meßbecher abgießen.

3 Die restliche Butter in einem Topf schmelzen, das Mehl einrühren und 1 Min. dünsten. Den Topf vom Herd nehmen. Die beiseitegestellte Flüssigkeit in einem Topf mit Milch nach und nach unter vorsichtigem Rühren auf 300 ml auffüllen, bis eine cremige Sauce entsteht. Dann den Topf unter ständigem Rühren zum Kochen bringen. Ist die Masse dickflüssig geworden, den Topf vom Herd nehmen, abkühlen lassen und Eigelb, Käse und Lauchstücke gut untermengen.

4 Das Eiweiß steif schlagen und mit einem Metallöffel in die Masse einarbeiten. Das Ganze in der vorbereiteten Souffléform im Ofen etwa 30 Min. backen, bis das Soufflé goldgelb und

TAGLIATELLE MIT LAUCH UND PARMASCHINKEN

LAUCH IST SEHR VIELSEITIG EINSETZBAR: MIT SEINEM DELIKATEN, LEICHT ZWIEBELIGEN GESCHMACK IDEAL FÜR PFANNENGERICHTE, RISOTTOS, EIERGERICHTE, SUPPEN UND SAUCEN. WENN SIE ÄLTERE LAUCHSTANGEN VERARBEITEN, SOLLTEN SIE ALLE HOLZIGEN BESTANDTEILE SORGFÄLTIG ENTFERNEN.

Für 4 Personen

ZUTATEN

5 Lauchstangen
40 g Butter oder Margarine
225 g Tagliatelle, vorzugsweise grün und weiß gemischt
4 TL trockener Sherry
2 EL Zitronensaft
2 TL frisch gehacktes Basilikum
115–150 g Parmaschinken, in Streifen geschnitten
175 g Frischkäse
Salz und frisch gemahlener schwarzer Pfeffer
Frische Basilikumblättchen zum Garnieren
Parmesan

1 Lauchstangen kappen, von oben bis unten einschneiden und waschen. Anschließend kleinschneiden.

2 Butter oder Margarine in einem Topf schmelzen und den Lauch bei mittlerer Hitze etwa 3–4 Min. andünsten, bis er zart, aber nicht zu weich ist.

3 Die Tagliatelle nach Packungsanweisung in einem großen Topf mit kochendem Salzwasser ca. 3–5 Min. (frische Pasta) bzw. 8 Min. (getrocknete Pasta) al dente kochen.

4 Sherry, Zitronensaft, frisches Basilikum und die anderen Gewürze in der

Lauchmischung 1–2 Min. köcheln, damit sich das Aroma entwickeln kann. Dann den Parmaschinken und den Frischkäse hinzugeben und weitere 1–2 Min. köcheln lassen, bis alles gut erhitzt ist.

5 Die Pasta abgießen und in eine vorgewärmte Schüssel füllen. Die Lauch-Schinken-Sauce darübergießen und leicht unterheben. Jede Einzelportion mit Basilikumblättchen garnieren und Parmesan darüberhobeln.

ÜBERBACKENER LAUCH

FÜR LAUCH GILT DASSELBE WIE FÜR ALLE GEMÜSE: JE FRISCHER, DESTO DELIKATER DER GESCHMACK. AUCH BEI DIESEM REZEPT SOLLTEN DAHER NUR FRISCHE LAUCHSTANGEN VERWENDET WERDEN, WIE MAN SIE ZU BEGINN DER SAISON ÜBERALL BEKOMMT.

Für 4 Personen

ZUTATEN

8 kleine Lauchstangen (etwa 675 g)
2 kleine oder 1 großes Ei, geschlagen
150 g frischer Ziegenkäse
85 ml Naturjoghurt
50 g Parmesan, gerieben
25 g frische weiße oder braune Semmelbrösel
Salz und frisch gemahlener schwarzer Pfeffer

1 Den Ofen auf 180° C vorheizen. Eine flache Form ausbuttern. Lauchstangen kappen, von oben bis unten einschneiden und waschen.

2 Die Lauchstangen in einem flachen Topf mit Wasser zum Kochen bringen. 6–8 Min. köcheln lassen. Herausheben, gut abtropfen lassen und in die vorbereitete Form legen.

3 Die Eier mit dem Ziegenkäse verrühren, dann den Joghurt und die Hälfte des geriebenen Parmesan hinzufügen. Mit Salz und Pfeffer abschmecken.

4 Die Käse-Joghurt-Mischung über den Lauch verteilen. Semmelbrösel und restlichen Parmesan über die Lauchstangen streuen. 35–40 Min. im Ofen überbacken, bis die Oberfläche knusprig goldbraun ist.

Hühnchen mit Schalotten

Für 4 Personen

ZUTATEN
1 kleines Huhn (ca. 1,3 kg oder 4 Hühnerteile)
Mit Salz und Pfeffer vermischtes Mehl zum Panieren
2 EL Sonnenblumenöl
25 g Butter
115 g frischer, durchwachsener Speck, klein geschnitten
2 Knoblauchzehen
450 ml Rotwein
1 Lorbeerblatt
2 Thymianzweige
250 g Schalotten
115 g Champignons (halbiert, falls sehr groß)
2 TL Mehl
Salz und frisch gemahlener schwarzer Pfeffer

1 Den Backofen auf 180° C vorheizen. Lose Haut vom Huhn abschneiden und es in 4 oder 8 Stücke teilen. Die Hühnerteile in mit Salz und Pfeffer gewürztem Mehl gleichmäßig wälzen.

2 In einer großen Kasserolle Speck und Knoblauch mit der Hälfte von Öl und Butter 3–4 Min. anbraten, die Hühnerteile ebenfalls leicht anbräunen. Mit Wein, Lorbeerblatt sowie einem Thymianzweig zum Kochen bringen. Zugedeckt im Ofen 1 Std. schmoren lassen.

3 Die Schalotten schälen und in Salzwasser ca. 10 Min. garen. Das restliche Öl in einer Pfanne erhitzen und die Schalotten darin 3–4 Min. andünsten. Die Champignons dazugeben und weitere 2–3 Min. dünsten.

4 Pilze und Schalotten in der Kasserolle noch 8–10 Min. mitbrutzeln lassen. In der Zwischenzeit mit einer Gabel Mehl unter die Butter rühren, bis eine dicke Paste entsteht.

5 Huhn, Pilze und Schalotten in einer Servierschale warmhalten. Die Flüssigkeit zum Kochen bringen und die Mehl-Butter-Paste löffelweise einrühren, bis eine glatte Sauce entsteht. Dann die Sauce entweder über das Huhn in der Servierschale gießen oder das Geflügel wieder in die Kasserolle legen und darin servieren.

Glasierte Schalotten

Für 4 Personen

ZUTATEN
350–400 g Schalotten
1 EL Olivenöl
25 g Butter
1 EL Zucker
ca. 175 ml Wasser
Salz und frisch gemahlener schwarzer Pfeffer

1 Schalotten abziehen und in einzelne Zehen aufteilen. Öl und Butter in einer schweren Pfanne erhitzen und die Schalotten bei mittlerer Hitze 5–6 Min. andünsten, bis sie zu bräunen beginnen. Gelegentlich umrühren.

2 Mit Zucker bestreuen und 1 Min. unter ständigem Rühren dünsten.

3 Die Schalotten mit Wasser knapp bedecken und bei kleiner Hitze 25–35 Min. geschlossen köcheln. Falls nötig, zwischendurch etwas Wasser nachfüllen. Sind die Schalotten gar, ohne Deckel köcheln, um die Flüssigkeit zu Sirup zu reduzieren. Gelegentlich umrühren. Nach Bedarf abschmecken.

4 Die Schalotten in einer Servierschale mit dem Sirup begießen und pfeffern. Ideal zu gebratenem Fleisch oder ofengegarten Gemüsegerichten.

REZEPTE MIT SPROSSEN UND STANGEN

SPARGEL-TARTE MIT RICOTTA

Für 4 Personen

ZUTATEN
FÜR DEN TEIG:
175 g Mehl
75 g Butter oder Margarine
1 Messerspitze Salz

FÜR DIE FÜLLUNG:
225 g grüner Spargel
2 geschlagene Eier
225 g Ricotta
2 EL griechischer Joghurt
40 g geriebener Parmesan
Salz und frisch gemahlener schwarzer Pfeffer

1 Den Ofen auf 200° C vorheizen. Butter bzw. Margarine in Flöckchen in das Mehl einarbeiten, bis eine krümelige Mischung entsteht. Mit etwas kaltem Wasser mischen und zu einem zähen weichen Teig formen, der auf einer gut bemehlten Fläche durchgeknetet wird.

2 Den Teig ausrollen und in eine Tarte- oder Springform (Ø 23 cm) drücken, mit einer Gabel einige Male einstechen. Im Ofen etwa 10 Min. backen, bis der Boden fest, aber noch hell ist. Aus dem Ofen nehmen und die Temperatur auf 180° C reduzieren.

3 Die Spargelspitzen etwa 5 cm lang abschneiden. Den Rest in 2,5 cm lange Stücke schneiden und in kochendes Wasser geben; nach 1 Min. die Spitzen dazu und noch 4–5 Min. köcheln, so daß sie noch bißfest sind. Dann herausheben und unter kaltem Wasser kurz abspülen. Spargelspitzen separat stellen.

4 Eier, Ricotta, Joghurt, Parmesan und Gewürze gut verschlagen, den Spargel unterheben und die Masse auf dem Teig verteilen. Die Spargelspitzen leicht in die Ricotta-Masse drücken.

5 Im Ofen etwa 35–40 Min. backen, bis die Tarte goldbraun ist. Warm oder kalt servieren.

SPARGEL MIT ESTRAGON-HOLLANDAISE

DIE IDEALE VORSPEISE FÜR EIN ESSEN IM FRÜHEN SOMMER, WENN DER JUNGE SPARGEL FRISCH AUF DEM MARKT IST. DIE ZUBEREITUNG DER SAUCE HOLLANDAISE IM MIXER ODER IN DER KÜCHENMASCHINE IST SO EINFACH, DASS WIRKLICH NICHTS SCHIEFGEHEN KANN.

Für 4 Personen

ZUTATEN
500 g frischer grüner Spargel
Salz

FÜR DIE SAUCE HOLLANDAISE:
2 Eigelb
1 EL Zitronensaft
115 g Butter
2 TL fein gehackter Estragon
Salz und frisch gemahlener schwarzer Pfeffer

1 Spargel putzen und etwa 6–10 min. kochen, bis er weich, aber noch bißfest ist. Die Garzeit hängt von der Dicke der Spargelstangen ab.

2 Für die Sauce Hollandaise mixt man Eigelb, Zitronensaft und Gewürze in einem Mixer (Küchenmaschine) kurz durch. Die Butter schmelzen, bis sie schäumt, und dann langsam im laufenden Mixer dazuträufeln.

3 Rührt man den gehackten Estragon mit der Hand ein, erhält man eine Sauce mit grünen Kräuterstückchen. Im Mixer färbt sich die Sauce insgesamt hellgrün.

4 Den Spargel anrichten und mit etwas Sauce übergießen. Die restliche Sauce in der Saucière servieren.

SPARGELSUPPE

Hausgemachte Spargelsuppe hat ein delikates Aroma, das mit dem der Dosenware nicht zu vergleichen ist. Am besten nehmen Sie frischen jungen Spargel; er ist schön weich und lässt sich gut pürieren. Die Suppe wird mit hauchdünnen Brotscheibchen serviert.

Für 4 Personen

ZUTATEN

450 g junger Spargel
40 g Butter
6 Schalotten, in Scheiben geschnitten
15 g Mehl
600 ml Gemüsebrühe oder Wasser
1 EL Zitronensaft
250 ml Milch
120 ml Sahne
2 TL frisch gehackter Kerbel
Salz und frisch gemahlener schwarzer Pfeffer

1 Den Spargel putzen, die Spitzen etwa 4 cm weit abschneiden und beiseite stellen. Die restlichen Stangen in kleine Stücke schneiden.

2 25 g Butter in einer großen Pfanne schmelzen und die Schalotten darin 2-3 Min. leicht braun dünsten. Dabei gelegentlich umrühren.

3 Die Spargelstücke dazugeben und bei milder Hitze 1 Min. andünsten. Nun das Mehl einrühren und eine weitere Min. mitschwitzen lassen. Mit Gemüsebrühe bzw. Wasser und dem Zitronensaft aufgießen, die Gewürze dazugeben und zum Kochen bringen, dann halb abgedeckt etwa 15–20 Min. köcheln lassen, bis der Spargel sehr weich geworden ist.

4 Etwas abkühlen lassen und pürieren. Die Suppe durch ein Sieb in einen sauberen Topf streichen. Die Milch ebenfalls durch das Sieb laufen lassen, um die maximale Menge an Püree zu erhalten.

5 Die restliche Butter schmelzen und die Spargelspitzen 3–4 Min. leicht andünsten, bis sie fast weich sind.

6 Die Suppe erhitzen, Sahne und die Spargelspitzen dazugeben. Wenn alles alles gut erwärmt ist, mit frisch gehacktem Kerbel servieren.

CRÊPES MIT GEBACKENEM SPARGEL

GEBACKENER SPARGEL FÜR SICH IST BEREITS EINE KÖSTLICHKEIT. MIT DIESEM UNKOMPLIZIERTEN REZEPT WIRD DARAUS EINE AUSGEZEICHNETE VORSPEISE. SIE ERHALTEN SECHS GROSSE ODER ZWÖLF KLEINE CRÊPES.

Für 6 Personen

ZUTATEN
90–120 ml Olivenöl
450 g frischer Spargel
175 g Mascarpone
4 EL Sahne
25 g Parmesan, gerieben
Meersalz

FÜR DIE CREPES:
175 g Mehl
2 Eier
350 ml Milch
Pflanzenöl zum Braten
Messerspitze Salz

1 Mehl und Salz in einer Schüssel mischen, Eier und Milch dazugeben und das Ganze zu einem geschmeidigen, feinen Crêpe-Teig verarbeiten.

2 Etwas Öl in einer großen Pfanne erhitzen und schwenken; dann eine kleine Portion Teig in der Pfanne bei mittlerer Hitze 1 Min. backen. Danach wenden, bis der Crêpe goldbraun ist. Beiseite stellen und mit dem restlichen Teig ebenso verfahren. Die Menge reicht für 6 große oder 12 kleine Crêpes.

3 Den Ofen auf 180° C vorheizen und eine ofenfeste Auflaufform leicht mit Olivenöl einfetten.

4 Den Spargel putzen. Falls nötig, die Enden auf einem Holzbrett kürzen und holzige Stücke entfernen.

5 Den Spargel nebeneinander in die Form legen, das restliche Olivenöl darüberträufeln und die Stangen darin wälzen, um sie gleichmäßig zu bedecken. Mit etwas Salz würzen und im Ofen 8–10 Min. backen, bis die Stangen weich sind. Die Garzeit hängt von der Dicke der Stangen ab.

6 Mascarpone mit Crème fraîche und Parmesan verrühren und einen guten Eßlöffel davon auf jeden Crêpe geben. Lassen Sie aber etwas Käsemasse für das Garnieren übrig.

7 Die Spargelstangen auf den Crêpes verteilen, einrollen und nebeneinander in die ofenfeste Form legen. Die restliche Käsemischung darübergeben und bei mittlerer Hitze 4–5 Min. überbacken, bis die Crêpes gut erwärmt und goldbraun sind. Sofort servieren.

ARTISCHOCKEN MIT KRÄUTERBUTTER

ARTISCHOCKEN ESSEN MACHT SPASS, VOR ALLEM, WENN SICH ZWEI GÄSTE EINE TEILEN. MAN KANN JA ANSCHLIESSEND ARTISCKOCKEN NACHLEGEN, DAMIT JEDER SEINEN GERECHTEN ANTEIL BEKOMMT.

Für 4 Personen

ZUTATEN

2 große oder 4 mittelgroße Artischocken, Salz

FÜR DIE KRÄUTERBUTTER:

75g Butter
1 Knoblauchzehe, gepreßt
1 EL frische Kräuter, z. B. Estragon, Majoran, Petersilie

1 Die Artischocken gut waschen. Das untere Ende abschneiden sowie vom oberen Ende etwa 1 cm der Blattspitzen. Von den seitlichen Blättern ebenfalls die Spitzen abschneiden.

2 Die so vorbereiteten Artischocken in einem großen Topf mit Salzwasser zum Kochen bringen, zudecken und etwa 40–45 Min. kochen lassen. Sie sind gar, wenn sich die unteren Blättchen leicht abziehen lassen.

3 Die Artischocken herausnehmen und abtropfen lassen. Währenddessen kann die Sauce zubereitet werden. Die Butter bei kleiner Hitze schmelzen, den Knoblauch zugeben und ca. 30 Sek. erhitzen. Vom Herd nehmen, die Kräuter einrühren und die Sauce in kleine Saucièren gießen.

4 Die Artischocken auf Servierplatten setzen und mit der Knoblauch-Kräuterbutter servieren.

KLEINER TIP DER KÖCHIN

Man ißt Artischocken, indem man Blatt für Blatt von der Frucht abzieht und in die Knoblauch-Kräuterbutter taucht. Das weiche Innere wird mit den Zähnen abgezogen. Wenn der Kern erreicht ist, muß der haarige Ansatz abgeschnitten werden. Übrig bleibt das Artischockenherz. Es kann aufgeschnitten und mit der restlichen Butter gegessen werden.

GEFÜLLTE ARTISCHOCKEN

DIE BENÖTIGTE MENGE FÜLLUNG RICHTET SICH NACH DER GRÖSSE DER ARTISCHOCKEN – SIND SIE SEHR KLEIN, KANN EINE ARTISCHOCKE PRO PERSON SERVIERT WERDEN. DIE FÜLLUNG LÄSST SICH BESSER MIT MOZZARELLA UND LAUCH VERLÄNGERN ALS MIT SCHINKENSPECK.

Für 4 Personen (als Vorspeise)

ZUTATEN

2 Artischocken, bereits vorbereitet
Zitronensaft

FÜR DIE FÜLLUNG:

25 g Butter
2–3 kleine Lauchstangen, in Scheibchen geschnitten
2–3 Streifen Schinkenspeck, nach Wunsch gehackt
75 g Mozzarella, in kleine Würfel geschnitten
25–40 g frische Semmelbrösel, hell oder dunkel
1 TL frisch gehacktes Basilikum
frische Basilikumblätter zum Garnieren
Salz und frisch gemahlener schwarzer Pfeffer

1 Die Artischocken in einem großen Topf mit Salzwasser zum Kochen bringen, abdecken und etwa 35–40 Min. kochen lassen, bis sich die unteren Blättchen leicht abziehen lassen.

2 Für die Füllung die Butter in einer Pfanne schmelzen und die Lauchstücke darin 3–4 Min. glasig dünsten. Falls gewünscht, den Schinkenspeck dazugeben und so lange weiterdünsten, bis der Lauch fast weich und der Speck goldbraun ist. Die Pfanne vom Herd nehmen und den Mozzarella, die Semmelbrösel sowie das Basilikum untermengen. Mit Gewürzen abschmecken.

3 Die Artischocken kopfüber abtropfen und abkühlen lassen. Von oben nach unten in zwei Hälften schneiden. Die inneren Blättchen sowie die haarige Basis entfernen, Herz und Blattansatz mit Zitronensaft einreiben, um Verfärbungen zu vermeiden.

4 Den Ofen vorheizen. Etwas Füllung in jede Hälfte geben und sie nebeneinander in einer Form 5–6 Min. bei mittlerer Hitze überbacken, bis die Füllung eine goldbraune Farbe angenommen hat. Auf kleinen Tellern mit frischem Basilikum servieren.

SELLERIE-GRATIN

Mit seiner harten, knubbeligen Schale sieht Knollensellerie eher unattraktiv aus; dabei ist er ein Gemüse von delikatem, süsslich-nussigem Aroma. Es wird durch den Emmentaler Käse in diesem Rezept noch hervorgehoben.

Für 4 Personen

ZUTATEN

450 g Knollensellerie
Saft von 1/2 Zitrone
25 g Butter
1 kleine Zwiebel, fein geschnitten
2 EL Mehl
300 ml Milch
25 g Emmentaler, gerieben
1 TL Kapern
Salz und Cayenne-Pfeffer

1 Den Ofen auf 190° C vorheizen. Den Sellerie schälen und in 5 mm dicke Scheiben schneiden; sofort in kaltes Wasser mit Zitronensaft legen, damit sie sich nicht verfärben.

2 Das Wasser zum Kochen bringen und die Selleriescheiben in etwa 10–12 Min. bißfest garen. Die Scheiben in eine Form schichten.

3 Die Butter in einem kleinen Topf schmelzen, die Zwiebeln darin glasig dünsten. Das Mehl einrühren, 1 Min. mitschwitzen und die Milch einrühren. Danach Käse und Gewürze einmischen und die Sauce über die Selleriescheiben gießen. Im Ofen etwa 15–20 Min. goldbraun überbacken.

VARIATION

Falls ein milderer Selleriegeschmack gewünscht wird, können auch Sellerie- und Kartoffelscheiben übereinander geschichtet werden. Dazu die Kartoffeln schälen, in dünne Scheiben schneiden, bißfest garen und gut abtropfen lassen.

SELLERIE-KÄSE-ROULADE

DAS FEINE AROMA DIESES GERICHTS STAMMT VOM SELLERIE. DER SPINAT KONTRASTIERT ZUR CREMIGEN FÜLLUNG, DOCH KANN MAN AUCH DARAUF VERZICHTEN ODER EINE EINFACHE KÄSEFÜLLUNG NEHMEN. DIE ROULADE AUFROLLEN, SOLANGE SIE NOCH WARM UND BIEGSAM IST!

Für 6 Personen

ZUTATEN

15 g Butter
225 g gekochter Spinat, abgetropft und gehackt
150 ml Sahne
4 große Eier, getrennt
15 g Parmesan, gerieben
1 Messerspitze Muskatnuß
Salz und frisch gemahlener schwarzer Pfeffer

FÜR DIE FÜLLUNG:

225 g Knollensellerie
Zitronensaft
75 g St. Agur-Käse
115 g Frischkäse
frisch gemahlener schwarzer Pfeffer

1 Den Ofen auf 200° C vorheizen und ein Blech mit Backpapier auslegen.

2 Die Butter in einem Topf schmelzen und den Spinat zufügen. Bei kleiner Hitze köcheln, bis die Flüssigkeit verdampft ist. Gelegentlich umrühren. Den Topf vom Herd nehmen und Sahne, Eigelbe, Parmesan, Muskatnuß und Gewürze einrühren.

3 Das Eiweiß steif schlagen und vorsichtig unter die Spinatmasse heben. Die Mischung gleichmäßig auf das Blech geben und mit einem Spatel glattstreichen.

4 Im Ofen etwa 10–15 Min. backen, bis der Teig fest und leicht goldbraun geworden ist. Vorsichtig auf Pergament- oder Backpapier stürzen und das bereits benutzte Papier abziehen. Den Teig nun – mit dem frischen Papier nach innen – vorsichtig aufrollen und abkühlen lassen.

5 Füllung: Sellerie schälen und raffeln, mit Zitronensaft beträufeln. Blauschimmel- und Frischkäse gut mit dem Sellerie mischen, mit schwarzem Pfeffer würzen.

6 Die Roulade öffnen, die Füllung einlegen und wieder aufrollen. Sofort servieren oder locker einwickeln und bis zum Servieren kühl stellen.

Stangensellerie mit Ziegenkäse

Das scharfe Aroma des Stangensellleries ergänzt den milden und doch strengen Ziegenkäse im Geschmack sehr gut. Diese schnell und einfach zubereitete Beilage passt ausgezeichnet zu gegrilltem Fleisch oder gefüllten Pfannkuchen.

Für 4 Personen

ZUTATEN

25 g Butter
1 Stangensellerie, fein geschnitten
175 g milder Ziegenkäse, halbfett
3–4 EL Sahne
Salz und frisch gemahlener schwarzer Pfeffer

1 Den Ofen auf 180° C vorheizen und eine ofenfeste, mittelgroße Auflaufform ausbuttern.

2 Butter in einer schweren Pfanne schmelzen und die Selleriestückchen 2–3 Min. andünsten. Gelegentlich umrühren. 3–4 EL Wasser dazugeben, abdecken und bei mittlerer Hitze weitere 5–6 Min. köcheln lassen, bis der Sellerie fast weich und das Wasser verdampft ist.

3 Die Pfanne vom Herd nehmen, Ziegenkäse und Sahne untermengen. Mit Salz und Pfeffer abschmecken und in die vorbereitete Form geben.

4 Die Form mit eingefettetem Pergamentpapier bedecken und im Ofen 10–12 Min. backen. Sofort servieren.

Selleriesalat mit Avocado

Der Biss von Stangensellerie und Walnüssen steht in interessantem Kontrast zur cremigen Weichheit der Avocado. Servieren Sie den Salat mit einem Dressing aus saurer Sahne, wie vorgeschlagen, oder nur mit etwas Olivenöl und frisch gepresstem Zitronensaft.

Für 4 Personen

ZUTATEN

3 Streifen Schinkenspeck (falls gewünscht)
8 zarte weiße oder grüne Selleriestangen, sehr fein geschnitten
3 Frühlingszwiebeln, fein geschnitten
50 g gehackte Walnüsse
1 reife Avocado
Zitronensaft

FÜR DAS DRESSING:

120 ml saure Sahne
1 EL Olivenöl
1 Messerspitze Cayennepfeffer

1 Den Schinkenspeck anbraten, zerkleinern und mit Sellerie, Frühlingszwiebeln und Walnüssen vermischen.

2 Die Avocado halbieren und in dünne Scheiben schneiden. Jede Scheibe schälen und großzügig mit Zitronensaft beträufeln. Dem Salat hinzufügen.

3 Nun die saure Sahne mit Olivenöl und Cayennepfeffer schlagen und entweder vorsichtig unter den Salat heben oder separat servieren.

FRÜHLINGSROLLEN

BAMBUSSCHÖSSLINGE UND SOJABOHNENSPROSSEN SIND HIER UNVERZICHTBAR, DA GEMÜSE-KONTRASTE EIN HAUPTMERKMAL DER CHINESISCHEN KÜCHE DARSTELLEN. BAMBUSSCHÖSSLINGE BEHALTEN IHRE KNACKIGKEIT, WÄHREND BOHNENSPROSSEN NACH DEM KOCHEN ETWAS WEICHER WERDEN.

Für etwa 20 Rollen

ZUTATEN

4 EL Pflanzenöl
2 EL dunkle Sojasauce
2 EL Sherry medium dry
1 cm frische Ingwerwurzel, fein gerieben
225 g gehacktes Tofu
50 g Reisnudeln
4–5 Shiitake-Pilze
4–5 Frühlingszwiebeln
200 g Bambusschößlinge aus der Dose
1 Knoblauchzehe, gepreßt
1 Möhre, geraspelt
75 g Sojabohnensprossen, grob geschnitten
1 EL Maismehl, mit 2 EL Wasser verrührt
ca. 20 Stücke Frühlingsrollenteig (15 cm breit)
Pflanzenöl zum Braten

1 Sojasauce, Sherry, Ingwer und Tofu mit 2 EL Öl vermengen. 10–15 Min. beiseite stellen und marinieren.

2 Die Reisnudeln in einer Schüssel mit kochendem Wasser übergießen und 20 Min. ziehen lassen. Anschließend abgießen und grob schneiden.

3 Pilze feucht abwischen und Stiele entfernen. Die Pilzköpfe in Streifen schneiden (ggf. nochmals halbieren).

4 Mit einem scharfen Messer die Frühlingszwiebeln bis auf die grünen Spitzen in diagonale Scheiben schneiden.

5 Bambusschößlinge abgießen und unter fließend kaltem Wasser abspülen. Wenn nötig, halbieren.

6 Vom verbleibenden Öl 1 EL im Wok oder einer großen Pfanne erhitzen und Knoblauch einige Sekunden andünsten. Mit den Frühlingszwiebeln

2–3 Min. braten. Die Pilze untermengen und weitere 3–4 Min. braten. Anschließend das Gemüse mit einem Schöpflöffel auf einen Teller legen.

7 Das restliche Öl im Wok erhitzen. Mit dem abgetropften Tofu 4–5 Min. braten. Die Marinade aufbewahren.

8 Bambusschößlinge, Möhren, Reisnudeln, Pilze, Zwiebelmischung und die Marinade mit Tofu vermengen. Sojabohnensprossen unterheben, den Wok vom Herd nehmen und die Füllung abkühlen lassen.

9 Auf jedes Stück Frühlingsrollenteig kommt in eine Ecke 1 EL der Füllung; die Ränder des Teigs werden mit einer Mischung aus Maismehl und Wasser bestrichen. Dann jeweils die linke und rechte Ecke nach innen schlagen und das Stück aufrollen. So viele Frühlingsrollen zubereiten, bis die Füllung aufgebraucht ist.

10 Etwas Öl im Wok oder einer Friteuse erhitzen und jeweils zwei bis drei Frühlingsrollen unter stetem Wenden etwa 3–4 Min. fritieren, bis sie gleichmäßig goldbraun sind. Auf Küchenpapier legen, um überschüssiges Fett aufzusaugen, und warmhalten. Mit Sojasauce servieren.

QUELLER MIT KALTEM FISCH-CURRY

VIELLEICHT MÖGEN SIE CURRY UND GEHEN GERNE GROSSZÜGIG DAMIT UM. BEI DIESEM GERICHT BRAUCHT MAN ABER NUR EINE SPUR MILDER CURRYPASTE, UM DAS AROMA VON QUELLER UND FISCH ZU UNTERSTREICHEN, OHNE ES ZU ÜBERDECKEN.

Für 4 Personen

ZUTATEN

175 g Queller
350 g frisches Lachssteak oder -filet
350 g Seezungenfilet in Zitrone
Fischfond oder Wasser
115 g große geschälte Krabben
25 g Butter
1 kleine Zwiebel, fein geschnitten
2 TL milde Currypaste
1–2 TL Aprikosenkonfitüre
150 ml saure Sahne
Minzeblätter zum Garnieren (falls gewünscht)

1 Den Queller in gleich große Stücke schneiden und etwa 5 Min. blanchieren, bis er weich ist. Gut abtropfen lassen und beiseite stellen.

2 Lachs und Seezunge in einer Pfanne mit Fischfond oder Wasser bedecken. Aufkochen, dann die Hitze reduzieren und 6–8 Min. ziehen lassen, bis der Fisch zart ist.

3 Den Fisch herausnehmen und auf einem Teller abkühlen lassen, in mundgerechte Stücke teilen und Haut und Gräten entfernen. Anschließend mit den Krabben in eine große Schüssel füllen.

4 Die Butter schmelzen und die Zwiebel darin etwa 3–4 Min. glasig dünsten. Mit der Currypaste etwa 30 Sek. köcheln. Die Aprikosenkonfitüre einrühren, abkühlen lassen und zum Schluß die saure Sahne unterrühren.

5 Die Currycreme über den Fisch gießen. Mit dem Queller auf einer Servierplatte einen Ring bilden und das Curry darin mit Minze garnieren.

KLEINER TIP DER KÖCHIN

Da Queller bereits einen frischen, salzigen Seegeschmack hat, braucht dieses Gericht nicht zusätzlich gesalzen zu werden.

FENCHEL MIT MUSCHELN »PROVENÇALE«

Für 4 Personen

ZUTATEN

2 große Fenchelknollen
1,75 kg frische Miesmuscheln mit Schale, in kaltem Wasser gut abgeschrubbt und von den Haaren befreien
175 ml Wasser
1 Thymianzweig
25 g Butter
4 Schalotten, fein geschnitten
1 Knoblauchzehe, gepreßt
250 ml Weißwein
2 TL Mehl
175 ml Sahne
1 EL frisch gehackte Petersilie
Salz und frisch gemahlener schwarzer Pfeffer
1 Dillzweig zum Garnieren

1 Den Fenchel zuerst in 5 mm dicke Scheiben und dann in etwa 1 cm breite Stifte schneiden. In etwas Salzwasser fast weich kochen, dann gut abtropfen lassen.

2 Nicht geschlossene Muscheln aussortieren. Die übrigen mit Thymian in einem großen Topf mit Wasser aufkochen und etwa 5 Min. sieden, bis sich die Muscheln öffnen. Zwischendurch den Topf kräftig schütteln.

3 Die Muscheln auf einen Teller geben und die nicht geöffneten aussortieren. Nach dem Abkühlen das Muschelfleisch aus der Schale lösen. Einige Exemplare mit Schale zum Garnieren aufbewahren.

4 Die Butter schmelzen und Schalotten und Knoblauch darin 3–4 Min. andünsten. Dann den Fenchel etwa 60 Sek. mitdünsten. Mit Wein ablöschen und köcheln, bis die Flüssigkeit sich auf die Hälfte reduziert hat.

5 Mehl mit Wein oder Wasser verrühren. Sahne, Petersilie und Gewürze in der Flüssigkeit leicht erhitzen. Das angerührte Mehl einmengen und mit den Muscheln köcheln, bis die Sauce eindickt. Würzen und in einer Servierschale mit Dill und den zurückbehaltenen Muscheln garnieren.

FENCHEL MIT TOMATEN

Für 4 Personen

ZUTATEN

3 kleine Fenchelknollen
2–3 EL Olivenöl
5–6 Schalotten, in Scheiben geschnitten
2 Knoblauchzehen, gepreßt
4 Tomaten, gehäutet und klein geschnitten
175 ml Weißwein
1 EL frisch gehacktes oder 1/2 TL getrocknetes Basilikum
40–50 g frische Weißbrotbrösel
Salz und frisch gemahlener schwarzer Pfeffer

1 Den Ofen auf 150° C vorheizen. Den Fenchel putzen und in 1 cm dicke Scheiben schneiden.

2 Das Olivenöl in einer großen Pfanne erhitzen. Schalotten und den Knoblauch 4–5 Min. andünsten, die Tomaten dazugeben. Mit 150 ml Weißwein ablöschen, Basilikum und Gewürze unterrühren. Aufkochen und mit dem Fenchel etwa 5 Min. köcheln lassen.

3 Erst den Fenchel in eine ofenfeste Form legen, die Tomaten-Mischung darüberschichten und mit der Hälfte des Paniermehls bestreuen. Im Ofen 1 Std. backen. Von Zeit zu Zeit mit der Rückseite eines Löffels die Paniermehlkruste eindrücken und eine neue Schicht mit etwas Wein darübergeben. So wird die Kruste langsam goldbraun und knusprig.

REZEPTE MIT WURZELGEMÜSE

PATATAS BRAVAS

EIN KLASSISCHES TAPAS-GERICHT MIT FRITIERTEN KARTOFFELWÜRFELN UND PIKANTER TOMATENSAUCE.

Für 4 Personen

ZUTATEN

675 g gute Fritierkartoffeln
Öl zum Fritieren

FÜR DIE SAUCE:

1 EL Olivenöl
1 kleine Zwiebel, geschnitten
1 Knoblauchzehe, gepreßt
400 g Tomaten aus der Dose
2 TL Worcestershire-Sauce
1 TL Weinessig
1 TL Tabasco

1 Die Kartoffeln schälen und würfeln. In kaltem Wasser spülen, um überschüssige Stärke zu entfernen.

2 Das Öl in einer mittelgroßen Pfanne erhitzen und die Zwiebel sowie den Knoblauch 3–4 Min. anbraten, bis die Zwiebel weich und gebräunt ist.

3 Tomaten in der Küchenmaschine oder Mixer zu einer glatten Sauce verarbeiten und zur Zwiebel in die Pfanne geben. Bei mittlerer Hitze 8–10 Min. köcheln und eindicken lassen. Gelegentlich umrühren.

4 Das Öl in der Friteuse erhitzen, die Kartoffelwürfel trockentupfen und in der Friteuse goldbraun backen. Falls nötig, in zwei Portionen verarbeiten. Auf Küchenpapier abtropfen lassen.

5 Nun die Worcestershire-Sauce, Weinessig und Tabasco unter das Tomatenpüree mischen. Die Kartoffelwürfel gut untermengen, bis sie von der Sauce umhüllt sind. Auf Portionsteller verteilen und sofort servieren.

GRATIN DAUPHINOIS

Für 4 Personen

ZUTATEN

675 g Kartoffeln, geschält und in dünne Scheiben geschnitten
1 Knoblauchzehe
25 g Butter
300 ml Sahne
50 ml Milch
Salz und weißer Pfeffer

1 Den Ofen auf 150° C vorheizen. Die Kartoffelscheiben waschen, um überschüssige Stärke zu entfernen. Abtropfen lassen und trockentupfen.

2 Die Knoblauchzehe halbieren, mit der Schnittfläche eine flache Form bestreichen und ausbuttern. Sahne und Milch verrühren.

3 Eine Schicht Kartoffelscheiben in die Form legen, Butterflöckchen darüberstreuen, mit Salz und Pfeffer würzen und etwas von der Sahne-Milch-Mischung darübergießen.

4 Weitere Schichten auflegen, bis die Zutaten verbraucht sind. Mit einer Sahne-Milch-Schicht abschließen.

5 Im Ofen 1 1/4 Std. backen. Falls das Gericht zu schnell bräunt und trocken wird, mit etwas Alufolie abdecken. Die Kartoffeln sind fertig, wenn sie weich sind und die Oberfläche goldbraun aussieht.

KLEINER TIP DER KÖCHIN

Eine verkürzte Zubereitungszeit ergibt sich, wenn man die Kartoffeln etwa 3–4 Min. vorkocht. Gut abtropfen lassen und wie oben beschrieben verfahren. Dann bei 160° C 45–50 Min. backen, bis die Kartoffeln vollkommen gar sind.

Kartoffeln »Hasselback«

Sehr ungewöhnlich! Die Kartoffelhälften werden in Scheiben geschnitten, ohne sie ganz zu durchtrennen, und mit Öl und Butter gebacken. Dann werden sie mit einer Orangenglasur bestrichen und im Ofen goldbraun und knusprig glasiert.

Für 4–6 Personen

ZUTATEN

4 große Kartoffeln
25 g Butter, geschmolzen
3 EL Olivenöl

FÜR DIE GLASUR:

Saft von 1 Orange
abgeriebene Schale von 1/2 Orange
1 EL brauner Zucker
frisch gemahlener schwarzer Pfeffer

1 Den Ofen auf 190° C vorheizen. Die Kartoffeln halbieren und von der Seite her so in Scheiben schneiden, daß ein Steg von etwa 1 cm stehenbleibt.

2 Die Kartoffelhälften in eine große Fettpfanne legen und mit dem Pinsel die geschmolzene Butter auftragen. Dann das Olivenöl darübergießen.

3 Im Ofen 30–40 Min. backen, bis die Kartoffeln zu bräunen beginnen. Während des Backens gelegentlich mit Olivenöl begießen.

4 Unterdessen den Saft, die abgeriebene Schale und den Zucker bei kleiner Hitze und unter ständigem Rühren erwärmen, bis der Zucker sich aufgelöst hat. Die Glasur 3–4 Min. köcheln lassen und vom Herd nehmen.

5 Sobald die Kartoffeln braun werden, mit der Orangenglasur einpinseln und in den Ofen schieben. Noch 15 Min. rösten, bis sie goldbraun sind. Sofort servieren.

ÜBERBACKENES KARTOFFELPÜREE

KARTOFFELPÜREE, DAS IN KLEINEN SOUFFLÉFORMEN ÜBERBACKEN WIRD, SCHMECKT PHANTASTISCH ZU GEBRATENER ENTE ODER RINDERBRATEN – ODER ZU VEGETARISCHEM EINTOPF. ALS HAUPTGERICHT SERVIERT MAN DREI KÜCHLEIN PRO PERSON MIT EINEM SALAT.

Für 6 Förmchen

ZUTATEN

275 g Kartoffeln
Vollmilch und Butter zum Stampfen
1 TL frisch gehackte Petersilie
1 TL frisch gehacktes Estragon
75 g Mehl
1 Ei
ca. 120 ml Milch
Öl oder Sonnenblumenfett zum Backen
Salz und frisch gemahlener schwarzer Pfeffer

1 Die Kartoffeln weich kochen und mit etwas Milch und Butter zerstampfen. Dann Petersilie und Estragon unterrühren und gut würzen. In der Zwischenzeit den Ofen auf 200° C vorheizen.

2 In der Küchenmaschine oder mit dem Pürierstab das Mehl mit Ei, Milch und etwas Salz zu einer gleichmäßigen Masse verarbeiten.

3 Etwa ½ TL Öl oder ein Flöckchen Sonnenblumenfett in jede der sechs Auflaufformen geben. Die Formen auf dem Backblech im Ofen 2–3 Min. erwärmen, bis das Öl oder Fett heiß ist.

4 Die Förmchen herausnehmen und zügig auf jeweils etwa 4 TL der Ei-Milch-Masse einen gehäuften Eßlöffel Kartoffelpüree setzen. Die restliche Ei-Milch-Masse darauf verteilen. In den Ofen schieben und 15–20 Min. backen, bis die Pasteten locker und goldbraun sind.

5 Mit einem breiten Messer die Pasteten vorsichtig aus den Förmchen heben. Auf angewärmten Tellern sofort servieren.

Pastinaken-Kastanien-Kroketten

Der nussig-süsse Geschmack der Kastanien harmoniert wunderbar mit dem erdigeren Aroma der Pastinaken. Frische Kastanien müssen geschält werden, tiefgefrorene kann man direkt verarbeiten, sie sind bei diesem Rezept genauso empfehlenswert.

Für 10–12 Kroketten

ZUTATEN

450 g Pastinaken, in kleine Stücke geschnitten
115 g tiefgefrorene Kastanien
25 g Butter
1 Knoblauchzehe, gepreßt
1 EL frisch gehackter Koriander
1 Ei, geschlagen
40–50 g frische Semmelbrösel
Pflanzenöl zum Braten
Salz und frisch gemahlener schwarzer Pfeffer
1 Korianderzweig zum Garnieren

1 Die Pastinaken mit Wasser bedeckt in einem geschlossenen Topf zum Kochen bringen und 15–20 Min. köcheln lassen, bis sie weich sind. Abtropfen lassen.

2 Die tiefgefrorenen Kastanien in Wasser zum Kochen bringen, dann 8–10 Min. köcheln, bis sie sehr weich sind. Gut abtropfen lassen und in einer Schüssel gleichmäßig zerstampfen.

3 Butter schmelzen und den Knoblauch darin 30 Sek. blanchieren. Die Pastinaken mit der Knoblauchbutter zerstampfen, die Kastanien und den gehackten Koriander untermischen.

4 Jeweils etwa 1 EL der Mischung zu Kroketten formen. Jede Krokette in geschlagenem Ei und Semmelbröseln wenden.

5 Etwas Öl in der Pfanne erhitzen und die Kroketten unter regelmäßigem Wenden in 3–4 Min. ausbraten, bis die Kruste goldbraun ist. Auf Küchenpapier abtupfen und mit einem Korianderzweig sofort servieren.

BIRYANI MIT PASTINAKEN UND AUBERGINEN

Für 4-6 Personen

ZUTATEN

1 kleine Aubergine, in Scheiben geschnitten
275 g Basmati-Reis
3 Pastinaken
3 Zwiebeln
2 Knoblauchzehen
2,5 cm frischer, geschälter Ingwer
4 EL Pflanzenöl
175 g ungesalzene Cashewkerne
40 g Sultaninen
1 rote Paprika, in Streifen geschnitten
1 TL gemahlener Kreuzkümmel
1 TL gemahlener Koriander
1/2 TL Chilipulver
120 ml Naturjoghurt
300 ml Gemüse- oder Hühnerbrühe
25 g Butter
Salz und frisch gemahlener schwarzer Pfeffer
Korianderzweige zum Garnieren
2 hartgekochte Eier, geviertelt

1 Die Auberginenscheiben mit Salz bestreuen und 30 Min. stehen lassen; dann zerschneiden. Den Reis in kaltem Wasser 40 Min. einweichen. Inzwischen die Pastinaken schälen, entkernen und in 1 cm große Stücke schneiden. Eine Zwiebel würfeln und mit Knoblauch, Ingwer und 2–3 EL Wasser zu einer Paste vermischen.

2 Die restlichen Zwiebeln schneiden und in 3 EL Öl 10–15 Min. dünsten, bis sie tief goldbraun sind. Herausnehmen und abtropfen lassen. Etwa 40 g Cashewkerne 2 Min. anbraten. Mit den Sultaninen weiterdünsten, bis sie aufgehen. Dann alles herausnehmen und abtropfen lassen.

3 Auberginen und Paprika 4–5 Min. anbraten, auf Küchenpapier legen. Die Pastinaken 4–5 Min. anbraten, die Cashews kurz mitbraten. Danach Pastinaken und Nüsse auf das Papier zu den Auberginen legen.

4 Das restliche Öl in der Pfanne mit der Zwiebelpaste verrühren. Bei mittlerer Hitze 4–5 Min. dünsten, bis die Paste goldbraun wird. Kreuzkümmel, Koriander und Chilipulver einrühren und erwärmen. Dann die Hitze reduzieren und den Joghurt untermengen.

5 Die Mischung langsam erhitzen und erst die Brühe, dann Pastinaken, Auberginen und Paprika einmischen. Würzen, abdecken und 30–40 Min. köcheln lassen, bis die Pastinaken weich sind. Die Mischung dann in eine ofenfeste Auflaufform füllen.

6 Den Ofen auf 150° C vorheizen. Den Reis abgießen, mit 300 ml kochendem Wasser auffüllen. 5–6 Min. köcheln, bis der Reis zwar weicher, jedoch noch nicht gar ist.

7 Reis über die Pastinaken-Mischung in die Auflaufform legen. Mit einem Holzlöffel eine Mulde in die Mischung drücken und die gebratenen Zwiebeln, Sultaninen, Cashews sowie einige Butterflöckchen hineinfüllen. Mit Alufolie bedecken und mit einem Deckel sichern.

8 Im Ofen 35–40 Min. backen. Man serviert dieses Gericht in einer vorgewärmten Servierschale und garniert es mit Korianderzweigen und den Eivierteln.

HÜHNCHEN »MÉDITERRANÉE«

RÜBEN SIND IM MITTELMEERRAUM SEHR BELIEBT. SIE WERDEN ZUM BEISPIEL MIT TOMATEN UND SPINAT ALS VEGETARISCHES GERICHT ZUBEREITET ODER AUCH MIT FISCH ODER GEFLÜGEL KOMBINIERT. DIESES REZEPT KOMMT AUS DEM ÖSTLICHEN MITTELMEERRAUM.

Für 4 Personen

ZUTATEN

2 EL Sonnenblumenöl
8 Hühnerschenkel oder 4 Hühnerteile
4 kleine Rüben
2 Zwiebeln, geschnitten
2 Knoblauchzehen, gepreßt
6 Tomaten, gehäutet und geschnitten
250 ml Tomatensaft
250 ml Hühnerbrühe
120 ml Weißwein
1 TL Paprika
1 gute Messerspitze Cayennepfeffer
20 schwarze Oliven, entsteint
1/2 Zitrone, in Sicheln geschnitten
Salz und frisch gemahlener schwarzer Pfeffer
frische Petersilie zum Garnieren
Couscous als Beilage

1 Den Backofen auf 160° C vorheizen. 1 EL Öl in einer großen Pfanne erhitzen und die Hühnerteile darin goldbraun anbraten. Rüben schälen und in feine Julienne-Stifte schneiden.

2 Die Hühnerteile in eine große Kasserolle umfüllen. Mit dem restlichen Öl, Zwiebeln und Knoblauch in der Pfanne 4–5 Min. goldbraun andünsten. Gelegentlich umrühren.

3 Die Rübenstreifen 2–3 Min. mitdünsten. Tomaten, Tomatensaft, Brühe und Wein untermischen und würzen. Aufkochen, über das Huhn gießen, Oliven und Zitronen untermengen.

4 Gut zudecken und im Ofen 1 Std. backen, bis das Hühnchen weich ist.

5 Auf einem Couscous-Bett servieren und mit frischer Petersilie garnieren.

STECKRÜBEN-CHIPS

ZARTE STECKRÜBENSCHEIBEN IN KNUSPRIGER PANADE SIND EIN FEST FÜR DIE SINNE. DER LEICHT PFEFFRIGE GESCHMACK DER STECKRÜBE WIRD ERGÄNZT DURCH DIE PIKANT GEWÜRZTE KRUSTE.

Für 4 Personen

ZUTATEN

1 kleine Steckrübe
50 g frische, braune oder weiße Brotbrösel
1 EL Mehl
1/2 TL Paprika
1/2 TL gemahlener Koriander
1/2 TL gemahlener Kreuzkümmel
1 Messerspitze Cayennepfeffer
1 Ei, geschlagen
Salz und frisch gemahlener schwarzer Pfeffer
Öl zum Fritieren
Mango-Chutney als Dip

1 Die Steckrübe schälen und in dünne Scheiben schneiden. 3–5 Min. sprudelnd kochen, bis die Scheiben etwas weich werden, abtropfen lassen.

2 Brösel mit Mehl, Paprika, Koriander, Kreuzkümmel, Cayennepfeffer und Gewürzen vermischen. Die Steckrübenscheiben zuerst in Ei und dann in der Panade wenden.

3 Das Öl in einer Friteuse oder einem Wok erhitzen und die Steckrübenscheiben darin 4–5 Min. ausbacken, bis sie außen goldbraun und innen weich sind. Dann trocknen und mit Mango-Chutney servieren.

KLEINER TIP DER KÖCHIN

Backen Sie die Scheiben so lange, bis die Steckrüben weich sind und die knusprige Hülle mit dem weichen Gemüse einen interessanten Kontrast bildet.

GLASIERTE MÖHREN MIT CIDRE

SEHR EINFACH ZUZUBEREITEN: DIE MÖHREN WERDEN IN GANZ WENIG FLÜSSIGKEIT GEGART, UM IHR AROMA BESTENS HERVORZUHEBEN, UND DER CIDRE VERLEIHT DEM GERICHT EINE ANGENEHME SÄURE.

Für 4 Personen

ZUTATEN

450 g junge Möhren
25 g Butter
1 EL brauner Zucker
120 ml Cidre
4 EL Gemüsebrühe oder Wasser
1 TL Dijon-Senf
1 EL fein gehackte frische Petersilie

1 Die Möhren kappen und schälen oder schaben. Mit einem Messer in feine Julienne-Stifte schneiden.

2 Die Butter in einer Pfanne schmelzen und die Möhrenstifte 4–5 Min. dünsten. Gelegentlich rühren. Zucker darüberstreuen und warten, bis sich der Zucker aufgelöst hat.

3 Nun mit Cidre und Brühe aufkochen lassen und den Dijon-Senf einrühren. Die Pfanne abdecken und etwa 10 Min. köcheln lassen, bis die Möhren fast weich sind. Ohne Deckel weiterköcheln und die Flüssigkeit auf eine dickliche Sauce reduzieren.

4 Die Pfanne vom Herd nehmen, die Petersilie einrühren und alles in eine vorgewärmte Schüssel füllen. Die Möhren eignen sich als Beilage zu gegrilltem Fleisch oder Fisch oder einem vegetarischen Gericht.

KLEINER TIP DER KÖCHIN

Falls die Möhren bereits gar sind, bevor sich die Flüssigkeit zu einer dickeren Sauce reduzieren kann, heben Sie die Möhren heraus und kochen nur die Flüssigkeit weiter. Anschließend die Möhren übergießen und mit Petersilie bestreuen.

SALAT MIT MÖHREN, ÄPFELN UND ORANGEN

DIESER SALAT IST EBENSO KÖSTLICH WIE EINFACH. DAS KNOBLAUCH-KRÄUTER-DRESSING GIBT DER FRUCHTIGEN SÜSSE DER ZUTATEN DEN NÖTIGEN KONTRAST.

Für 4 Personen

ZUTATEN

350 g junge Möhren, fein geraspelt
2 Äpfel
1 EL Zitronensaft
1 große Orange

FÜR DAS DRESSING:

3 EL Olivenöl
4 EL Sonnenblumenöl
3 EL Zitronensaft
1 Knobauchzehe, gepreßt
4 EL Naturjoghurt
1 EL frische Kräuter: Estragon, Petersilie, Schnittlauch
Salz und frisch gemahlener schwarzer Pfeffer

1 Die Äpfel vierteln, das Kerngehäuse entfernen und in Scheiben schneiden. Mit Zitronensaft beträufeln, um Verfärbungen zu vermeiden, und zu den Möhren in die Schüssel legen.

2 Orangen schälen, mit einem scharfen Messer die weiße Haut abziehen und die Früchte in Stücke teilen.

3 Die Zutaten für das Dressing in einem hohen Rührbecher gut vermischen.

4 Kurz vor dem Servieren das Dressing über den Salat gießen und untermengen.

Möhrensuppe mit Koriander

Fast alle Wurzelgemüse eignen sich hervorragend für Suppen, da ihr Aroma sehr gut zu den schärferen Geschmacksnoten der Gewürze passt. Möhren sind besonders vielseitig, und diese Suppe hat nicht nur im Aroma, sondern auch optisch eine elegante Note.

Für 4–6 Personen

ZUTATEN

450 g zarte junge Möhren
1 EL Sonnenblumenöl
40 g Butter
1 Zwiebel, gehackt
1 Selleriestange, geschnitten, und 2-3 helle Stangenspitzen mit Blatt
2 kleine Kartoffeln, fein geschnitten
1 l Hühnerbrühe
2–3 TL gemahlener Koriander
1 EL frisch gehackter Koriander
200 ml Milch
Salz und frisch gemahlener schwarzer Pfeffer

1 Die Möhren säubern, wenn nötig schälen oder schaben, und in große Stücke schneiden. Öl und 25 g Butter in einer großen Pfanne erhitzen und die Zwiebeln darin bei mittlerer Hitze etwa 3–4 Min. blanchieren, bis sie glasig, aber nicht braun sind.

2 Die Selleriestange in Stücke schneiden und mit Kartoffeln und Zwiebeln einige Minuten dünsten, dann die Möhren unterheben. Bei kleiner Hitze 3–4 Min. köcheln. Abdecken und bei noch kleinerer Hitze etwa 10 Min. stehen lassen; gelegentlich umrühren oder die Pfanne schwenken, so daß das Gemüse nicht ansetzt.

3 Nun die Brühe hinzufügen, aufkochen und Pfanne etwas abdecken. Weitere 8–10 Min. köcheln lassen, bis die Möhren und Kartoffeln weich sind.

4 Zum Garnieren 6–8 kleine Sellerieblätter aufbewahren und die restlichen Selleriespitzen fein schneiden, so daß man etwa 1 EL davon erhält. Die restliche Butter in einem kleinen Topf schmelzen und den gemahlenen Koriander ca. 1 Min. andünsten, dabei ständig rühren.

5 Hitze reduzieren und Sellerie sowie frischen Koriander etwa 1 Min. mitdünsten. Dann beiseite stellen.

6 Die Suppe mit dem Pürierstab pürieren und in einen sauberen Topf füllen. Milch, Koriander-Mischung und Gewürze einrühren. Erwärmen und erneut abschmecken. Mit den zurückbehaltenen Sellerieblättchen garnieren.

Kleiner Tip der Köchin

Die Suppe wird etwas pikanter, wenn man kurz vor dem Servieren einen Spritzer Zitronensaft dazugibt.

BORSCHTSCH

DIESE KLASSISCHE SUPPE WAR JAHRHUNDERTELANG EIN HAUPTNAHRUNGSMITTEL RUSSISCHER BAUERN. ES GIBT ZAHLLOSE VARIANTEN – KAUM ZWEI KÖCHINNEN VERWENDEN DAS GLEICHE REZEPT.

Für 6 Personen

ZUTATEN

350 g Rote Bete, ungekocht
1 EL Sonnenblumenöl
115 g durchwachsenen Speck, in Würfel geschnitten
1 große Zwiebel, fein geschnitten
1 große Möhre, in Julienne-Streifen
3 Selleriestangen, in dünnen Scheiben
1,5 l Hühnerbrühe
ca. 225 g Tomaten, gehäutet, entkernt und in Scheiben geschnitten
2 EL Zitronensaft oder Weinessig
2 EL gehackter Dill
115 g Weißkohl, dünn geraspelt
150 ml saure Sahne
Salz und frisch gemahlener schwarzer Pfeffer

1 Die Rote Bete schälen, in Scheiben und dann in feine Stifte schneiden.

2 Das Öl in einem großen Topf erhitzen und den Speck bei mittlerer Hitze 3–4 Min. anbraten. Mit der Zwiebel 2–3 Min. braten und dann die Möhre, den Sellerie und die Roten Bete hinzufügen. 4–5 Min. dünsten und stetig umrühren, bis das Öl aufgenommen ist.

3 Mit Brühe, Tomaten, Zitronensaft oder Weinessig, der Hälfte des Dill sowie Salz und Pfeffer aufkochen und 30–40 Min. köcheln lassen, bis die Gemüse gar sind.

4 Zum Schluß den Weißkohl untermengen und weitere 5 Min. köcheln lassen, bis auch dieser gar geworden ist. Nochmals abschmecken, die Suppe mit dem restlichen Dill bestreuen und mit saurer Sahne servieren.

TOPINAMBUR-RÖSTI

Für 4–6 Personen

ZUTATEN
450 g Topinambur
Saft von 1 Zitrone
450 g Kartoffeln
ca. 50 g Butter
Salz

1 Die Topinambur schälen und in Wasser mit Zitronensaft und einer Messerspitze Salz aufkochen, etwa 5 Min. kochen, bis die Knollen fast weich sind.

2 Die Kartoffeln schälen und in einem zweiten Topf mit Salzwasser ebenfalls so lange kochen, bis sie fast gar sind – sie brauchen etwas länger als die Topinambur.

3 Kartoffeln und Topinambur abgießen und etwas abkühlen lassen. Auf einer Reibe in eine Schüssel raspeln und mit den Händen leicht vermengen.

4 Die Butter in einer großen Pfanne erhitzen und die Mischung gut verteilt hineingeben, bei kleiner Hitze etwa 10 Min. braten.

5 Auf einen Teller gleiten lassen, wenden und von der anderen Seite erneut braten. Sofort servieren.

TOPINAMBUR-FLAN MIT SPINATSAUCE

Für 6 Personen

ZUTATEN
900 g Topinambur
Saft von 1 Zitrone
25 g Butter
1 EL Öl
1 Zwiebel, fein geschnitten
1 Knobauchzehe, gepreßt
50 g frische Semmelbrösel
1 Ei
4–5 EL Gemüsebrühe oder Milch
1 EL frisch gehackte Petersilie
1 TL fein gehackter Salbei
Salz und frisch gemahlener schwarzer Pfeffer

FÜR DIE SAUCE:
225 g frischer Spinat, geputzt
15 g Butter
2 Schalotten, fein gehackt
150 ml Sahne
175 ml Gemüsebrühe
Salz und frisch gemahlener schwarzer Pfeffer

1 Den Ofen auf 180° C vorheizen. Sechs kleine Auflaufförmchen (etwa 150 ml) ausbuttern und einen Kreis aus Backpapier auf jeden Boden legen.

2 Den Topinambur abziehen und in Wasser mit etwas Zitronensaft aufkochen; etwa 10 Min. köcheln lassen, abgießen und mit der Butter zerstampfen.

3 Zwiebel und Knoblauch in Öl blanchieren. Im Mixer die Zwiebel-Knoblauch-Mischung mit Bröseln, Ei, Brühe oder Milch, Petersilie, Salbei und Gewürzen gut vermengen. Mit dem glatten Püree den Topinambur kurz durchmixen.

4 Die Mischung in die Förmchen streichen, mit Backpapier bedecken. Die Förmchen im Wasserbad etwa 35–40 Min. backen.

5 Und jetzt die Sauce: Zunächst den Spinat ohne Wasser in einem Topf mit Deckel 2–3 Min. garen. In Abständen umrühren, um Ansetzen zu vermeiden. Abgießen und die verbleibende Flüssigkeit ausdrücken.

6 Die Butter in einem kleinen Topf schmelzen und die Schalotten darin goldbraun dünsten. Mit dem Spinat zusammen pürieren und im Topf mit saurer Sahne sowie Salz und Pfeffer bei kleiner Hitze warmhalten, jedoch nicht köcheln.

7 Die Förmchen nach dem Backen einige Minuten stehen lassen, bevor sie gestürzt werden. Dann auf vorgewärmte Teller setzen und mit Spinatsauce übergießen.

KLEINER TIP DER KÖCHIN

Topinambur püriert man kurz mit dem Impuls-Knopf anstatt in Dauerstellung. Andernfalls wird die Masse schnell klebrig zäh.

YAM-BRATLINGE

YAM SCHMECKT ETWAS TROCKENER ALS KARTOFFELN, IST JEDOCH, GEBACKEN UND MIT GEWÜRZEN VERFEINERT, SEHR DELIKAT. DIE BRATLINGE KÖNNEN AUCH ZU KLEINEN BÄLLEN GEFORMT UND FRITIERT WERDEN.

Für 18–20 Bratlinge

ZUTATEN

675 g Yamswurzeln
Milch zum Zerstampfen
2 kleine Eier, geschlagen
3 EL Tomatenstücke ohne Haut
3 EL fein geschnittene Frühlingszwiebeln
1 grüne Chilischote, entkernt und fein geschnitten
Mehl
40 g Weißbrotbrösel
Pflanzenöl zum Braten
Salz und frisch gemahlener schwarzer Pfeffer

1 Die Yamswurzeln schälen, in grobe Stücke schneiden und in einem Topf mit Salzwasser in 20–30 Min. weich kochen. Abgießen und mit etwas Milch und 3 EL der geschlagenen Eier zerstampfen.

2 Tomatenstücke, Frühlingszwiebeln, Chili und Gewürze gut untermengen.

3 Mit bemehlten Händen aus der Yam-Gemüse-Mischung runde Bratlinge von etwa 7,5 cm Durchmesser formen.

4 Die Bratlinge in die geschlagenen Eier tauchen und gleichmäßig in den Bröseln wenden. Etwas Öl in einer großen Pfanne erhitzen und die Bratlinge beidseitig in etwa 4–5 Min. goldbraun braten. Vor dem Servieren mit Küchenkrepp gut abtrocknen.

TARO-EINTOPF MIT PASTINAKEN

TARO, AUCH EDDO GENANNT, GEHÖRT ZUR GATTUNG DER YAM UND IST IN DER KARIBIK WEIT VERBREITET. HIER HABEN WIR ES GERÖSTET UND MIT BUNTEN WURZELGEMÜSEN ANGERICHTET.

Für 4–6 Personen

ZUTATEN

450 g Taros
350 g Pastinaken
450 g Möhren
25 g Butter
3 EL Sonnenblumenöl

FÜR DAS DRESSING:

2 EL frischer Orangensaft
2 EL brauner Zucker
2 TL weiche grüne Pfefferkörner
Salz
frische Petersilie zum Garnieren

1 Den Ofen auf 200° C vorheizen. Die Taros dick schälen. In Stücke schneiden und in eine große Schüssel legen.

2 Pastinaken schälen und längs halbieren. Sofern nötig, den holzigen

Kern entfernen. In gleichgroße Stücke wie die Taros schneiden und zu ihnen in die Schüssel legen. Mit kochendem Wasser 2 Min. lang blanchieren und dann abgießen. Nun die Möhren schälen oder schrubben und je nach Größe halbieren oder vierteln.

3 Butter und Öl in einer Form etwa 3–4 Min. im Ofen erhitzen. Das Gemüse gleichmäßig im Fett wenden und 30 Min. im Ofen rösten.

4 Orangensaft, Zucker und grüne Pfefferkörner mischen. Die Form aus dem Ofen nehmen, 1 Min. abkühlen lassen und die Sauce langsam über das Gemüse gießen. Dabei etwas rühren, um sie zu verteilen. Wird sie zu schnell über das Gemüse gegossen, kann das heiße Öl spritzen.

5 Die Form zurück in den Ofen schieben und weitere 20 Min. backen, bis das Gemüse kroß und goldbraun ist. Dann auf eine vorgewärmte Servierplatte legen, mit etwas grobem Salz bestreuen und mit Petersilie garnieren.

STUBENKÜKEN MIT SÜSSKARTOFFEL-CHIPS

Für 4 Personen

ZUTATEN

4 Stubenküken, ca. 275–350 g pro Stück
175–250 ml Hühnerbrühe
175 ml Weißwein
2 EL Zitronensaft
1 EL frisch gehackter oder 2 TL getrockneter Estragon
25 g Butter
2 TL Mehl
Salz und frisch gemahlener schwarzer Pfeffer

FÜR DIE FÜLLUNG:

1 Süßkartoffel, etwa 225 g
1 EL Zitronensaft
25 g Butter oder Margarine
2 Schalotten, fein gehackt
25 g geraspelte Mandeln
50 g eßfertige Aprikosen, in kleine Stücke geschnitten
25 g frische Brösel, weiß oder dunkel
1 TL frisch gehackter Thymian
Salz und frisch gemahlener schwarzer Pfeffer

FÜR DIE SÜSSKARTOFFELCHIPS:

450 g Süßkartoffeln
Saft von 1/2 Zitrone
Mehl zum Wenden
je eine gute Messerspitze Cayennepfeffer, gemahlener Koriander und gemahlener Kreuzkümmel
Öl zum Fritieren

1 Den Ofen auf 180° C vorheizen, die Füllung vorbereiten: Süßkartoffeln schälen und in Wasser mit Zitronensaft gar kochen. Abgießen und mit der Hälfte der Butter zerstampfen.

2 Die restliche Butter schmelzen und die Schalotten darin 2–3 Min. andünsten. Mit den Mandelblättchen weiter dünsten, bis Schalotten und Mandeln goldbraune Flecken annehmen. Jetzt beides mit den Aprikosen, Bröseln, Thymian sowie Salz und Pfeffer unter das Kartoffelpüree mischen.

3 Die Küken locker mit der Masse füllen und in eine Form legen. Brühe mit Weißwein und Zitronensaft in einem kleinen Topf aufkochen und über die Küken gießen.

4 Küken gleichmäßig mit Estragon, Gewürzen und Butterflöckchen bestreuen.

5 Locker mit Alufolie bedecken und 35–45 Min. grillen. In Abständen den Saft über die Küken gießen.

6 Die Kartoffelchips: Erst die Süßkartoffeln schälen, in feine Scheiben schneiden und in Wasser mit Zitronensaft legen. Mehl, Cayennepfeffer, Koriander, Kreuzkümmel und etwas Salz auf einem Teller vermischen.

7 Etwa 10 Min., bevor die Küken fertig sind, das Öl in der Friteuse oder im Wok erhitzen. Die Kartoffelscheiben abgießen, mit Küchenpapier trockentupfen und in dem gewürzten Mehl wenden. Die Scheiben dann in etwa 2–3 Min. goldbraun backen.

8 Sobald die Küken gar sind, die Ofentemperatur auf 220° C erhöhen und unbedeckt noch weitere 5 Min. grillen lassen, bis die Haut gut gebräunt ist. Dann auf eine Servierplatte legen und die Kartoffelchips rundherum arrangieren.

9 Die Bratenflüssigkeit in einem Topf leicht erwärmen. Die restliche Butter mit dem Mehl zu einer Paste verrühren und nach und nach sorgfältig einrühren, damit keine Klümpchen entstehen. Die Sauce in eine Saucière füllen und mit Küken und Chips servieren.

MANIOK-GEMÜSE-KEBAB

EINE AUSWAHL AFRIKANISCHER GEMÜSE, IN SCHARFER KNOBLAUCHSAUCE MARINIERT. WENN SIE KEIN MANIOK BEKOMMEN KÖNNEN, NEHMEN SIE STATTDESSEN SÜSSKARTOFFELN ODER YAMSWURZEL.

Für 4 Personen

ZUTATEN

175 g Maniok
1 Zwiebel, in kleine Halbmonde geschnitten
1 Aubergine, in mundgerechte Stücke geschnitten
1 Zucchini, in Scheiben geschnitten
1 reife Plantain (Kochbanane), in Scheiben geschnitten
1 rote Paprika oder 1/2 rote und 1/2 grüne Paprika, in Stücke geschnitten
16 Kirschtomaten

FÜR DIE MARINADE:

4 EL Zitronensaft
4 EL Olivenöl
3–4 EL Sojasauce
1 EL Tomatenpüree
1 grüne Chili, entkernt und fein geschnitten
1/2 Zwiebel, geraspelt
2 Knoblauchzehen, gepreßt
1 TL Gewürzmischung
1 Messerspitze getrockneter Thymian
Reis oder Couscous als Beilage

1 Maniok schälen, in Stücke schneiden und in einer Schüssel mit kochendem Wasser übergießen. 5 Min. ziehen lassen, gut abgießen.

2 Sämtliche Gemüse mit dem Maniok in eine große Schüssel füllen.

3 Alle Zutaten für die Marinade gut vermengen und über das Gemüse geben. Etwa 1–2 Std. ziehen lassen.

4 Backofen vorheizen, während man abwechselnd Kirschtomaten und Gemüsestücke auf 8 Spieße steckt.

5 Die Spieße im Ofen 15 Min. bei kleiner Hitze grillen, bis das Gemüse gebräunt ist. Öfters wenden und mit der Marinade bestreichen.

6 Unterdessen die restliche Marinade bei kleiner Hitze 10 Min. köcheln lassen, bis sie sich etwas reduziert hat.

7 Die Grillspieße auf eine Servierplatte legen und die Sauce in eine Saucière sieben. Mit Reis oder Couscous servieren.

Gebratene Süsskartoffeln mit Speck

Dieses Gericht ist etwas für kalte Winterabende. Speck und Zwiebeln ergänzen wunderbar die Süsse der Kartoffeln, während Cayennepfeffer die nötige Schärfe dazu gibt.

Für 4 Personen

ZUTATEN

675–900 g Süßkartoffeln
Saft von 1 Zitrone
1 EL Mehl
1 gute Messerspitze Cayennepfeffer
3 EL Sonnenblumenöl
1 große Zwiebel, gehackt
115 g durchwachsener Speck, gewürfelt
50 g frische Brösel, weiß oder dunkel
Salz

1 Geschälte Süßkartoffeln in Stücke von etwa 4 cm Größe schneiden und in Wasser mit Salz und Zitronensaft 8–10 Min. kochen, bis sie bißfest, jedoch nicht zu weich sind.

2 Mehl mit Cayennepfeffer und etwas Salz vermengen. Die Kartoffeln abgießen und mit der Mehlmischung gleichmäßig bestäuben.

3 Etwa 1 EL Öl in der Pfanne erhitzen und die Zwiebel darin andünsten; den Speck bei mittlerer Hitze 6–8 Min. goldbraun anbraten. Mit einem Schöpflöffel herausnehmen und auf einen Teller legen.

4 Die Brösel in der Pfanne 1–2 Min. andünsten, bis auch sie eine goldbraune Färbung annehmen. Ebenfalls auf den Teller zum Speck legen.

5 Das restliche Öl in der Pfanne erhitzen und die Kartoffeln darin 5–6 Min. braten, öfters wenden. Die Brösel-Speck-Mischung hinzufügen und kurz mitdünsten. Sofort servieren.

SCHWARZWURZEL-GRATIN

DER SPINAT VERLEIHT DIESEM GERICHT FARBE UND STRECKT ES. HAT MAN ABER GUTE SCHWARZWURZELN UND DIE GEDULD, SIE ZU SCHÄLEN, NIMMT MAN EINFACH MEHR DAVON UND LÄSST DEN SPINAT WEG. VEGETARIER ERSETZEN DIE HÜHNERBRÜHE DURCH GEMÜSEBRÜHE.

Für 4 Personen

ZUTATEN

450 g Schwarzwurzeln in 5 cm langen Stücken
Saft von 1 1/2 Zitronen
450 g Spinat
150 ml Hühner- oder Gemüsebrühe
300 ml Sahne
Salz und frisch gemahlener schwarzer Pfeffer

1 Die Enden der Schwarzwurzeln abschneiden, die Haut schälen oder abschrubben. Die Wurzeln sofort nach dem Schälen in Zitronenwasser legen, um ein Verfärben zu vermeiden.

2 Den Ofen auf 160° C vorheizen und eine ofenfeste Form ausbuttern. Die Schwarzwurzeln in einen Topf mit kochendem Wasser und Zitronensaft legen und etwa 10 Min. köcheln lassen, bis die Wurzeln gerade weich werden. Abgießen.

3 Spinat in einem Topf bei mittlerer Hitze garen, bis die Blätter zusammenfallen. Brühe, Sahne, Salz und Pfeffer in einem weiteren Topf bei kleiner Hitze erwärmen. Dabei gut umrühren.

4 Schwarzwurzeln und Spinat abwechselnd in die Form schichten und die Brühe-Mischung darübergießen. Im Ofen etwa 1 Std. backen, bis die oberste Schicht goldbraun ist und Blasen wirft.

Rezepte mit Blattgemüse

Lasagne mit Brokkoli und Huhn

Für 6 Personen

ZUTATEN

450 g Brokkoli, in Röschen zerlegt
450 g Hühnerbrust, von Haut und Knochen befreit
1 EL Sonnenblumenöl
25 g Butter
1 Zwiebel, fein gehackt
1 Knoblauchzehe, gehackt
600 ml passierte Tomaten
1/2 TL Thymian
1/2 TL Oregano
etwa 12 vorgekochte Lasagneplatten
275 g Frischkäse
75 g Parmesan, gerieben
225 g Mozzarella, in dünne Scheiben geschnitten
Salz und frisch gemahlener schwarzer Pfeffer

1 Den Ofen auf 180° C vorheizen und eine große, flache Form ausbuttern. Den Brokkoli fast gar dünsten, abgießen und beiseite stellen.

2 Die Hühnerbrust in feine Streifen schneiden. Öl und Butter in einer Pfanne erhitzen und die Streifen darin rundherum goldbraun anbraten. Mit einem Schöpflöffel herausheben und auf einem warmen Teller ebenfalls beiseite stellen.

3 Zwiebel und Knoblauch in der Pfanne 3–4 Min. andünsten, bis sie weich und goldbraun sind. Nun die passierten Tomaten, Thymian, Oregano sowie Salz und Pfeffer einrühren und bei mittlerer Hitze und stetem Rühren noch weitere 3–4 Min. köcheln, bis die Sauce eindickt.

4 Die Hälfte der Tomatensauce in die Form füllen, mit Lasagne bedecken und die Hälfte Huhn sowie Brokkoli darauflegen. Frischkäseflöckchen aufsetzen und mit Parmesan bestreuen. Auf eine neue Schicht Lasagne den Rest Tomatensauce, Hühnchen, Brokkoli und Frischkäse verteilen. Mit Lasagne bedecken.

5 Die Mozzarellascheiben darauf verteilen und mit Parmesan bestreuen. Im Ofen etwa 30–35 Min. backen, bis die Oberfläche goldbraun ist.

Brokkoli-Auflauf

Für 4 Personen

ZUTATEN

25 g Butter oder Margarine
2 Lauchstangen, in dünne Scheiben g'schnitten
25 g Mehl
150 ml Milch
120 ml Wasser
225 g Brokkoli, in Röschen zerlegt
25 g Parmesan
Salz und frisch gemahlener schwarzer Pfeffer

FÜR DIE KRUSTE:

115 g Mehl
1 TL getrocknetes Basilikum
75 g Butter oder Margarine
50 g frische Brösel, weiß oder dunkel
1 Messerspitze Salz

1 Den Ofen auf 190° C vorheizen. Die Butter schmelzen und den Lauch andünsten. Dann das Mehl einrühren und Milch und Wasser hinzufügen. Aufkochen, Brokkoli und Gewürze dazugeben und bei halb geschlossenem Deckel etwa 5 Min. auf kleiner Hitze köcheln lassen.

2 Den Parmesan einrühren und mit Salz und Pfeffer abschmecken. Dann in eine mittelgroße Form gießen.

3 Für die Kruste das Mehl mit Basilikum und Salz, Butter oder Margarine und den Bröseln vermengen. Über das Gemüse streuen und 20–25 Min. offen überbacken, bis die Kruste goldbraun ist.

SPINAT MIT BOHNEN

EIN HERZHAFTES GERICHT FÜR KALTE TAGE. ES KANN MIT FAST ALLEN ARTEN GETROCKNETER HÜLSENFRÜCHTE WIE SCHWARZEN ODER GRÜNEN BOHNEN UND KICHERERBSEN ZUBEREITET WERDEN. DOSENBOHNEN SOLLTE MAN ABGIESSEN UND UNTER FLIESSEND KALTEM WASSER GUT WASCHEN.

Für 4 Personen

ZUTATEN

225 g Bohnen, über Nacht eingeweicht
4 EL Olivenöl
1 Scheibe Weißbrot
1 Zwiebel, fein gehackt
3–4 Tomaten, gehäutet und in Stücke geschnitten
1 Messerspitze Paprika
450 g Spinat
1 Knoblauchzehe, halbiert
Salz und frisch gemahlener schwarzer Pfeffer

1 Die Bohnen abgießen und in einem Topf mit Wasser bedecken. Aufkochen und etwa 10 Min. sieden. Dann Hitze reduzieren und 1 Std. weiter köcheln lassen, bis die Bohnen weich sind. Danach abgießen.

2 In einer Pfanne 2 EL Öl erhitzen und das Weißbrot goldbraun rösten. Auf einen Teller legen.

3 Bei mittlerer Hitze die Zwiebel in 1 EL Öl weich dünsten, nicht bräunen. Dann die Tomaten hinzufügen und köcheln lassen.

4 Das restliche Öl in einer großen Pfanne erhitzen und erst das Paprikapulver, dann den Spinat einrühren. Abdecken und einige Minuten köcheln lassen, bis der Spinat zusammenfällt.

5 Die Zwiebel-Tomaten-Mischung gut in den Spinat einrühren. Zum Schluß die Bohnen ebenfalls untermengen. Brot und Knoblauch im Mixer zu einer glatten Masse schlagen und unter die Spinat-Bohnen-Mischung heben. Etwa 150 ml kaltes Wasser zugeben, abdecken und bei kleiner Hitze 20–30 Min. köcheln lassen. Falls nötig, nach einer Weile noch etwas Flüssigkeit nachgießen.

SPINATROLLE MIT DREI KÄSESORTEN

DIESES GERICHT KOMMT BEI VEGETARIERN UND FLEISCHESSERN GLEICHERMASSEN GUT AN – ES GIBT KAUM JEMANDEN, DER ES NICHT MAG.

Für 4 Personen

ZUTATEN

450 g Spinat
1 EL Sonnenblumenöl
15 g Butter
1 kleine Zwiebel, fein gehackt
175 g Ricotta
115 g Feta in kleinen Würfeln
75 g Gruyère oder Emmentaler, gerieben
1 EL frisch gehackter Kerbel
1 TL frisch gehackter Majoran
Salz und frisch gemahlener schwarzer Pfeffer
5 große oder 10 kleine Blätterteigblätter
40–50 g Butter, geschmolzen

1 Den Ofen auf 190° C vorheizen. Spinat bei mittlerer Hitze 3–4 Min. garen, bis die Blätter zusammenfallen. Dabei gelegentlich schütteln, um ein Ansetzen zu verhindern. Abgießen und die Restflüssigkeit herausdrücken.

2 Öl und Butter erhitzen und die Zwiebel weich dünsten. Vom Herd nehmen und die Hälfte des Spinats mit einem Metallöffel untermengen und dabei etwas zerkleinern.

3 Nun den Ricotta gleichmäßig einrühren. Den restlichen Spinat unterheben und wieder etwas zerkleinern. Anschließend Feta und Gruyère oder Emmentaler untermengen und mit Kerbel, Majoran sowie Salz und Pfeffer abschmecken.

4 Eine Lage Blätterteig auslegen und mit der zerlassenen Butter einpinseln. Kleinere Blätterteiglagen etwa 2,5 cm überlappend nebeneinanderlegen. Die mit Butter bestrichene Lage mit einer neuen Blätterteigschicht belegen und wieder einpinseln, bis 5 Blätterteigschichten übereinander liegen.

5 Die Füllung mit einem Rand von 2,5 cm auf den Teig streichen. Dann die Seiten umschlagen und aufrollen.

6 Blätterteigrolle mit der Naht nach unten auf ein gefettetes Backblech legen und einbuttern. 30 Min. backen, bis der Teig goldbraun wird.

SPINAT-RAVIOLI

HAUSGEMACHTE RAVIOLI BRAUCHEN IHRE ZEIT, ABER DER EINSATZ LOHNT SICH, DA SELBST DIE BESTEN GEKAUFTEN RAVIOLI NIE SO LECKER SCHMECKEN. UM IHRE GANZ BESONDERE FÜLLUNG ZU BEKOMMEN, SOLLTEN SIE MIT VERSCHIEDENEN VERHÄLTNISSEN VON SPINAT UND KÄSE EXPERIMENTIEREN.

Für 4 Personen

ZUTATEN

225 g frischer Spinat
40 g Butter
1 kleine Zwiebel, fein geschnitten
25 g Parmesan, gerieben
40 g Dolcellate, zerbröckelt
1 EL frische gehackte Petersilie
Salz und frisch gemahlener schwarzer Pfeffer
Parmesan am Stück

FÜR DEN NUDELTEIG:

350 g grob gemahlenes Weizenmehl
1/4 TL Salz
2 Eier
1 EL Olivenöl

1 Für den Teig mischt man Mehl und Salz in einer großen Schüssel. Dann Eier, Olivenöl und soviel kaltes Wasser zugeben (etwa 3 EL), bis ein geschmeidiger und doch fester Teig entsteht. Per Hand den Teig etwa 15 Min. gründlich kneten. Mit der Küchenmaschine braucht man nur 1,5 Min. Den Teig dann in einer Plastiktüte mindestens 1 Std. im Kühlschrank kühlen.

2 Den Spinat bei geschlossenem Deckel garen, bis die Blätter zusammenfallen. Abgießen und die restliche Flüssigkeit ausdrücken. Abkühlen lassen und fein hacken.

3 Die Butter schmelzen und die Zwiebel 5–6 Min. andünsten. Zum Spinat geben und zusammen mit Parmesan und Dolcellate-Käse und Gewürzen gut vermischen.

4 Die Hälfte des Teigs etwa 3 mm dick ausrollen, über eine eingefettete Ravioliform breiten und gut in jedes Fach pressen.

5 Etwas Spinat in jedes Fach füllen und mit einer zweiten Lage Ravioli-Teig bedecken. Mit einer Teigrolle gleichmäßig über die Form rollen, um die Ecken gut anzudrücken. Anschließend mit einem Teigrädchen die Ravioli in Stücke schneiden.

6 Die Ravioli in einem großen Topf etwa 4–5 Min. kochen, bis sie zwar weich, doch noch al dente sind. Abgießen, gut abtropfen lassen und die restliche Butter und Petersilie darübergeben.

7 Auf vier Teller verteilen und mit gehobeltem Parmesan garnieren.

KLEINER TIP DER KÖCHIN

Kleine Ravioliformen mit 32 Fächern erfordern den geviertelten Teig, der so dünn wie möglich die Form bedeckt, sonst schmecken die Ravioli zu teigig. Bei einer Form mit 64 Fächern teilen Sie den Teig in zwei Teile.

Blumenkohl- und Shrimps-Tempura

Tempura ist die japanische Art des Fritierens. Feste Gemüsesorten wie Blumenkohl und Brokkoli sollten vorher kurz blanchiert werden, andere Gemüse wie rote und grüne Paprikastreifen oder Champignons werden nur in den Teig getaucht und fritiert.

Für 4 Personen

ZUTATEN

1/2 Blumenkohl
275 g Brokkoli
8 rohe Garnelen
8 Champignons (falls gewünscht)
Sonnenblumen- oder Pflanzenöl zum Fritieren
Zitronenachtel und Korianderzweige zum Garnieren (falls gewünscht)
Sojasauce zum Nachwürzen

FÜR DEN TEIG:

115 g Mehl
1 Messerspitze Salz
2 Eier, getrennt
175 ml Mineralwasser
2 EL Sonnenblumenöl

1 Blumenkohl und Brokkoli in mittlere Röschen teilen und 1–2 Min. blanchieren. Dann abgießen und kurz kalt abschrecken. Garnelen pulen, jedoch die Schwänze ganz lassen. Beiseite stellen.

2 Für den Teig Mehl und Salz in einer Schüssel mischen. Eigelb und Wasser zusammen in das Mehl einrühren, bis eine geschmeidige Masse entsteht.

3 Das Öl einrühren. Separat das Eiweißsteif schlagen und unter die Masse heben. Das Fritieröl auf etwa 190° C erhitzen und einige Gemüsestücke und Garnelen in den Teig tauchen.

4 2–3 Min. fritieren, bis die Stücke goldbraun und knusprig locker sind. Auf einen Teller legen und warmhalten, bis alles fritiert ist.

5 Auf die Teller verteilen; mit Zitronenachteln und Koriander garnieren. Dazu in Schälchen Sojasauce reichen.

KLEINER TIP DER KÖCHIN

Es eignen sich auch Auberginen und Zucchini oder z. B. die jungen Blätter von Blumenkohl oder Sellerie.

GOUGÈRE MIT BLUMENKOHL UND PILZEN

EIN ALLSEITS BELIEBTES VEGETARISCHES GERICHT. FALLS MAN ES FÜR FLEISCHLIEBHABER ZUBEREITET, ERGÄNZT MAN ES MIT SCHINKEN ODER SPECK.

Für 4–6 Personen

ZUTATEN

300 ml Wasser
115 g Butter oder Margarine
150 g Mehl
4 Eier
115 g Gruyère oder Cheddar, fein gewürfelt
1 EL Dijon-Senf
Salz und frisch gemahlener schwarzer Pfeffer

FÜR DIE FÜLLUNG:

200 g Dosentomaten
1 EL Sonnenblumenöl
15 g Butter oder Margarine
1 Zwiebel, gehackt
115 g Champignons, halbiert, falls sehr groß
1 kleiner Blumenkohl, in kleine Röschen zerlegt
1 Thymianzweig
Salz und frisch gemahlener schwarzer Pfeffer

1 Den Ofen auf 200° C vorheizen und eine große ofenfeste Form ausbuttern. Wasser und Butter in einen großen Topf geben und die Butter schmelzen. Vom Herd nehmen und das Mehl mit einem Holzlöffel etwa 30 Sek. gut einrühren, bis eine glatte Masse entsteht. Dann etwas abkühlen lassen.

2 Die Eier nacheinander dazuschlagen und so lange weiterrühren, bis die Masse dick und glänzend ist. Nun Käse, Senf sowie Salz und Pfeffer dazugeben und ringförmig die Form füllen, so daß in der Mitte eine Mulde für die Füllung bleibt.

3 Für die Füllung werden die Tomaten püriert und anschließend in einem Meßbecher mit Wasser bis auf 300 ml aufgefüllt.

4 Öl und Butter in einer feuerfesten Form erhitzen und die Zwiebel darin etwa 3–4 Min. weich dünsten, nicht bräunen. Champignons dazu und weitere 2–3 Min. dünsten, bis sie leicht zu bräunen beginnen. Zum Schluß die Blumenkohlröschen hinzufügen und noch 1 Min. mitdünsten.

5 Tomatensaft, Thymian und Gewürze untermengen und unbedeckt bei mittlerer Hitze etwa 5 Min. köcheln lassen, bis der Blumenkohl gar ist.

6 Jetzt wird die Mischung in die Mitte der Form gelegt und 35–40 Min. gebacken. Der Gougère ist fertig, sobald der Teig aufgegangen und goldbraun geworden ist.

KLEINER TIP DER KÖCHIN

Als Variante können auch Schinken oder Speck dazukommen. Würfeln Sie etwa 100–150 g Schinkenspeck, und mischen Sie ihn am Ende von Arbeitsschritt 5 dazu.

Blumenkohl mit Tomaten »Balti«

»BALTI« HEISST EINE ZUBEREITUNGSART VON FLEISCH UND GEMÜSE AUS NORD-INDIEN. DER NAME BEZEICHNET DIE WOK-ÄHNLICHE PFANNE WIE AUCH DIE VERWENDETEN GEWÜRZE. BESITZEN SIE KEINE BALTI-PFANNE, BEREITEN SIE DAS GERICHT IM WOK ODER IN EINER SCHWEREN BRATPFANNE ZU.

Für 4 Personen

ZUTATEN

2 EL Pflanzenöl
1 Zwiebel, gehackt
2 Knoblauchzehen, gepreßt
1 Blumenkohl, in Röschen geteilt
1 TL gemahlener Koriander
1 TL gemahlener Kreuzkümmel
1 TL gemahlener Fenchel
1/2 TL Garam Masala
1 Messerspitze gemahlener Ingwer
1/2 TL Chilipulver
4 Tomaten, gehäutet, entkernt und geviertelt
175 ml Wasser
175 g frischer Spinat, grob gehackt
1–2 EL Zitronensaft
Salz und frisch gemahlener schwarzer Pfeffer

1 Das Öl in Pfanne oder Wok erhitzen, Zwiebel und Knoblauch darin 2–3 Min. braten, bis die Zwiebeln beginnen zu bräunen. Dann die Blumenkohlröschen hinzufügen und weitere 2–3 Min. braten, bis auch sie bräunen.

2 Koriander, Kreuzkümmel, Fenchel, Garam Masala, Ingwer und Chili dazugeben und unter Rühren 1 Min. stark erhitzen. Die Tomaten mit Wasser, Salz und Pfeffer einrühren. Aufkochen, die Hitze reduzieren und 5–6 Min. bei kleiner Hitze köcheln lassen, bis der Blumenkohl zart wird.

3 Mit dem gehackten Spinat kurz gar kochen, bis auch dieser weich ist. Mit Zitronensaft das Aroma heben und mit Salz und Pfeffer abschmecken.

4 Direkt aus der Pfanne servieren. Dazu passen weitere Gerichte im indischen Stil oder mit Huhn.

PIKANTE BROKKOLI-PASTETCHEN

AUS FRANKREICH KOMMT NICHT NUR DIE QUICHE LORRAINE, SONDERN VIELE VARIANTEN VON PASTETCHEN, GEFÜLLT MIT ZWIEBELN, LAUCH, CHAMPIGNONS UND BROKKOLI. DIESE VERSION IST SEHR EINFACH VORZUBEREITEN UND EIN ELEGANTER AUFTAKT ZU EINEM ABENDESSEN.

Für 8–10 Pastetchen

ZUTATEN

1 EL Öl
1 Lauchstange, fein geschnitten
175 g Brokkoli, in kleine Röschen geteilt
15 g Butter
15 g Mehl
150 ml Milch
50 g Ziegencheddar oder Bauern-Cheddar, gerieben
frischer Kerbel zum Garnieren

FÜR DEN TEIG:

175 g Mehl
75 g Butter
1 Ei
1 Messerspitze Salz

1 Mehl, Salz, Butterflocken und Ei mischen und zu einem glatten Teig verkneten. Falls nötig, etwas kaltes Wasser hinzufügen. In Klarsichtfolie wickeln und im Kühlschrank etwa 1 Std. ruhen lassen.

2 Den Ofen auf 190° C vorheizen. Den Teig 10 Min. auf Zimmertemperatur erwärmen lassen und auf einer leicht bemehlten Fläche ausrollen. Dann 8–10 tiefe Pastetenförmchen mit Teig auslegen und den Boden mehrmals mit einer Gabel einstechen. Im Ofen 10–15 Min. backen, bis der Teig fest und goldbraun ist. Herausnehmen und dann die Temperatur auf 200° C erhöhen.

3 Das Öl im Topf erhitzen und den Lauch 4–5 Min. weich dünsten. Den Brokkoli 1 Min. weiterdünsten, dann mit etwas Wasser ablöschen. Deckel drauf und 3–4 Min. dampfgaren, bis auch der Brokkoli gar ist.

4 Die Butter separat schmelzen, das Mehl einrühren und unter Rühren etwa 1 Min. anschwitzen. Langsam Milch zugießen, zu einer geschmeidigen Sauce verrühren und mit Käse, Salz und Pfeffer abschmecken.

5 Einen Löffel Lauch und Brokkoli in jedes Förmchen einfüllen und etwas Sauce darübergießen. Die Pastetchen mit dem restlichen Käse bestreuen und im Ofen etwa 10 Min. überbacken, bis sie goldbraun sind.

6 Die Törtchen passen in ein Buffet, sind aber auch eine wunderbare Vorspeise. Mit Kerbel garnieren.

MANGOLD-PIROGEN

WIE SPINAT SCHMECKT MANGOLD ALS PIROGENFÜLLUNG WUNDERBAR. DABEI IST ER NICHT SO KOCHEMPFINDLICH, DOCH GEHALTVOLL GENUG, UM ALS HAUPTBESTANDTEIL ZU DIENEN. ETWAS GERIEBENER KÄSE IN DER BUTTER UNTERSTREICHT DEN GESCHMACK.

Für 4 Personen

ZUTATEN

675 g Mangold
25 g Butter oder Margarine
1 Zwiebel, fein gehackt
75 g durchwachsener Speck, gewürfelt
50 g Gruyère, gerieben
25 g frische Brösel, weiß oder dunkel
6 EL Sahne
Salz und frisch gemahlener schwarzer Pfeffer

FÜR DEN TEIG:

275 g Mehl
150 g Butter oder Margarine
1 Prise Salz
1 geschlagenes Ei zum Bestreichen des Teigs

1 Teig: gesalzenes Mehl in einer Rührschüssel mit Butterflocken und etwas kaltem Wasser zu einem glatten Teig verkneten. In Klarsichtfolie einwickeln und 30 Min. im Kühlschrank ruhen lassen.

2 Die Mangoldstengel abschneiden und Blätter und Stengel grob hacken. In einem schweren Topf bei kleiner Hitze etwa 6–8 Min. dünsten, bis die Stengel zart sind und die Blätter zusammenfallen. Den Topf gelegentlich schütteln, um ein Ansetzen zu vermeiden. Danach abgießen und in einer Schale abkühlen lassen.

3 Die Butter schmelzen und die Zwiebel mit Speck darin 4–5 Min. anbraten, bis die Zwiebel leicht gebräunt, der Speck aber goldbraun ist.

4 Nun Zwiebel und Speck mit Käse, Bröseln, Sahne, Salz, Pfeffer und mit dem Mangold vermengen. Den Ofen auf 200° C vorheizen.

5 Den Teig in vier Stücke teilen und kreisrund ausrollen. Die Füllung in die Mitte legen und die Teigränder anfeuchten. Den Teig von zwei Seiten hochklappen und zusammendrücken. Mit Ei bestreichen und auf geöltem Backpapier etwa 15–20 Min. backen, bis der Teig schön goldbraun ist.

KNACKIGER WEISSKOHLSALAT MIT PESTO-MAYONNAISE

NATÜRLICH KANN MAN PESTO UND MAYONNAISE SELBST ZUBEREITEN. WENN DIE ZEIT KNAPP IST, DÜRFEN SIE ABER BEIDES RUHIG FERTIG KAUFEN. DAS DRESSING IMMER ERST KURZ VOR DEM SERVIEREN DAZUGEBEN, WEIL DER WEISSKOHL SONST DURCHWEICHT.

Für 4–6 Personen

ZUTATEN

1 kleiner oder 1/2 mittelgroßer Weißkohl
3–4 Möhren, geraspelt
4 Frühlingszwiebeln, fein geschnitten
25–40 g Pinienkerne
1 EL frisch gehackte Kräuter, z. B. Petersilie, Basilikum und Kerbel

FÜR DIE PESTO-MAYONNAISE:

1 Eigelb
2 TL Zitronensaft
200 ml Sonnenblumenöl
2 TL Pesto
4 EL Naturjoghurt
Salz und frisch gemahlener schwarzer Pfeffer

1 Für die Mayonnaise das Eigelb mit dem Zitronensaft im Mixer schlagen. Bei laufender Maschine das Öl erst langsam, und sobald die Mayonnaise eindickt, etwas zügiger hineinträufeln. Mit Salz, Pfeffer und Zitrone abschmecken. Mayonnaise läßt sich aber auch per Hand anrühren.

2 Etwa 5 EL Mayonnaise in einer Schüssel mit Pesto und Joghurt zu einem geschmeidigen, flüssigen Dressing schlagen. (Die restliche Mayonnaise hält in einem Glas mit Schraubverschluß im Kühlschrank noch etwa 3–4 Wochen.)

3 Mit einer Küchenmaschine oder einem scharfen Messer wird der Weißkohl in feine Streifen geschnitten und in eine Salatschüssel gelegt.

4 Möhren, Frühlingszwiebeln, Pinienkerne und Kräuter mit dem Weißkohl vermischen. Das Pesto-Dressing über den Salat geben oder separat servieren.

Pasta mit Wirsing und Gruyère

Ein einfaches und preiswertes Gericht mit einer überraschenden Kombination von knackigem Kohl und Pasta.

Für 4 Personen

ZUTATEN

1 kleiner Wirsing oder Spitzkohl, fein geschnitten
25 g Butter
1 kleine Zwiebel, gehackt
350 g Pasta, z. B. Tagliatelle, Fettucini oder Penne
1 EL frisch gehackte Petersilie
150 ml Sahne
50 g Gruyère oder Cheddar, gerieben
etwa 300 ml heiße Gemüse- oder Hühnerbrühe
Salz und frisch gemahlener schwarzer Pfeffer

1 Den Ofen auf 180° C vorheizen und eine große Form ausbuttern. Den Kohl in eine Schüssel legen.

2 Butter zum Schmelzen bringen und die Zwiebel darin goldbraun dünsten; über den Kohl geben.

3 Die Pasta nach Packungsangaben fast al dente kochen.

4 Pasta gut abtropfen lassen und mit dem Kohl vermischen, dann die Petersilie untermengen und alles in die vorbereitete Form füllen.

5 Sahne und Käse mischen und die heiße Brühe einrühren. Abschmecken und über die Pasta mit Kohl gießen, so daß die Flüssigkeit halbhoch in der Form steht. Falls nötig, weitere Brühe zugeben.

6 Fest mit Alufolie abdecken und im Ofen 30–35 Min. backen, bis der Kohl weich wird und die Flüssigkeit brodelt. In den letzten 5 Min. die Folie entfernen, so daß die Oberfläche bräunen kann.

Stengelkohl mit Parmesan und Knoblauch

Stengelkohl hat einen besonderen Geschmack und lässt sich sehr gut mit z. B. Zwiebeln, Knoblauch oder Parmesan kombinieren. Da er ohnehin sehr zart ist, braucht er nicht lange zu kochen.

Für 4 Personen

ZUTATEN

3 EL Olivenöl
2 Knoblauchzehen, gepreßt
4 Frühlingszwiebeln, geschnitten
350 g Stengelkohl, fein geschnitten und ohne Stiel
50 g Parmesan, gerieben
Salz und frisch gemahlener schwarzer Pfeffer
gehobelter Parmesan zum Garnieren

1 Öl in einem großen Topf erhitzen und den Knoblauch darin einige Sek. andünsten. Dann die Frühlingszwiebeln zugeben und 2 Min. braten, bevor der Stengelkohl untergemengt wird.

2 Einige Minuten dünsten, bis die Blättchen mit Öl überzogen sind, und dann mit etwas Wasser ablöschen. Aufkochen und köcheln lassen, bis die Blättchen zart sind. Umrühren, es muß immer Flüssigkeit im Topf sein.

3 Die Flüssigkeit nochmals aufkochen und verdampfen lassen. Nun den geriebenen Parmesan untermischen, mit einigen Parmesanflocken garnieren und sofort auftragen.

MIT PAPRIKA GEFÜLLTE KOHLRABI

FALLS MAN KOHLRABI NOCH NIE PROBIERT HAT ODER NUR AUS EINTÖPFEN KENNT, IN DENEN SEIN AROMA OFT UNTERGEHT, EMPFEHLE ICH DIESES REZEPT. DER LEICHT PIKANTE GESCHMACK DES PAPRIKA KONTRASTIERT WUNDERBAR MIT DEM EHER ERDIGEN AROMA DES KOHLRABI.

Für 4 Personen

ZUTATEN

4 kleine Kohlrabi, etwa 175–225 g pro Stück
etwa 400 ml heiße Gemüsebrühe
1 EL Oliven- oder Sonnenblumenöl
1 Zwiebel, gehackt
1 kleine rote Paprika, entkernt und in feine Streifen geschnitten
1 kleine grüne Paprika, entkernt und in feine Streifen geschnitten
Salz und frisch gemahlener schwarzer Pfeffer
glatte Petersilie zum Garnieren

1 Den Ofen auf 180° C vorheizen. Die Kohlrabi säubern, dann oben einen Deckel abschneiden und wieder aufsetzen. Knollen in eine mittelgroße ofenfesten Form stellen.

2 Mit Brühe angießen, bis das Gemüse darin steht. Abdecken und im Ofen 30 Min. garen, bis die Kohrabi weich sind. Auf einem Teller abkühlen lassen. Die Brühe beiseite stellen.

3 Das Öl erhitzen und die Zwiebel bei mittlerer Hitze etwa 3–4 Min. andünsten. Die Paprikastreifen hinzufügen und weitere 2–3 Min. mitdünsten, bis die Zwiebel leicht gebräunt ist.

4 Die Gemüsebrühe zugießen und etwas würzen. Abdecken und bei kleiner Hitze köcheln lassen, bis die Flüssigkeit fast verdampft ist.

5 Nun mit einem Löffel das Fleisch aus den Kohlrabi schaben und grob hacken. Das Fleisch in die Zwiebel-Paprika-Pfanne geben, nochmals abschmeckenund die Kohlrabi in eine flache ofenfeste Form setzen.

6 Die Zwiebel-Paprika-Masse in die Kohrabi füllen und alles im Ofen etwa 5–10 Min. gut erhitzen. Dann mit glatter Petersilie servieren.

GESCHMORTER ROSENKOHL

Für 4 Personen

ZUTATEN

450 g Rosenkohl
1 EL Sonnenblumenöl
6–8 Frühlingszwiebeln, in 2,5 cm lange Stücke geschnitten
2 Scheibchen frischer Ingwer
40 g Mandelsplitter
150–175 ml Gemüse- oder Hühnerbrühe
Salz

1 Vom Rosenkohl äußere Blättchen und Strunk entfernen. In etwa fingerdicke Scheibchen schneiden.

2 Öl in einer schweren Pfanne oder im Wok erhitzen und den Ingwer mit Frühlingszwiebeln darin andünsten. Dabei ständig umrühren. Nun Hitze reduzieren, die Mandeln zufügen und weiterdünsten, bis Zwiebeln und Mandeln leicht gebräunt sind.

3 Den Ingwer herausnehmen und wegwerfen. Die Hitze weiter reduzieren und den Rosenkohl hinzufügen. Einige Min. braten, dann die Brühe zugießen und 5–6 Min. köcheln lassen, bis der Rosenkohl fast gar ist.

4 Nach Geschmack etwas salzen und bei größerer Hitze die überschüssige Flüssigkeit reduzieren. In vorgewärmte Teller füllen und sofort servieren.

ROSENKOHL-GRATIN

Für 4 Personen

ZUTATEN

15 g Butter
150 ml Schlagsahne
150 m Milch
25 g Parmesan, gerieben
675 g Rosenkohl, in feine Scheiben geschnitten
1 Knoblauchzehe, fein gehackt
Salz und frisch gemahlener schwarzer Pfeffer

1 Den Ofen auf 150° C vorheizen und eine flache Form ausbuttern. Sahne, Milch und Parmesan verrühren und mit Salz und Pfeffer abschmecken.

2 Eine Schicht Rosenkohl in die Form legen, mit Knoblauch bestreuen und 1/4 der cremigen Mischung darübergießen. Mit einer neuen Lage Rosenkohl wie zuvor verfahren. Mit einer Schicht der Sahne-Milch-Mischung abschließen.

3 Mit Backpapier bedeckt 1 Std. backen. Nach der Hälfte der Zeit das Papier entfernen und den Rosenkohl in die Sahne-Milch drücken. Backen, bis die Oberfläche gebräunt ist.

Pak-Choi mit Limonen-Dressing

Für dieses feurige Thai-Rezept wird das Kokosnuss-Dressing mit Fischbrühe hergestellt. Vegetarier können aber auch Pilzbrühe verwenden. Vorsicht, das Gericht ist sehr scharf!

Für 4 Personen

ZUTATEN

6 Frühlingszwiebeln
2 Köpfe Pak-Choi
2 EL Öl
3 frische rote Chilischoten, in feine Streifen geschnitten
4 Knoblauchzehen, fein gehackt
1 TL gehackte Erdnüsse

FÜR DAS DRESSING:

1–2 TL Fischsauce (oder Pilzsauce)
2 TL Limonensaft
250 ml Kokosmilch

1 Dressing: Die Fisch- oder Pilzbrühe wird mit Limonensaft verrührt und dazu die Kokosmilch gegeben.

2 Die Frühlingszwiebeln bis auf die grünen Spitzen diagonal in Scheiben schneiden.

3 Mit einem großen Messer die Pak-Choi in feine Streifen schneiden.

4 Das Öl erhitzen und die Chilis für 2–3 Min. kroß braten. Auf einem Teller beiseite stellen.

5 Dann den Knoblauch 30–60 Sek. goldbraun anbraten und mit den Chilis vermischen.

6 Die weißen Teile der Frühlingszwiebeln 2–3 Min. braten und dann die grünen Spitzen dazugeben und 1 Min. braten. Dann auf den Teller zu Knoblauch und Chilis geben.

7 Einen großen Topf Salzwasser aufkochen, die Pak-Choi zweimal umrühren und sofort abgießen.

8 Den warmen Pak-Choi in einer Schüssel mit dem Kokosnuß-Dressing mischen. In eine Servierschale umfüllen und mit gehackten Erdnüssen und Chili-Mischung bestreuen. Kann warm oder kalt serviert werden.

KLEINER TIP DER KÖCHIN

Kokosmilch in Dosen gibt es in großen Supermärkten oder Asien-Shops. Man kann auch Kokoscreme verwenden: Etwa 115 g mit ca. 250 ml kochendem Wasser verrühren, bis die Creme gelöst ist.

GEFÜLLTE WEINBLÄTTER

GEFÜLLTE WEINBLÄTTER SIND EIN TYPISCH GRIECHISCHES GERICHT. STATT FRISCHER WEINBLÄTTER KANN MAN AUCH ABGEPACKTE BLÄTTER IN SALZLAKE VERWENDEN. IN JEDEM FALL DIE BLÄTTER 20 MINUTEN IN HEISSEM WASSER EINWEICHEN UND DANN GUT TROCKNEN, BEVOR SIE VERARBEITET WERDEN.

Für 20–24 Weinblätter

ZUTATEN

20–30 frische junge Weinblätter
2 EL Olivenöl
1 große Zwiebel, fein gehackt
1 Knoblauchzehe, gepreßt
225 g gekochter Langkornreis, oder halb und halb Wildreis mit weißem Reis
3 EL Pinienkerne
1 TL Mandelblättchen
40 g Sultaninen
1 EL gehackten Schnittlauch
1 EL frische, fein gehackte Minze
Saft von 1/2 Zitrone
150 ml Weißwein
heiße Gemüsebrühe
Salz und frisch gemahlener schwarzer Pfeffer
Minzezweig zum Garnieren
griechischer Joghurt zum Servieren

1 Einen großen Topf mit Wasser zum Kochen bringen und die frischen Weinblätter darin 2–3 Min. kochen. Nach etwa 1 Min. werden sie dunkel und weich. 1 Min. weiterköcheln, bis sie sich gut falten lassen. Abgepackte Weinblätter legt man in eine große Schüssel und bedeckt sie mit kochendem Wasser. Einige Min. stehen lassen, bis sich die Blätter leicht trennen lassen. Dann unter kaltem Wasser abspülen und auf Küchenpapier trocknen.

2 Bei schwacher Hitze Zwiebel und Knoblauch in Öl 3–4 Min. weichdünsten.

3 Die Zwiebel-Knoblauch-Mischung in einer Schüssel mit dem gekochten Reis mischen.

4 Dann 2 EL Pinienkerne, Mandeln, Sultaninen, Schnittlauch, Minze, Zitrone und Gewürze untermischen.

5 Ein Weinblatt auf eine saubere Fläche legen, Blattrippen nach oben. Einen Löffel der Füllung in Stielnähe auf das Blatt legen, von unten aufrollen und dabei die Seiten einschlagen. Die restlichen Blätter ebenso füllen.

6 Den Boden eines großen Topfes mit vier Weinblättern flach auslegen. Die gefüllten Blätter mit der Naht nach unten dicht darüberschichten.

7 Wein und Brühe einfüllen, bis die Röllchen knapp bedeckt sind. Einen Teller auf die Blätter legen, damit sie nicht aufschwimmen. Bei mittlerer Hitze 30 Min. köcheln. Flüssigkeit gelegentlich prüfen.

8 Die Weinblätter herausheben und abkühlen lassen. Mit Pinienkernen, Minze und Joghurt servieren.

Rezepte mit Hülsenfrüchten

Lamm mit Dicken Bohnen und Couscous

Für 4 Personen

ZUTATEN

2–3 EL Pflanzenöl
350 g mageres Lammfleisch, in Würfel geschnitten
3 gehäutete Hühnerteile, in große Stücke geschnitten
1 große Zwiebel, gehackt
2 Knoblauchzehen, gepreßt
3 Möhren, in ca. 4 cm lange Stücke geschnitten
1 kleine Pastinake, in grobe Stücke geschnitten
4 Tomaten, gehäutet und gehackt
400 ml Hühnerbrühe
1 Zimtstange
1/2 TL gemahlener Ingwer
1 Thymianzweig
1 kleine Paprika rot oder grün, entkernt und in feine Streifen geschnitten
225 g Dicke Bohnen ohne Schote
1–2 TL Tabasco oder Chilisauce
Salz und frisch gemahlener schwarzer Pfeffer

FÜR DAS COUSCOUS:

400 g Couscous
1 EL Olivenöl
Messerspitze Salz

1 In einer Kasserole 2 EL Öl erhitzen und das Lamm darin braun anbraten. Abtropfen lassen und auf einen Teller legen. Dann mit dem Huhn ebenso verfahren und zum Lamm auf den Teller legen.

2 Einen Eßlöffel Öl hinzufügen und Zwiebel und Knoblauch 4–5 Min. goldbraun anbraten. Mit den Möhren und Pastinaken einige Min. braten, bevor Tomaten, Brühe, die Zimtstange sowie Ingwer, Thymian, Salz, Pfeffer und das Fleisch untergemengt werden. Kurz aufkochen, dabei umrühren, abdecken, die Hitze reduzieren und 45–60 Min. köcheln lassen, bis das Fleisch sehr zart ist.

3 In der Zwischenzeit Olivenöl und Salz gut mit dem Couscous in einer großen Schüssel vermengen. 120 ml warmes Wasser einrühren und das Couscous 5-10 Min. quellen lassen. Dann in ein Sieb füllen, in den Topf über das Gemüse hängen und bei geschlossenem Deckel 15 Min. dampfgaren.

4 Paprikastreifen und Bohnen 10 Min. vor Schluß unter das Gemüse heben und ziehen lassen.

5 Kurz vor dem Servieren etwa 150 ml des Gemüsewassers in einen kleinen Topf füllen. Etwas Tabasco dazufügen und leicht erhitzen. Nach Belieben mehr Tabasco oder Chilisauce unterrühren. In eine vorgewärmte Saucière füllen.

6 Das Couscous auf eine große Servierplatte füllen und den Eintopf darüberlegen. Mit der scharfen Sauce servieren.

Dicke Bohnen nach Bauernart

Für 4 Personen

ZUTATEN

1 EL Olivenöl
1 Zwiebel, fein gehackt
75 g magerer Schinken, fein gewürfelt
350 g Dicke Bohnen ohne Schote
2 kleine Köpfe Little Gem, klein geschnitten
75 ml Hühner- oder Gemüsebrühe
50 ml Sahne
Salz und frisch gemahlener schwarzer Pfeffer
1 Minze- oder Kerbelzweig zum Garnieren

1 Zwiebel und Schinken in Öl weichdünsten. Mit Bohnen und Salat bei kleiner Hitze etwa 6–8 Min. köcheln. Gelegentlich umrühren.

2 Brühe, Sahne und Gewürze einrühren und 20–30 Min. köcheln lassen. Ab und zu vorsichtig umrühren, ohne die Bohnen zu zerdrücken.

3 Auf einer Servierschale mit Minze oder Kerbel garnieren. Dazu gibt es gegrilltes Fleisch oder ein Omelette.

Kleiner Tip der Köchin

Alte Bohnen haben oft zähe Schalen: Bohnen blanchieren, die Haut abziehen und nur das Innere verwenden.

ERBSEN MIT PERLZWIEBELN IN SAHNE

AM BESTEN FRISCHE ERBSEN UND PERLZWIEBELN VERWENDEN. STATT DER FRISCHEN ERBSEN KÄMEN VIELLEICHT NOCH TIEFGEFRORENE IN BETRACHT, UND STATT DER ZWIEBELN KÖNNEN SIE DIE WEISSEN TEILE VON FRÜHLINGSZWIEBELN VERWENDEN.

Für 4 Personen

ZUTATEN

175 g Perlzwiebeln
15 g Butter
900 g frische Erbsen (ohne Schoten oder tiefgefroren etwa 350 g)
150 ml Sahne
15 g Mehl
2 TL frisch gehackte Petersilie
1–2 EL Zitronensaft (falls gewünscht)
Salz und frisch gemahlener schwarzer Pfeffer

1 Zwiebeln schälen und eventuell halbieren. Die Butter in einer Kasserole schmelzen und die Zwiebeln bei mittlerer Hitze etwa 5–6 Min. andünsten, bis sie zu bräunen beginnen.

2 Die Erbsen einige Min. mitbraten. Dann 120 ml Wasser hinzufügen und aufkochen. Deckel halb schließen und 10 Min. köcheln lassen, bis die Zwiebeln und Erbsen weich sind. Nachgießen, wenn zu wenig Wasser im Topf ist bzw. Deckel öffnen und die Hitze erhöhen, um überschüssiges Wasser zu verdampfen.

3 Mit einem kleinen Schneebesen das Mehl mit der Sahne verrühren. Die Kasserole vom Herd nehmen und die Sahnemischung sowie Petersilie und Gewürze untermengen.

4 Bei kleiner Hitze 3–4 Min. köcheln lassen, bis die Sauce eindickt. Nochmals abschmecken und je nach Geschmack etwas Zitronensaft zugeben.

Hühnerbrust mit Zuckerschoten

Zuckerschoten haben ein so delikates, frisches Aroma, dass man sie nur möglichst kurz garen und mit Butter oder einer Vinaigrette anbieten sollte. Schmorgerichte profitieren von ihrer frischen Farbe und dem angenehmen Biss.

Für 4 Personen

ZUTATEN

4 Hühnerbrüste, gehäutet und ohne Knochen
225 g Zuckerschoten
3 EL Pflanzenöl und zusätzlich etwas Öl zum Braten
3 Knoblauchzehen, fein gehackt
etwa 2,5 cm frischer Ingwer, gerieben
5–6 Frühlingszwiebeln, in 4 cm lange Stücke geschnitten
2 TL Sesamöl

FÜR DIE MARINADE:

1 TL Maismehl
1 EL leichte Sojasauce
1 EL Sherry medium dry
1 EL Pflanzenöl

FÜR DIE SAUCE:

1 TL Maismehl
2–3 TL dunkle Sojasauce
120 ml Hühnerbrühe
2 EL Austernsauce
gekochter Reis als Beilage

1 Das Hühnerfleisch in Streifen schneiden. Für die Marinade das Maismehl mit der Sojasauce mischen, dann Sherry und Öl einrühren. Die Marinade über das Huhn gießen und die Teile darin gleichmäßig wenden. Etwa 30 Min. stehen lassen.

2 Die Zuckerschoten putzen und in einem Topf mit kochendem Salzwasser kurz bißfest garen, dann abgießen und unter kaltem, fließendem Wasser abschrecken.

3 Für die Sauce: Maismehl, Sojasauce, Brühe und Austernsauce gut verrühren und beiseite stellen.

4 Das Öl in einer Friteuse erhitzen, das Huhn abtropfen lassen und etwa 30 Sek. braun fritieren. Mit einem Schöpflöffel herausheben und auf einen Teller geben.

5 1 EL Pflanzenöl im Wok erhitzen und Knoblauch mit Ingwer 30 Sek. darin andünsten. Zuckerschoten 1–2 Min. darin schmoren. Alles auf einem Teller warmhalten.

6 Das restliche Öl im Wok etwa 1–2 Min. erhitzen und die Frühlingszwiebeln darin 1–2 Min. schmoren. Mit dem Huhn weitere 2 Min. schmoren und die Sauce darübergießen. Hitze reduzieren und so lange köcheln lassen, bis die Sauce eindickt und das Hühnchen gar ist.

7 Zum Schluß das Sesamöl unterrühren und die Sauce über die Zuckerschoten gießen. Mit gekochtem Reis servieren.

SALAT AUS GRÜNEN BOHNEN

SCHON MIT EINER EINFACHEN VINAIGRETTE IST BOHNENSALAT DELIKAT. DIESES REZEPT IST ETWAS AUFWENDIGER, HEBT ABER DEN FRISCHEN GESCHMACK DER BOHNEN BESONDERS HERVOR.

Für 4 Personen

ZUTATEN

450 g grüne Bohnen
1 EL Olivenöl
25 g Butter
1/2 Knoblauchzehe, gepreßt
50 g frische Weißbrotbrösel
1 EL frisch gehackte Petersilie
1 Ei, hartgekocht und fein gehackt

FÜR DAS DRESSING:

2 EL Olivenöl
2 EL Sonnenblumenöl
2 TL Weißweinessig
1/2 Knoblauchzehe, gepreßt
1/4 TL französischer Senf
je 1 Prise Zucker und Salz

1 Die Bohnen putzen und in Salzwasser etwa 5–6 Min. fast weichkochen. Abgießen und in kaltem Wasser abschrecken. In eine Servierschüssel füllen.

2 Dressing: Oliven- und Sonnenblumenöl mit Essig, Knoblauch, Senf, Zucker und Salz verrühren. Über die Bohnen gießen und unterheben.

3 Öl und Butter in einer Pfanne erhitzen und Knoblauch 1 Min. andünsten. Die Brösel bei mittlerer Hitze goldbraun rösten, dabei ständig mit einem Holzlöffel umrühren.

4 Die Pfanne vom Herd nehmen und Petersilie sowie das Ei untermengen. Mit der Saucenmischung über den Bohnen warm oder bei Zimmertemperatur servieren.

KLEINER TIP DER KÖCHIN

Der Salat wird mit Kartoffeln gehaltvoller. 450 g neue Kartoffeln abgekühlt in die Bohnen schneiden.

GRÜNE BOHNEN MIT SPECK UND SAHNE

Für 4 Personen

ZUTATEN
350 g grüne Bohnen
50–75 g Schinkenspeck, fein gewürfelt
25 g Butter oder Margarine
1 EL Mehl
350 ml Milch und Sahne, gemischt
Salz und frisch gemahlener schwarzer Pfeffer

1 Den Ofen auf 190° C vorheizen. Die Bohnen putzen und in leicht gesalzenem Wasser etwa 5 Min. kochen, bis sie fast weich sind. Abgießen und in eine ofenfeste Form füllen.

2 Den Schinkenspeck in einer Pfanne ohne Öl knusprig braun braten und unter die Bohnen mengen.

3 Butter oder Margarine in einem Topf schmelzen, das Mehl und die Milch-Sahne-Mischung unterrühren, bis eine glatte, cremige Sauce entsteht. Abschmecken.

4 Die Sauce über die Bohnen gießen und vorsichtig unterheben. Mit Alufolie locker abdecken und im Ofen 15–20 Min. backen.

Stangenbohnen mit Knoblauch

Junge weisse Bohnen und Knoblauch geben diesem schlichten Gericht eine entschieden französische Note. Es empfiehlt sich als Beilage zu gegrilltem Lamm- oder Kalbfleisch.

Für 4 Personen

ZUTATEN

225 g junge weiße Bohnen
1 EL Olivenöl
25 g Butter
1 Zwiebel, fein gehackt
1–2 Knoblauchzehen, gepreßt
3–4 Tomaten, gehäutet und fein geschnitten
350 g Stangenbohnen, geputzt und geschnitten
150 ml Weißwein
150 ml Gemüsebrühe
2 EL frisch gehackte Petersilie
Salz und frisch gemahlener schwarzer Pfeffer

1 Die Stangenbohnen in einem großen Topf mit Wasser aufkochen und 45–60 Min. sieden, abgießen.

2 Öl und Butter in einer großen Pfanne erhitzen und den Knoblauch mit den Zwiebeln darin weichdünsten. Die Tomatenstücke dazu und bei kleiner Hitze weichköcheln.

3 Nun die weißen Bohnen sowie die Stangenbohnen, Wein, Brühe und etwas Salz mit den Tomaten vermengen, umrühren und bei kleiner Hitze 5–10 Min. garköcheln.

4 Den Fond reduzieren, die Petersilie unterrühren und nach Geschmack mit Salz und Pfeffer würzen.

OKRAGEMÜSE AUF INDISCHE ART

IN INDISCHEN RESTAURANTS SIND OKRA (BHINDI) OFT NUR EINE WEICHE MASSE. OKRA MUSS FRISCH ZUBEREITET WERDEN. WEDER VERKOCHEN NOCH ZU LANGE STEHEN LASSEN! WIE KÖSTLICH DIESES EXOTISCHE GEMÜSE SCHMECKEN KANN, ZEIGT SICH, WENN MAN ES SELBST ZUBEREITET.

Für 4 Personen

ZUTATEN

350 g Okra
2 kleine Zwiebeln
2 Knoblauchzehen, gepreßt
1 cm frischer Ingwer
1 grüne Chili, entkernt
2 TL gemahlener Kreuzkümmel
2 TL gemahlener Koriander
2 EL Pflanzenöl
Saft von 1 Zitrone

1 Die Okra putzen und in 1 cm dicke Stücke schneiden. Eine Zwiebel grob schneiden und im Mixer mit Knoblauch, Ingwer, Chili und 6 EL Wasser zu einer Paste schlagen. Dann Kreuzkümmel und Koriander zufügen und nochmals kurz durchmixen.

2 Die restliche Zwiebel halbieren und in feine Scheiben schneiden. In Öl 6–8 Min. goldbraun braten. Mit einem Schöpflöffel auf einen Teller heben.

3 Hitze reduzieren und Knoblauch-Ingwer-Paste hinzufügen. 2–3 Min. köcheln lassen und dabei ständig umrühren. Dann die Okrastücke, Zitronensaft und 7 EL Wasser zugeben. Gut umrühren und Deckel schließen. Bei kleiner Hitze 10 Min. köcheln, bis alles zart wird. Auf einer Servierplatte anrichten, mit den angebratenen Zwiebelringen bestreuen und sofort servieren.

»MAIS-NUGGET-SÄCKCHEN«

DIESE PIKANTEN PASTETCHEN SIND EINFACH ZUBEREITET UND SCHMECKEN NACH MEHR. BEI UNS GEHEN DIESE SÄCKCHEN WEG WIE DIE SPRICHWÖRTLICHEN »WARMEN SEMMELN«.

Für 18–20 Plätzchen

ZUTATEN

250 g Gemüsemais
115 g Feta
1 Ei, geschlagen
2 EL Schlagsahne, geschlagen
15 g Parmesan, gerieben
3 Frühingszwiebeln, fein geschnitten
8–10 kleine Scheiben Brickteig
115 g Butter, geschmolzen
frisch gemahlener schwarzer Pfeffer

1 Den Ofen auf 190° C vorheizen und zwei Pastetenformen ausbuttern.

2 Bei frischem Mais die Maiskörner mit einem scharfen Messer vom Kolben streifen und in leicht gesalzenem Wasser 3–5 Min. weichköcheln. Dosenmais wird unter fließend kaltem Wasser gut gewaschen und danach abgetrocknet.

3 Den Feta in eine Schale krümeln und mit Mais, Ei, Sahne, Parmesan und Frühlingszwiebeln gut vermischen. Mit Pfeffer abschmecken.

4 Die Brickteigblätter zu Quadraten halbieren, restliche Blätter mit einem feuchten Tuch bedecken. Das Teigquadrat mit geschmolzener Butter einstreichen und die vier Ecken zur Mitte hin falten.

5 Einen gehäuften Teelöffel Füllung in die Mitte des Teigs setzen und das Blatt gut zusammendrücken, so daß man ein kleines »Säckchen« hat.

6 Übrige Teigblätter wie oben zubereiten, bis die Füllung verbraucht ist. Die Außenseiten der Säckchen mit der restlichen Butter bestreichen und etwa 15 Min. goldbraun backen. Heiß servieren.

MAIS-MUSCHEL-TOPF

FRISCHER MAIS AUS DEM EIGENEN GARTEN WÄRE SICHERLICH DIE IDEALE ZUTAT FÜR DIESES GERICHT, DOCH KANN MAN NATÜRLICH AUCH TIEFGEFRORENEN ODER DOSENMAIS NEHMEN. DIE SUPPE IST EIN VOLLWERTIGES GERICHT, BEISPIELSWEISE FÜR EIN MITTAGESSEN.

Für 4–6 Personen

ZUTATEN

2 Maiskolben oder 200 g tiefgefrorener oder Dosenmais
600 ml Milch
15 g Butter oder Margarine
1 kleine Lauchstange oder Zwiebel, fein geschnitten
40 g durchwachsener Schinkenspeck, fein gehackt
1 kleine Knoblauchzehe, gepreßt
1 kleine grüne Paprika, entkernt und in kleine Stücke geschnitten
1 Selleriestange, in feine Scheibchen geschnitten
1 mittelgroße Kartoffel, in Stückchen geschnitten
1 EL Mehl
300 ml Hühner- oder Gemüsebrühe
4 Jakobsmuscheln
115 g frische gekochte Miesmuscheln
eine Messerspitze Paprika
150 ml Sahne (falls gewünscht)
Salz und frisch gemahlener schwarzer Pfeffer

1 Mit einem scharfen Messer die Maiskörner vom Kolben streifen. Die Hälfte im Mixer mit etwas Milch pürieren.

2 Butter schmelzen und Lauch bzw. Zwiebel mit Speck und Knoblauch 4–5 Min. andünsten, bis der Lauch weich, jedoch nicht braun ist. Mit Paprika, Sellerie und Kartoffeln weitere 3–4 Min. bei mittlerer Hitze und unter stetigem Rühren anschwitzen.

3 Das Mehl einrühren und 1–2 Min. köcheln lassen, bis die Mischung schaumig ist. Nach und nach die Milch-Mais-Mischung, Brühe, restliche Milch sowie Maiskörner und Gewürze hinzufügen.

4 Aufkochen, dann die Hitze reduzieren und mit halb geöffnetem Deckel das Gemüse in 15–20 Min. garkochen lassen.

5 Die Schale von den Jakobsmuscheln lösen und das weiße Fleisch in dünnen Scheiben in die Suppe schneiden. 4 Min. köcheln lassen. Dann Miesmuscheln und Paprika hinzufügen und erwärmen, bevor die Sahne eingerührt wird. Nochmals abschmecken und heiß servieren.

REZEPTE MIT KÜRBIS UND GURKEN

RISOTTO MIT KÜRBIS UND ZWIEBELN

Für 4 Personen

ZUTATEN
ca. 1 kg Speisekürbis
2 EL Olivenöl
1 Zwiebel, fein geschnitten
1–2 Knoblauchzehen, gepreßt
115 g durchwachsener Speck, gewürfelt
115 g Reis
600–750 ml Hühnerbrühe
40 g Parmesan, gerieben
1 EL frisch gehackte Petersilie
Salz und frisch gemahlener schwarzer Pfeffer

1 Den Kürbis halbieren oder vierteln und schälen, entkernen und in etwa 1–2 cm dicke Stücke schneiden.

2 Das Öl in einer Kasserolle erhitzen und die Zwiebel mit dem Knoblauch 3–4 Min. andünsten. Dann den Speck hinzufügen und so lange braten, bis Zwiebeln und Speck hellgolden sind.

3 Nun die Kürbisstücke einige Min. mitdünsten. Den Risotto-Reis ebenfalls hinzufügen und etwa 2 Min. mitbraten, dabei ständig umrühren.

4 Die Hälfte der Brühe und Gewürze zugießen, umrühren und halb zugedeckt 20 Min. köcheln, gelegentlich umrühren. Ist die Flüssigkeit aufgesaugt, mehr Brühe angießen und rühren, damit nichts ansetzt.

5 Sind Kürbis und Reis fast gar, Brühe angießen und bei offenem Deckel 5–10 Min. kochen. Parmesan und Petersilie einrühren und servieren.

KÜRBIS-SUPPE

DER SÜSSLICHE KÜRBISGESCHMACK KOMMT IN SUPPEN GUT ZUR GELTUNG – BESONDERS, WENN ZWIEBELN UND KARTOFFELN EINEN KRÄFTIGEN GESCHMACKLICHEN HINTERGRUND LIEFERN.

Für 4–6 Personen

ZUTATEN
1 EL Sonnenblumenöl
25 g Butter
1 große Zwiebel, feingeschnitten
675 g Kürbis, in Stücken
450 g Kartoffeln, in Scheiben
600 ml Gemüsebrühe
eine gute Messerspitze Muskatnuß
1 TL frisch gehackter Estragon
600 ml Milch
etwa 1–2 TL Zitronensaft
Salz und frisch gemahlener schwarzer Pfeffer

1 Öl und Butter in einem großen Topf schmelzen und die Zwiebel 4–5 Min. darin weichdünsten. Dabei ständig mit einem Holzlöffel umrühren.

2 Kürbis- und Kartoffelstücke dazu, umrühren und bedeckt bei kleiner Hitze 10 Min. ziehen lassen, bis das Gemüse fast gar ist. Immer umrühren, damit nichts anbrennt.

3 Brühe, Muskat, Estragon und andere Gewürze einrühren. aufkochen und 10 Min. köcheln lassen, bis das Gemüse gar ist.

4 Etwas abkühlen lassen und im Mixer oder mit dem Pürierstab zu einer glatten Suppe pürieren. In einen sauberen Topf füllen und die Milch zugießen. Erneut erwärmen und abschmecken. Zitronensaft dazu und nach Belieben mit Salz und Pfeffer würzen. Die Suppe heiß und mit kroß geröstetem Brot servieren.

Überbackene Zucchini

Dieses Rezept bringt vor allem frische junge Zucchini in ihrer ganzen Delikatesse zur Geltung. Der cremige, leicht strenge Geschmack des Ziegenkäse kontrastiert wunderbar mit ihrem feinen Aroma.

Für 4 Personen

ZUTATEN

8 kleine Zucchini, zusammen etwa 450 g
1 EL Olivenöl, plus etwas Öl zum Einstreichen
75–115 g Ziegenkäse, in dünnen Scheiben
kleines Bund frische Minze, fein gehackt
frisch gemahlener schwarzer Pfeffer

1 Den Ofen auf 180° C vorheizen. Acht Rechtecke aus Alufolie ausschneiden und mit etwas Öl einpinseln, um die Zucchini darin einzuwickeln.

2 Die Enden kappen und die Zucchini der Länge nach einschneiden.

3 Die Spalten mit Ziegenkäse und etwas Minze füllen. Mit Olivenöl und schwarzem Pfeffer würzen.

4 Die Zucchini einzeln in die vorbereitete Alufolie wickeln und auf ein mit Backpapier ausgelegtes Blech legen. Im Ofen etwa 25 Min. backen, bis die Zucchini gar sind.

KLEINER TIP DER KÖCHIN

Sie können fast jeden Käse für dieses Rezept nehmen. Je milder der Käse, desto mehr tritt der Geschmack der Zucchini in den Vordergrund.

ZUCCHINI NACH ITALIENISCHER ART

WICHTIG FÜR DIESES REZEPT SIND EIN GUTES OLIVEN- UND SONNENBLUMENÖL. DAS OLIVENÖL LIEFERT DEN GESCHMACKLICHEN HINTERGRUND, OHNE DAS AROMA DER ZUCCHINI ZU ÜBERDECKEN.

Für 4 Personen

ZUTATEN

1 EL Olivenöl
1 EL Sonnenblumenöl
1 große Zwiebel, gehackt
1 Knoblauchzehe, gepreßt
4–5 mittelgroße Zucchini, in etwa 1 cm dicken Stückchen
150 ml Hühner- oder Gemüsebrühe
1/2 TL frisch gehackter Oregano
Salz und frisch gemahlener schwarzer Pfeffer
gehackte Petersilie zum Garnieren

1 Das Ölgemisch in einer großen Pfanne erhitzen und die Zwiebeln mit dem Knoblauch goldbraun anbraten.

2 Die Zucchini hinzufügen und weitere 4 Min. braten, bis sie anfangen zu bräunen. Fortwährend umrühren.

3 Nun die Brühe, Oregano und andere Gewürze einrühren und 8–10 Min. köcheln lassen, bis die Flüssigkeit beinahe vollständig verdampft ist. Zucchini in einer Servierschale anrichten und mit Petersilie bestreut servieren.

Gartenkürbis mit Gnocchi

Eine leckere Beilage zu gegrilltem Fleisch, zu vegetarischen Gerichten oder auch zu gegrillten Tomaten. Gnocchi kann man in vielen Supermärkten kaufen, frische Ware findet man sicherlich in einem italienischen Delikatessengeschäft.

Für 4 Personen

ZUTATEN

1 kleiner Gartenkürbis, in kleine Stücke geschnitten
50 g Butter
400 g Gnocchi
1/2 Knoblauchzehe, gepreßt
Salz und frisch gemahlener schwarzer Pfeffer
frisch gehacktes Basilikum zum Garnieren

1 Den Ofen auf 180° C vorheizen und eine große ofenfeste Form ausbuttern. Die Kürbisstücke in einer Lage in die Form schichten. Restliche Butter in Flöckchen darauf verteilen.

2 Mit einer doppelten Lage gebuttertem Pergamentpapier bedecken, darauf einen ofenfesten Teller legen und ein ofenfestes Gewicht (vielleicht von einer alten Waage), um die Kürbisstücke unten zu halten.

3 Im Ofen 15 Min. backen, bis der Kürbis fast gar ist.

4 Die Gnocchi in einem großen Topf mit Salzwasser in 2–3 Min. oder nach Packungsanweisung al dente kochen und gut abgießen.

5 Knoblauch und Gnocchi mit dem Kürbis mischen und würzen. Mit Backpapier abdecken und wieder für 5 Min. in den Ofen schieben. (Jetzt braucht man kein Gewicht mehr.)

6 Kurz vor dem Servieren mit frischem Basilikum bestreuen.

GEBACKENER GARTENKÜRBIS MIT PETERSILIE

AUCH AUS EINFACHEM GEMÜSE LÄSST SICH KÖSTLICHES ZAUBERN. NEHMEN SIE BEI DIESEM REZEPT UNBEDINGT EINEN JUNGEN, UNBESCHÄDIGTEN KÜRBIS, DEN MAN – IM GEGENSATZ ZU ÄLTEREN EXEMPLAREN – NICHT ZU SCHÄLEN BRAUCHT.

Für 4 Personen

ZUTATEN

1 kleiner junger Gartenkürbis, etwa 1kg
2 EL Olivenöl
15 g Butter
1 Zwiebel, gehackt
1 EL Mehl
300 ml Milch und Sahne, gemischt
2 EL frisch gehackte Petersilie
Salz und frisch gemahlener schwarzer Pfeffer

1 Den Ofen auf 180° C vorheizen. Den Kürbis in dicke Stücke schneiden.

2 Öl und Butter in einer ofenfesten Kasserole erhitzen und die Zwiebeln darin weichdünsten.

3 Kürbis zugeben und 1–2 Min. dünsten. Dann das Mehl einrühren und für einige Min. schwitzen lassen. Zum Schluß die Milch-Sahne-Mischung unterrühren.

4 Petersilie hinzufügen, gut umrühren und geschlossen 30–35 Min. im Ofen backen. Sie können den Deckel die letzten 5 Min. abnehmen, damit eine Kruste entsteht. Alternativ kann man das Gericht auch einfach in seiner hellen Sauce servieren.

KLEINER TIP DER KÖCHIN

Auch frisches, gehacktes Basilikum oder eine Mischung aus Basilikum und Kerbel empfehlen sich zum Würzen.

FORELLEN-GURKEN-MOUSSE

DIESE LEICHTE, ERFRISCHENDE MOUSSE HEBT DEN GLATTEN GURKENGESCHMACK HERVOR. EINE WUNDERBARE VORSPEISE ODER LEICHTES MAHL MIT EINEM GRÜNEN SALAT. AUCH DILL UND DÜNNE ZITRONENSCHNITZE EIGNEN SICH ALS GESCHMACKSVERBESSERNDE ZIER.

Für 6 Personen

ZUTATEN

1 kleine Salatgurke
2–3 geräucherte Forellenfilets, zusammen etwa 175 g
115 g Frischkäse
1 EL Gelatinepulver
150 ml Gemüsebrühe
12–14 paprikagefüllte Oliven, in Scheiben geschnitten
2 EL Zitronensaft
1 TL frisch gehackter Estragon
150 ml Sahne
2 Eiweiß
Salz und frisch gemahlener schwarzer Pfeffer
Krabben und Salatblätter zum Garnieren

FÜR DEN ÜBERZUG:

1 EL Gelatinepulver
6 EL Gemüsebrühe

1 Zunächst 6 kleine Auflaufförmchen mit Öl einpinseln. Zum Schmücken etwa 1/4 Gurke sehr fein schneiden. Die Gelatine in die Brühe streuen und einige Min. einweichen lassen. Dann im Wasserbad so lange rühren, bis sie sich gänzlich aufgelöst hat.

2 Etwas von der Gelatinemischung in jedes Förmchen geben und 2–3 Gurkenscheiben darauflegen. Im Kühlschrank versteifen lassen.

3 Für die Mousse wird die restliche Gurke geschält, sehr fein gehackt und in eine Schüssel gefüllt. Die Forellenfilets häuten. In kleinen Stücken unter die Gurke heben. Den Frischkäse unterrühren.

4 Dann in einer Schale 1 EL Gelatine mit 2 EL Wasser einweichen lassen. Im Wasserbad unter Rühren auflösen.

5 Die Brühe erhitzen und die Gelatine einrühren. Etwas abkühlen lassen und mit Oliven, Zitrone, Estragon, Salz und Pfeffer an die Forelle gießen.

6 Separat Sahne und Eiweiß schlagen. Erst die Sahne unter die Forellenmischung heben, dann das Eiweiß. Die Mousse in die kleinen Förmchen füllen und die Oberfläche glätten. Mit Folie abdecken, 1–2 Std. kühlstellen und dann auf Teller stürzen.

7 Mit einigen vorbereiteten Krabben und Salatblättchen servieren. Mit dem restlichen Estragon bestreuen.

LUFFA-AUBERGINEN-RATATOUILLE

LUFFAS ÄHNELN ZUCCHINIS UND VERTRAGEN SICH ENTSPRECHEND GUT MIT AUBERGINEN UND TOMATEN. NEHMEN SIE NUR WIRKLICH JUNGE LUFFAS UND ENTFERNEN SIE SORGFÄLTIG DIE SEHR GROBE SCHALE.

Für 4 Personen

ZUTATEN

1 große oder 2 mittlere Auberginen
450 g junge Luffas oder Flaschenkürbisse
1 große rote Paprika, in große Stücke geschnitten
225 g Kirschtomaten
225 g Schalotten, gehäutet
2 TL gemahlener Koriander
4 EL Olivenöl
2 Knoblauchzehen, fein gehackt
einige Korianderblättchen
Salz und frisch gemahlener schwarzer Pfeffer

1 Die Aubergine in dicke Stückchen schneiden, mit Salz bestreuen und in einem Sieb 45 Min. beiseite stellen. Danach unter kaltem Wasser abspülen und trockentupfen.

2 Den Ofen auf 220° C vorheizen. Die Luffas schälen und in dicke Scheiben schneiden. Nun Aubergine, Luffas, Paprika, Tomaten und Schalotten in eine Bratform legen, die so groß sein muß, daß das Gemüse in einer Schicht nebeneinander ruht.

3 Mit gemahlenem Koriander bestreuen, Olivenöl darübergießen und fein gehackten Knoblauch sowie Korianderblättchen darüber verteilen.

4 Etwa 25 Min. im Ofen rösten, dabei gelegentlich umrühren. Sobald die Luffastücke goldbraun werden und sich die Haut an den Rändern der Paprikastücke wellt, ist das Ratatouille fertig.

SCHOKOLADEN-ZUCCHINI-KUCHEN

DIESER SAFTIGE SCHOKOLADENKUCHEN MIT ZUCCHINIGESCHMACK KOMMT AUS AMERIKA. OBWOHL ES SICH UM EINE UNGEWÖHNLICHE KOMBINATION HANDELT, LOHNT DER VERSUCH WIRKLICH.

Für 4–6 Personen

ZUTATEN

115 g Margarine
130 ml Sonnenblumenöl
115 g Zucker
225 g brauner Rohrzucker
3 Eier, geschlagen
130 ml Milch
350 g Mehl
2 TL Backpulver
4 EL Kakaopulver
1/2 TL Gewürzmischung
450 g Zucchini, geschält und geraspelt
1 TL Vanille-Extrakt
225 g Schokoladenstreusel

1 Den Ofen auf 190° C vorheizen. Eine etwa 23 x 33 cm große Form mit Backpapier auslegen.

2 Margarine, Öl und Zucker zu einer lockeren Masse schlagen. Dann nach und nach Eier und Milch hinzufügen und gut vermischen.

3 Mehl, Backpulver, Kakaopulver und Gewürzmischung durchsieben und zum Teig geben.

4 Die geraspelten Zucchini sowie die Vanille-Extrakt untermengen und alles in die vorbereitete Form füllen. Mit einem Spachtel die Oberfläche glätten und mit den Schokostreuseln bestreuen.

5 Im Ofen 35–45 Min. backen, bis der Teig fest wird und nicht mehr an einem eingestochenen Messer kleben bleibt. Den Kuchen noch warm in Quadrate schneiden und abkühlen lassen.

KÜRBIS- UND SCHINKEN-FRITTATA

DIE FRITTATA IST DIE ITALIENISCHE VERSION DER SPANISCHEN TORTILLA. ES HANDELT SICH DABEI UM EIN OMELETTE MIT GEMÜSEN, DAS WARM ODER KALT GEGESSEN WERDEN KANN. UNSER GERICHT SCHMECKT WARM ODER SOGAR HEISS AM BESTEN UND WIRD MIT KNUSPRIG GERÖSTETEM BROT SERVIERT.

Für 4 Personen

ZUTATEN

2 EL Sonnenblumenöl
1 große Zwiebel, gehackt
450 g Kürbis, in mundgerechten Stücken
200 ml Hühnerbrühe
115 g geräucherten Speck, gewürfelt
6 Eier
2 TL frisch gehackten Majoran
Salz und frisch gemahlener schwarzer Pfeffer

1 Den Ofen auf 190° C vorheizen und eine große, flache ofenfeste Form mit Öl einpinseln. Das Öl in einer Pfanne erhitzen und die Zwiebel darin weichdünsten.

2 Die Kürbisstücke 3–4 Min. anbraten; umrühren. Die Brühe einrühren, abdecken und 5–6 Min. köcheln lassen, bis der Kürbis fast weich ist. Zuletzt den Schinken hinzufügen.

3 In die vorbereitete Form füllen. Eier mit Majoran und Gewürzen schlagen, ebenfalls in die Form gießen und 20–25 Min. backen, bis die Frittata fest und goldbraun geworden ist.

REZEPTE MIT FRUCHTGEMÜSE

AUBERGINEN-ZUCCHINI-AUFLAUF

Für 4–6 Personen

ZUTATEN
1 große Aubergine
Salz und frisch gemahlener schwarzer Pfeffer
2 EL Olivenöl
1 große Zwiebel, gehackt
1–2 Knoblauchzehen, gepreßt
900 g Tomaten, gehäutet und gehackt
eine Handvoll Basilikumblätter, gehackt oder
1 TL getrocknetes Basilikum
1 EL frische Petersilie, gehackt
2 Zucchini, längs in Scheiben geschnitten
Mehl zum Bestäuben
5–6 EL Sonnenblumenöl
350 g Mozzarella, in Scheiben geschnitten
25 g Parmesan, gerieben

1 Die Aubergine in Scheiben schneiden, mit Salz bestreuen und 60 Min. beiseite stellen. Olivenöl erhitzen und Zwiebel sowie Knoblauch weichdünsten. Mit Tomaten und der Hälfte von Basilikum, Petersilie und Gewürzen aufkochen, die Hitze reduzieren und 20–25 Min. unter häufigem Rühren köcheln lassen, bis alles eindickt.

2 Auberginen und Zucchini waschen, trocknen und mit Mehl bestäuben.

3 Das Sonnenblumenöl erhitzen und die Auberginen sowie Zucchini goldbraun darin braten, beiseite stellen.

4 Den Ofen auf 180° C vorheizen. In eine gefettete Form je eine Schicht Auberginen und Zucchini legen. Die Hälfte der Sauce angießen und mit Mozzarellascheiben belegen. Basilikum und Petersilie darüberstreuen. Weitere Schichten auflegen und mit Mozzarella abschließen. Zum Schluß Parmesan und Kräuter darüber legen und das Ganze 30–35 Min. backen.

AUBERGINEN MIT TZATZIKI

Für 4 Personen

ZUTATEN
2 mittelgroße Auberginen
Öl zum Fritieren
Salz

FÜR DEN TEIG:
75 g Mehl
1 Ei
120–150 ml Milch (oder halb Milch, halb Wasser)
1 Prise Salz

FÜR DAS TZATZIKI:
1/2 Gurke, geschält und fein gehackt
150 ml Naturjoghurt
1 Knoblauchzehe, gepreßt
1 EL frisch gehackte Minze

1 Tzatziki: Gurkenwürfel in einem Sieb mit Salz bestreuen und 30 Min. stehen lassen. Abspülen und trocknen. Joghurt, Knoblauch, Minze und Gurke in einer Schüssel gut mischen, abdecken und kühlstellen. Auberginen längs in Scheiben schneiden, salzen und 1 Std. stehen lassen.

2 Fritierteig: Mehl und Salz in eine Schüssel sieben, mit Ei und Milch zu einem glatten Teig schlagen.

3 Die Auberginenscheiben abspülen und trocknen. Öl erhitzen, die Auberginenscheiben in den Teig tauchen und 3–4 Min. fritieren, dabei einmal wenden. Abtropfen lassen und sofort servieren. Dazu Tzatziki reichen.

GAZPACHO

Gazpacho ist eine kalte Suppe, in ganz Europa beliebt, doch besonders in Andalusien, wo es mehrere hundert verschiedene Rezepte gibt. Gazpacho besteht aus Tomaten, Tomatensaft, grünem Pfeffer und Knoblauch und wird bunt garniert.

Für 4 Personen

ZUTATEN

1,5 kg reife Tomaten
1 grüne Paprika, entkernt und grob geschnitten
2 Knoblauchzehen, gepreßt
2 Scheiben Weißbrot ohne Rinde
4 EL Olivenöl
4 EL Estragon-Weinessig
150 ml Tomatensaft
1 gute Messerspitze Zucker
Salz und frisch gemahlener schwarzer Pfeffer
Eiswürfel zum Servieren

ZUM GARNIEREN:

2 EL Sonnenblumenöl
2–3 Scheiben Weißbrot, gewürfelt
1 kleine Gurke, geschält und fein gewürfelt
1 kleine Zwiebel, fein gehackt
je 1 rote und 1 grüne Paprika, entkernt und fein geschnitten
2 hartgekochte Eier, gehackt

1 Die Tomaten häuten, vierteln und entkernen.

2 Die Paprika in einem Mixer kurz zerkleinern. Mit Tomaten, Knoblauch, Brot, Olivenöl und Essig pürieren. Danach Tomatensaft, Zucker und Gewürze sowie evtl. etwas kaltes Wasser hinzufügen und nochmals pürieren. Die Mischung sollte dick, aber nicht allzu fest sein.

3 In eine Schüssel füllen und mindestens 2 Std., aber höchstens 12 Std. kühlen.

4 Zum Garnieren werden die Brotwürfel in einer Pfanne mit heißem Öl etwa 4–5 Min. goldbraun geröstet. Gut auf Küchenkrepp abtropfen lassen.

5 Alle Zutaten zum Garnieren in ein eigenes Schälchen füllen oder auf einer großen Platte nebeneinander anordnen.

6 Kurz vor dem Servieren einige Eiswürfel in die Suppe rühren, jeder Gast garniert seinen Teller selbst.

TOMATEN-BASILIKUM-TARTE

FRANKREICH IST BERÜHMT FÜR SEINE PATISSERIEN. DIESE TARTE MIT TOMATEN UND MOZZARELLA AUF KNUSPRIGEM BODEN IST EINFACH ZUZUBEREITEN, ABER RAFFINIERT IM GESCHMACK. IHRE BESONDERE NOTE ERHÄLT SIE DURCH OLIVENÖL UND BASILIKUMBLÄTTCHEN.

Für 4 Personen

ZUTATEN

150 g Mozzarella, in dünne Scheiben geschnitten
4 große Tomaten, in dicken Scheiben
etwa 10 Basilikumblättchen
2 EL Olivenöl
2 Knoblauchzehen, dünn geschnitten
Meersalz und frisch gemahlener schwarzer Pfeffer

FÜR DEN TEIG:

115 g Mehl
50 g Butter oder Margarine
1 Eigelb
eine Prise Salz

1 Für den Teig Mehl und Salz verrühren, dann Butter und Eigelb dazugeben. Etwas kaltes Wasser einrühren, bis ein glatter Teig entsteht, der auf einer bemehlten Fläche leicht geknetet wird. In Frischhaltefolie einwickeln und 1 Std. kühlen.

2 Den Ofen auf 190° C vorheizen. Den Teig aus dem Kühlschrank nehmen und etwa 10 Min. an Zimmertemperatur erwärmen lassen. Dann zu einem Kreis von 20 cm Durchmesser ausrollen und in eine ebenso große Kuchen- oder Tarteform drücken. Mit der Gabel den Boden mehrmals einstechen und 10 Min. im Ofen backen, bis der Boden fest, aber nicht braun ist. Abkühlen lassen und die Temperatur auf 180° C reduzieren.

3 Die Mozzarellascheiben auf dem Teigboden verteilen und darauf überlappend eine Schicht Tomatenscheiben ausbreiten. Basilikumblättchen in Olivenöl tauchen und auf die Tomaten legen.

4 Knoblauch über die Tarte streuen und mit dem restlichen Olivenöl besprenkeln. Mit Salz und Pfeffer würzen. 40–45 Min. im Ofen backen, bis die Tomaten gut gar sind. Heiß servieren.

Italienische Schmor-Paprika

Paprikaliebhaber sind von diesem unkomplizierten Gericht begeistert. Es kann als Vorspeise mit Baguette wie auch als leichtes Mittagessen mit Couscous oder Reis gereicht werden.

Für 4 Personen

ZUTATEN

4 kleine rote Paprika, halbiert und entkernt
2–3 EL Kapern, gehackt
10–12 schwarze Oliven, entsteint und gehackt
2 Knoblauchzehen, fein gehackt
50–75 g Mozzarella, zerkrümelt
25–40 g frische Weißbrotbrösel
120 ml Weißwein
3 EL Olivenöl
1 TL fein gehackte frische Minze
1 TL frisch gehackte Petersilie
frisch gemahlener schwarzer Pfeffer

1 Den Ofen auf 180° C vorheizen und eine flache Form ausbuttern. Die Paprikahälften dicht nebeneinander in die Form legen und mit gehackten Kapern, Oliven, Knoblauch, Mozzarella und Bröseln bestreuen.

2 Wein und Olivenöl darübergießen und mit Minze, Petersilie und schwarzem Pfeffer bestreuen.

3 Im Ofen 30–40 Min. backen, bis die Oberfläche kroß und goldbraun ist.

SARDELLENPAPRIKA IM BRANDTEIG-BETT

DAS RATATOUILLEGEMÜSE WIRD BEI DIESEM GERICHT GESCHMORT STATT GEDÜNSTET UND SCHMECKT DADURCH BESONDERS KRÄFTIG. JEDE KOMBINATION VON ROTEN, GRÜNEN UND GELBEN PAPRIKA IST GEEIGNET. VEGETARIER SALZEN STATT DER SARDELLENFILETS ETWAS KRÄFTIGER.

Für 6 Personen

ZUTATEN

300 ml Wasser
115 g Butter oder Margarine
150 g Mehl
4 Eier
115 g Gruyère oder Cheddar, fein geschnitten
1 TL Dijon-Senf
Salz

FÜR DIE FÜLLUNG:

3 Paprika, rot, grün und gelb
1 große Zwiebel, in 8 oder 16 Teile geteilt
3 Tomaten, gehäutet und geviertelt
1 Zucchini, in Scheiben
6 Basilikumblättchen, klein gezupft
1 Knoblauchzehe, gepreßt
2 EL Olivenöl
etwa 18 schwarze Oliven, entsteint
3 EL Rotwein
175 ml passierte Tomaten, frisch oder aus der Dose
50 g Sardellenfilets, gut abgetropft
Salz und frisch gemahlener schwarzer Pfeffer

1 Den Ofen auf 240 °C vorheizen und 6 ofenfeste Förmchen ausbuttern. Für die Füllung die Paprika halbieren, entkernen und in 2,5 cm große Stücke schneiden.

2 Paprika, Zwiebeln, Tomaten und Zucchini in eine Bratenform füllen und Basilikum, Knoblauch sowie Olivenöl darübergießen; umrühren, um das Gemüse zu benetzen. Abschmekken und 25–30 Min. rösten, bis die Gemüse seitlich schwärzen.

3 Die Ofenhitze auf 200° C reduzieren. Für den Brandteig wird Wasser mit Butter in einem flachen Topf erhitzt, bis die Butter schmilzt. Vom Herd nehmen und das Mehl auf einmal einrühren. Mit einem Holzlöffel etwa 30 Sek. kräftig schlagen, etwas abkühlen lassen.

4 Die Eier einzeln unterschlagen, bis eine feste glänzende Masse entsteht. Dann Käse und Senf unterrühren und mit Salz und Pfeffer abschmecken Die Masse entlang der Ränder in die vorbereiteten Förmchen einfüllen.

5 Das Gemüse nun in einer großen Schüssel mit der Flüssigkeit aus der Pfanne übergießen. Oliven, Wein und passierte Tomaten unterrühren. (Man kann auch gleich in der Ofenform mischen; doch muß sie erst abkühlen, weil sonst zuviel Flüssigkeit verdampfen würde.)

6 Nun die Paprikamischung in die Förmchen verteilen und die abgetropften Sardellenfilets auflegen. Im Ofen etwa 25–35 Min. überbacken, bis der Teig locker und goldbraun ist. Heiß servieren und dazu grünen Salat anbieten.

EIER-FLAMENCO

ALS VARIATION DER BEKANNTEN BASKISCHEN »PIPERADE« WERDEN DIE EIER HIER NICHT VERQUIRLT, SONDERN GANZ ZUR PAPRIKA GEGEBEN. DAS GERICHT IST IN NORDAFRIKA AUCH ALS »CHAKCHOUKA« BEKANNT UND EIGNET SICH ALS MITTAG- ODER ABENDESSEN.

Für 4 Personen

ZUTATEN

2 rote Paprika
1 grüne Paprika
2 EL Olivenöl
1 große Zwiebel, fein geschnitten
2 Knoblauchzehen, gepreßt
5–6 Tomaten, gehäutet und gehackt
120 ml pürierte Dosentomaten oder Tomatensaft
1 gute Messerspitze getrocknetes Basilikum
4 Eier
8 TL Sahne
1 Messerspitze Cayennepfeffer
Salz und frisch gemahlener schwarzer Pfeffer

1 Den Ofen auf 180° C vorheizen. Die Paprika entkernen und in feine Streifen schneiden. Das Olivenöl in einer Pfanne erhitzen und die Zwiebel mit Knoblauch darin weichdünsten.

2 Die Paprika etwa 10 Min. mitdünsten. Tomaten mit Saft hinzufügen, mit Basilikum, Salz und Pfeffer abschmecken und weitere 10 Min. köcheln, bis die Paprika weich ist.

3 Die Mischung in vier ofenfeste Förmchen füllen, eine Mulde in die Mitte drücken und jeweils 1 rohes Ei hineingießen. Dann 2 TL Sahne über jedes Eigelb träufeln und mit etwas Salz und Pfeffer oder Cayenne bestreuen.

4 Im Ofen 12–15 Min. backen, bis das Eiweiß fest wird. Sofort mit knusprig warmem, französischem Weißbrot oder Fladenbrot servieren.

PIZZA MIT SPINAT UND PAPRIKA

Für zwei Pizzas à 30cm

ZUTATEN

450 g frischer Spinat
4 EL Sahne
25 g Parmesan, gerieben
1 EL Olivenöl
1 große Zwiebel, gehackt
1 Knoblauchzehe, gepreßt
je 1/2 rote und grüne Paprika, entkernt, in Streifen
175–250 ml Passata oder pürierte Tomaten
50 g schwarze Oliven, entsteint und gehackt
1 TL frisch gehacktes Basilikum
175 g Mozzarella, fein geschnitten
175 g Cheddar, geraspelt
Salz

FÜR DEN TEIG:

25 g frische Hefe oder 1 EL getrocknete Hefe und 1 TL Zucker
etwa 225 ml warmes Wasser
350 g grobgemahlenes Mehl
2 EL Olivenöl
1 TL Salz

1 Für den Teig die Hefe mit 150 ml Wasser vermischen und beiseite stellen, bis sie aufgeht.

2 Mehl und Salz in eine große Schüssel sieben und in die Mitte eine Mulde drücken, in die das Olivenöl und die Hefemischung gegossen werden. Das restliche Wasser hinzufügen, und einen glatten Teig kneten. Etwa 10 Min. gut durchkneten, bis der Teig weich und elastisch ist.

3 Den Teig zu einer Kugel formen und bedeckt etwa 1 Std. an einen warmen Ort stellen. Der Teig sollte zur doppelten Größe aufgehen.

4 Der Spinat wird bei mittlerer Hitze 4–5 Min. gekocht, bis die Blätter zusammenfallen. Abgießen, abkühlen lassen und die Flüssigkeit ausdrücken. In einer Schale mit Sahne, Parmesan und Salz abschmecken.

5 Öl erhitzen, und die Zwiebel mit dem Knoblauch bei mittlerer Hitze 3–4 Min. andünsten, bis die Zwiebeln gerade weich sind. Dann mit Paprika weiterdünsten, bis die Zwiebeln goldbraun sind. Dabei ständig umrühren.

6 Den Ofen auf 220° C vorheizen. Den Teig kurz auf einer bemehlten Fläche durchkneten und zu zwei etwa 30 cm großen Kreisen ausrollen.

7 Die Tomaten auf den Teig streichen, Zwiebel und Paprika darauflegen. Anschließend den Spinat verteilen und mit Oliven, Basilikumblättchen sowie Mozzarella und Cheddar bestreuen.

8 Im Ofen 15 Min. backen, bis die Kruste goldbraun ist und das Gemüse ebenfalls zu bräunen beginnt. Vor dem Servieren eventuell leicht abkühlen lassen.

ENCHILADAS MIT FEURIGER CHILI-SAUCE

KEIN MEXIKANISCHES GERICHT OHNE CHILI – ALS PULVER, GEHACKT, ODER GESCHNITTEN. NACH MEXIKANISCHEM GESCHMACK IST DIES EINE MILDE VERSION DER BELIEBTEN ENCHILADAS. WER GERNE SCHARF ISST, SOLLTE MEHR CHILIS IN DER SAUCE VERWENDEN ALS ANGEGEBEN.

Für 4 Personen

ZUTATEN

8 Weizen-Tortillas
175 g Cheddar, gerieben
1 Zwiebel, fein gehackt
350 g gekochtes Hühnerfleisch, in kleine Stücke geschnitten
300 ml saure Sahne
1 Avocado, in Schnitzen, in Zitronensaft gewendet, zum Garnieren

FÜR DIE SALSA PICANTE:

1–2 grüne Chilis
1 EL Pflanzenöl
1 Zwiebel, gehackt
1 Knoblauchzehe, gepreßt
400 g stückige Dosentomaten
2 EL Tomatenpürée
Salz und frisch gemahlener schwarzer Pfeffer

1 Für die Salsa picante werden die Chilis längs halbiert und die Kerne sorgfältig entfernt, dann sehr fein geschnitten. Öl in einer Pfanne erhitzen und die Zwiebel mit dem Knoblauch 3–4 Min. weichdünsten. Tomaten, Tomatensaft und Chili hinzufügen. Ohne Deckel 12–15 Min. köcheln lassen, dabei ständig umrühren.

2 Danach die Sauce pürieren und erneut bei kleiner Hitze 15 Min. köcheln. Schließlich abschmecken und beiseite stellen.

3 Den Ofen auf 180° C vorheizen und eine flache Form ausbuttern. Die Tortillas mit etwas Käse und Zwiebel bestreuen und 40 g Huhn mit 1 EL Salsa picante in die Mitte häufeln. 1 EL saure Sahne daraufsetzen, aufrollen und mit der Naht nach unten in die Form legen. Die restlichen Enchiladas ebenso zubereiten.

4 Die restliche Salsa über die Enchiladas gießen und mit Käse und Zwiebel bestreuen. Im Ofen 25–30 Min. backen, bis die Oberfläche goldbraun geworden ist. Mit saurer Sahne servieren und mit Avocadoschnitzeln garnieren.

KICHERERBSEN SAUER-SCHARF

IN INDIEN »KHATTE CHOLE« GENANNT, WIRD DIESES GERICHT DORT ÜBERALL AN STRASSENSTÄNDEN VERKAUFT. DAS FEUER DER CHILI WIRD DURCH KORIANDER UND KREUZKÜMMEL ETWAS GEMILDERT, WÄHREND DER ZITRONENSAFT DIE WUNDERBAR SÄUERLICHE WÜRZE GIBT.

Für 4 Personen

ZUTATEN

350 g Kichererbsen, über Nacht in Wasser eingeweicht
4 EL Pflanzenöl
2 mittelgroße Zwiebeln, fein gehackt
225 g Tomaten, gehäutet und fein gewürfelt
1 EL gemahlener Koriander
1 EL gemahlener Kreuzkümmel
1 TL gemahlener Bockshornklee
1 TL gemahlener Zimt
1–2 scharfe grüne Chilis, entkernt und fein geschnitten
2,5 cm frischer Ingwer, gerieben
4 EL Zitronensaft
1 EL frisch gehackter Koriander
Salz

1 Die eingeweichten Kichererbsen abgießen, in einem großen Topf mit Wasser bedecken und aufkochen. Bei mittlerer Hitze 1 ¹/₄ Std. köcheln lassen, bis sie weich sind. Passen Sie auf, daß immer Wasser im Topf ist und die Kichererbsen nicht anbrennen. Beim Abgießen das Kochwasser aufbewahren.

2 Das Öl in einer ofenfesten Kasserole erhitzen. 2 EL Zwiebeln beiseite legen, den Rest in etwa 4–5 Min. braun dünsten.

3 Mit den Tomaten bei kleiner Hitze weitere 5–6 Min. weich köcheln. Ständig umrühren und dabei die Tomaten allmählich zerstampfen.

4 Koriander, Kreuzkümmel, Bockshornklee und Zimt zugeben, 30 Sek. erhitzen. Dann die Kichererbsen sowie 350 ml des Kochwassers hinzufügen. Mit Salz abschmecken und erneut bei kleiner Hitze 15–20 Min. köcheln. Gelegentlich umrühren und Kochwasser nachgießen, wenn das Gemüse zu trocken wird.

5 In der Zwischenzeit die restlichen Zwiebeln mit Chili, Ingwer und Zitronensaft vermengen.

6 Kurz vor dem Servieren die Zwiebel-Chili-Mischung und Koriander hinzufügen. Nochmals nach Belieben abschmecken.

GUACAMOLE

Hier eine recht feurige Variante des populären mexikanischen Gerichtes, die wir allerdings den bei uns üblichen Schärfestandards etwas angepasst haben.

Für 4 Personen

ZUTATEN

2 reife Avocado, geschält und entsteint
2 Tomaten, gehäutet, entkernt und fein gewürfelt
6 Frühlingszwiebeln, fein geschnitten
1–2 Chilis, entkernt und fein gehackt
2 EL frischer Limonen- oder Zitronensaft
1 EL frischer, gehackter Koriander
Salz und frisch gemahlener schwarzer Pfeffer
Korianderzweig zum Garnieren

1 Die Avocadohälften in einer großen Schüssel mit einer Gabel zerkleinern und grob pürieren.

2 Die übrigen Zutaten einrühren und mit Salz und Pfeffer würzen. Mit frischem Koriander garniert servieren.

APPETITHÄPPCHEN AUS KOCHBANANEN

KOCHBANANEN HABEN EINEN NIEDRIGEREN ZUCKERGEHALT ALS ESSBANANEN. ROH SIND SIE UNGENIESSBAR, DOCH GEGART LASSEN SIE SICH IN VIELEN GERICHTEN VERWENDEN. DIESE KOMBINATON VERSCHIEDENER ZUBEREITUNGSWEISEN STAMMT AUS AFRIKA.

Für 4 Personen

ZUTATEN

2 grüne Kochbananen
3 EL Pflanzenöl
1 kleine Zwiebel, sehr fein geschnitten
1 gelbe Kochbanane
1/2 Knoblauchzehe, gepreßt
Salz und Cayennepfeffer
Pflanzenöl zum Braten

1 Eine grüne Banane schälen und in hauchdünne Scheiben schneiden, am besten mit einem Kartoffelschäler.

2 In einer großen Pfanne 1 EL Öl erhitzen und die Scheiben 2–3 Min. goldbraun rösten. Gelegentlich wenden. Auf einen Teller mit Küchenpapier legen und warmhalten.

3 Die zweite grüne Banane grob raspeln und mit der feingehackten Zwiebel mischen.

4 In der Pfanne 1 EL Öl erhitzen und die Bananen-Zwiebel-Mischung darin 2–3 Min. goldbraun rösten. Gelegentlich wenden. Ebenfalls auf den Teller mit den Bananenscheiben legen.

5 Die gelbe Banane schälen und in Stücke schneiden. Mit Cayennepfeffer bestreuen und mit dem restlichen Öl und Knoblauch in 4–5 Min. bräunen. Abtropfen lassen und salzen.

REZEPTE MIT SALATGEMÜSE

HÜHNCHENLEBER AUF GRÜNEM SALAT

Für 4 Personen

ZUTATEN

eine Auswahl grüner Salatblätter
4 Frühlingszwiebeln, fein geschnitten
1 EL grob gehackte glatte Petersilie
115 g frischer, durchwachsener Speck, gewürfelt
450 g Hühnerleber
gesalzenes Mehl zum Panieren
1 EL Sonnenblumenöl
25 g Butter oder Margarine
Salz und frisch gemahlener schwarzer Pfeffer

FÜR DAS DRESSING:

100 ml Sonnenblumenöl
2–3 EL Zitronensaft
1 TL französischer Senf
1 kleine Knoblauchzehe, gepreßt
Salz und frisch gemahlener schwarzer Pfeffer

1 Für das Dressing Öl, Zitronensaft, Senf, Knoblauch und Gewürze in einem Glas mit Schraubverschluß gut schütteln.

2 Salatblätter, Frühlingszwiebeln und Petersilie mit dem Dressing in einer großen Schüssel mischen und dann auf vier Tellern verteilen.

3 Den Speck ohne Öl in einer Pfanne goldbraun anbraten. Mit einem Schöpflöffel herausheben und warmstellen.

4 Die Leber säubern, schneiden, trockentupfen und mit dem gesalzenen Mehl panieren.

5 Öl und Butter in einer Pfanne erhitzen und die Leber darin bei großer Hitze und gelegentlichem Wenden etwa 8 Min. braten, bis das gewünschte Ergebnis erreicht ist – entweder rosa oder durchgebraten.

6 Die Hühnchenleber auf den Salatblättern anrichten und den kroß gebratenen Speck darüberlegen.

CAESARS SALAT

EINE KLASSISCHE KOMBINATION VON ROMAGNASALAT MIT EINEM EIGELB-DRESSING. UM DIE ENTSTEHUNG DES REZEPTES RANKEN SICH VIELE GESCHICHTEN – MANCHE BEHAUPTEN, CAESAR CARDINI HABE IHN IN MEXIKO ERFUNDEN, ANDERE SAGEN, DASS ER AUS KALIFORNIEN KOMMT.

Für 4 Personen

ZUTATEN

1 Knoblauchzehe, gepreßt
4–5 EL Olivenöl
75 g trockenes Weißbrot, in Würfel geschnitten
1 Romagnasalat
8 Sardellen, gehackt
40 g Parmesan, gehobelt

FÜR DAS DRESSING:

2 Eigelb
1/2 TL französischer Senf
50 ml Olivenöl
50 ml Sonnenblumenöl
1 EL Weißweinessig
1 Prise Salz

1 Knoblauch ins Öl mischen und 30 Min. stehen lassen, damit das Öl das Aroma aufnehmen kann.

2 Für das Dressing das Eigelb mit Senf, Oliven- und Sonnenblumenöl sowie Essig und Salz in einem Glas mit Schraubverschluß gut schütteln.

3 Für die Croûtons das Knoblauchöl in einer Pfanne erhitzen und die Brotwürfel darin goldbraun anbraten. Auf Küchenpapier abtropfen lassen.

4 Den Salat anrichten, das Dressing darübergießen und die Sardellenfilets und Croûtons leicht unterheben. Mit gehobeltem Parmesan servieren.

Pizza mit Radicchio

Eine Pizza mit außergewöhnlichem Belag – Radicchio mit Lauch, Tomaten, Parmesan und Mozzarella. Die Unterlage bildet ein Brötchenteig, der schnell und einfach zuzubereiten ist. Dazu wird frischer, grüner Salat gereicht.

Für 2 Personen

ZUTATEN

200 g Dosentomaten in Stücken
2 Knoblauchzehen, gepreßt
1 Messerspitze getrocknetes Basilikum
1 1/2 EL Olivenöl, plus Öl zum Beträufeln
2 Lauchstangen, geschnitten
100 g Radicchio, grob gehackt
20 g Parmesan, gerieben
115 g Mozzarella, geschnitten
10–12 schwarze Oliven ohne Stein
Basilikumblättchen zum Garnieren
Salz und frisch gemahlener schwarzer Pfeffer

FÜR DEN TEIG:

225 g Hefeteigmischung
1/2 TL Salz
50 g Butter oder Margarine
etwa 120 ml Milch

1 Ofen auf 220° C vorheizen, Backpapier einfetten. Teigmischung und Salz in einer Schüssel mischen, Butter einrühren und langsam Milch einfließen lassen, daraus einen Teig kneten.

2 Den Teig auf einer bemehlten Fläche zu einem 25–28 cm großen Kreis ausrollen. Aufs Backpapier legen.

3 Die Tomaten pürieren und in einem kleinen Topf mit den gepreßten Knoblauchzehen und dem getrockneten Basilikum bei mittlerer Hitze köcheln, bis die Mischung eindickt und auf die Hälfte reduziert ist.

4 Olivenöl in der Pfanne erhitzen, den Lauch und den Knoblauch 4–5 Min. andünsten. Radicchio hinzufügen und einige Minuten mitdünsten. Dabei gut umrühren. Dann abdecken und 5–10 Min. bei kleiner Hitze köcheln lassen. Parmesan einrühren und mit Salz und Pfeffer abschmecken.

5 Die Tomaten auf dem Teig verteilen und die Lauch-Radicchio-Mischung darüberlegen. Die Mozzarellascheiben kommen mit schwarzen Oliven obenauf. Einige Basilikumblättchen in Olivenöl tauchen und auf die Pizza legen. 15–20 Min. backen, bis die Pizza goldbraun ist.

SALAT MIT WARMER ENTENBRUST UND ORANGEN

DIE HERBEN AROMEN VON RADICCHIO, ENDIVIENSALAT UND FRISCHEN ORANGEN KONTRASTIEREN IDEAL MIT DEM VOLLEN GESCHMACK DER ENTE. ALS ANSPRUCHSVOLLES HAUPTGERICHT SERVIERT MAN DAZU DAMPFGEGARTE NEUE KARTOFFELN.

Für 4 Personen

ZUTATEN

2 Entenbrüste, ohne Knochen
Salz
2 Orangen
krauser Endiviensalat, Radicchio und Feldsalat
2 EL Sherry medium dry
2–3 EL dunkle Sojasauce

1 Die Haut der Entenbrüste mit Salz einreiben und mehrmals mit einem scharfen Messer punktieren.

2 Eine schwere Pfanne erhitzen und die Entenbrust 20–25 Min. braten (zuerst mit der Haut nach unten, bis die Haut gebräunt ist, dann wenden), bis sie je nach Geschmack durchgegart ist. Auf einem Teller abkühlen lassen und den Bratensaft beiseite stellen.

3 Die Orangen schälen und in Segmente teilen – praktischerweise über einer Schale, um den Saft aufzufangen. Salatblätter in einer flachen Servierschale arrangieren.

4 Den Entensaft in der Pfanne erhitzen und 3 EL Orangensaft dazurühren. Aufkochen, den Sherry einrühren und nach Geschmack mit etwas Sojasauce würzen.

5 Die Entenbrüste in dicke Scheiben schneiden und auf dem Salatbett anrichten. Mit der warmen Sauce übergießen und servieren.

Chicoree mit Parmaschinken

Oft wird der Geschmack von Chicoree als zu bitter empfunden. Man kann das Gemüse vor dem Dünsten blanchieren, um alle Bitterstoffe herauszuziehen. Der typische Geschmack bleibt dabei freilich ein bisschen auf der Strecke.

Für 4 Personen

ZUTATEN

4 Chicoree
25 g Butter
250 ml Gemüse- oder Hühnerbrühe
4 Scheiben Parmaschinken
75 g Mascarpone
50 g Emmentaler oder Cheddar, in Scheiben
Salz und frisch gemahlener schwarzer Pfeffer

1 Den Ofen auf 180° C vorheizen und eine ofenfeste Form ausbuttern. Chicoree putzen und das Herz entfernen.

2 Butter in einer Pfanne schmelzen und den Chicoree bei milder Hitze 4–5 Min. andünsten, dabei gelegentlich wenden, bis die äußeren Blätter transparent werden.

3 Nun die Brühe zugießen und etwas würzen. Aufkochen, dann abdecken und bei kleiner Hitze 5–6 Min. köcheln, bis der Chicoree fast gar ist.

4 Chicoree mit einem Schöpflöffel herausheben, einzeln in die Schinkenscheiben einwickeln und nebeneinander in die vorbereitete Form legen.

5 Die Brühe auf die Hälfte eindicken und vom Herd nehmen. Mascarpone einrühren und dann die Sauce über den Chicoree gießen. Zuletzt die Scheiben Emmentaler oder Cheddar obenauf plazieren und im Ofen überbacken, bis die Oberfläche goldbraun ist und die Sauce Blasen wirft.

Raukesalat mit gegrilltem Chèvre

Aus praktischen Gründen sollte man hier Chèvre in Rollen verwenden, der sich gut in Scheiben schneiden lässt. Als Vorspeise kalkuliert man 1 Scheibe von etwa 50 g pro Person oder die doppelte Menge für ein leichtes Mittagessen.

Für 4 Personen

ZUTATEN

1 EL Olivenöl
1 EL Pflanzenöl
4 Scheiben Baguette
3 EL Walnußöl
1 EL Zitronensaft
Salz und frisch gemahlener schwarzer Pfeffer
225 g Chèvre
1 große Handvoll Raukeblätter
115 g Endiviensalat

FÜR DIE SAUCE:

3 EL Aprikosenkonfitüre
4 EL Weißwein
2 TL Dijon-Senf

1 Oliven- und Pflanzenöl erhitzen und das Weißbrot darin von einer Seite goldbraun anbraten. Auf einem Teller mit Küchenpapier trocknen.

2 Für die Sauce die Konfitüre in einem kleinen Topf erwärmen – nicht kochen! Durch ein Sieb in einen sauberen Topf streichen und Weißwein und Senf hinzufügen. Nochmals kurz erwärmen und bis zum Servieren warmhalten.

3 Walnußöl mit Zitronensaft verrühren und mit etwas Salz und Pfeffer abschmecken.

4 Den Backofen auf Grillstufe vorheizen. Ziegenkäse in runde Scheiben von etwa 50 g schneiden und je eine auf die ungetoastete Seite des Weißbrotes legen. Im Ofen 3–4 Min. überbacken, bis der Käse zu schmelzen beginnt.

5 Den Salat im Walnuß-Dressing wenden und auf vier Teller verteilen. Sobald die Ziegenkäse-Croûtons fertig sind, diese auf den Salat setzen und die Aprikosen-Sauce darübergeben.

Chinakohl mit Jakobsmuscheln

Hier ein schnelles Schmorgericht mit knackigen Zutaten wie Chinakohl und Daikon-Rettich. Es muss sehr zügig gearbeitet werden – am besten also alle benötigten Zutaten griffbereit halten.

Für 4 Personen

ZUTATEN

10 vorbereitete Jakobsmuscheln
4–5 EL Pflanzenöl
3 Knoblauchzehen, fein gehackt
etwa 1 cm frischer Ingwer, fein geschnitten
4–5 Frühlingszwiebeln, schräg in Stücke geschnitten
2 EL Sherry medium dry
1/2 Daikon-Rettich, in Scheiben geschnitten
1 Chinakohl, in feine Streifen geschnitten

FÜR DIE MARINADE:

1 TL Maismehl
1 Eiweiß, leicht geschlagen
1 Messerspitze weißen Pfeffer

FÜR DIE SAUCE:

1 TL Maismehl
3 EL Austernsauce

1 Jakobsmuscheln waschen und das weiße Fleisch in jeweils 2–3 Stücke schneiden. Auf einen Teller legen.

2 Für die Marinade das Maismehl mit Eiweiß und weißem Pfeffer schlagen. Über die Muscheln gießen und 10 Min. stehen lassen.

3 Für die Sauce wird das Maismehl mit 4 EL Wasser und der Austernsauce verrührt und beiseite gestellt.

4 In einem Wok 2 EL Öl erhitzen und die Hälfte des Knoblauchs darin zischend anbraten. Dann jeweils die halbe Menge Ingwer und Frühlingszwiebeln 30 Sek. mitbraten und schließlich die Muscheln hinzufügen.

5 Etwa 1/2–1 Min. schmoren, dann die Hitze reduzieren und 1 EL Sherry hinzufügen. Aufkochen und die Muscheln mit der Kochflüssigkeit in ein Schüsselchen schöpfen und beiseite stellen.

6 Nochmals 2 EL Öl in den Wok und den Rest von Knoblauch, Ingwer und Frühlingszwiebeln etwa 1 Min. anbraten und dann alles auf einen Teller legen.

7 Das restliche Öl erhitzen, die Daikonschnitzel darin 30 Sek. anbraten und nun den Weißkohl hinzufügen. Weitere 30 Sek. schmoren, dann die Austernsauce mit 4 EL Wasser einrühren. Alles kurz köcheln lassen, nun das Muschelfleisch mit der Kochflüssigkeit untermengen. Vor dem Servieren gut erhitzen.

Radieschensalat mit Mango und Apfel

Radieschen gibt es fast das ganze Jahr über, daher kann man sich auch häufig am knackigen Biss und dem saftig-lieblichen Aroma dieses Salats erfreuen. Er passt zu geräuchertem Fisch, etwa Lachs, aber auch zu Schinken oder Salami.

Für 4 Personen

ZUTATEN

10–15 Radieschen
1 Apfel, geschält, entkernt in und dünnen Scheiben
2 Selleriestangen, fein geschnitten
1 kleine reife Mango, geschält und in kleinen Stücken

FÜR DAS DRESSING:

120 ml saure Sahne
2 TL Sahne-Meerrettich
1 EL frisch gehackter Dill
Salz und frisch gemahlener schwarzer Pfeffer
Dillzweig zum Garnieren

1 Für das Dressing wird die saure Sahne mit dem Meerettich und Dill verrührt. Mit etwas Salz und Pfeffer würzen.

2 Radieschen putzen und schneiden. Mit Apfelschnitten und Selleriestücken in einer Schüssel mischen.

3 Von der Mango längs und von beiden Seiten des Kerns 2 dicke Scheiben abschneiden. Jede Scheibe in Würfelform einschneiden. Die Schalen zurückbiegen, die Würfel mit einem scharfen Messer abheben und in den Salat legen. Das Dressing über den Salat gießen und unterheben, bis Gemüse und die Früchte gleichmäßig überzogen sind. Vor dem Servieren in eine hübsche Salatschüssel füllen und mit Dillzweigen garnieren.

Brunnenkresse-Suppe

Für 4 Personen

ZUTATEN

1 EL Sonnenblumenöl
15 g Butter
1 mittelgroße Zwiebel, fein gehackt
1 mittelgroße Kartoffel, in feine Scheiben geschnitten
etwa 175 g Brunnenkresse
400 ml Hühner- oder Gemüsebrühe
400 ml Milch
Zitronensaft
Salz und frisch gemahlener schwarzer Pfeffer
Saure Sahne zum Garnieren (falls gewünscht)

1 Butter und Öl in einem großen Topf erhitzen und die Zwiebeln bei mittlerer Hitze weichdünsten, aber nicht bräunen. Die Kartoffelscheibchen dazugeben und 2–3 Min. mitdünsten. Deckel schließen und alles 5 Min. bei kleiner Hitze schwitzen lassen, gelegentlich umrühren.

2 Kresseblättchen von den Stengeln schneiden und Stengel grob hacken.

3 Brühe und Milch mit den gehackten Stengeln in den Topf einrühren und abschmecken. Aufkochen, dann halb abgedeckt 10–12 Min. köcheln lassen, bis die Kartoffeln weich sind. Jetzt bis auf einen kleinen Rest die Kresse dazu und 2 Min. köcheln lassen.

4 Nun wird die Suppe püriert, in einen sauberen Topf umgeschüttet und mit den restlichen Kresseblättchen erwärmt. Heiß abschmecken und eventuell noch einen Spritzer Zitronensaft dazutun.

5 Die Suppe in vorgewärmte Teller füllen und in die Mitte einen Tupfer saure Sahne setzen.

Kleiner Tip der Köchin

Wenn Sie die saure Sahne weglassen, ist dies eine kalorienarme, aber nahrhafte Suppe – und mit geröstetem Brot dazu auch eine sättigende Mahlzeit.

Fisch-Terrine mit Brunnenkresse

Eine köstliche Terrine, ideal für das Sommerbuffet oder Picknick. Sie wird mit Zitronenmayonnaise oder saurer Sahne garniert. Dazu gibt es grünen Salat mit Brunnenkresse.

Für 6–8 Personen

ZUTATEN

350 g Mönchsfisch, filetiert
175 g Seezunge, filetiert
Salz und frisch gemahlener schwarzer Pfeffer
1 Ei und 1 Eiweiß
3–4 EL Zitronensaft
40–50 g frische Weißbrotbrösel
300 ml Schlagsahne
75 g geräucherter Lachs
175 g Brunnenkresse, grob gehackt

1 Den Ofen auf 180° C vorheizen. Eine Kastenform von etwa 1,5 l mit Backpapier auslegen.

2 Die frischen Fische in grobe Stücke schneiden und von Haut und Gräten befreien. Mit Salz und Pfeffer im Mixer kurz pürieren.

3 Ei, Zitronensaft, Brösel und Sahne einrühren, alles zu einer Paste pürieren und in eine Schüssel füllen. 5 EL zurück in den Mixer und mit dem Räucherlachs pürieren. In eine separate Schüssel füllen. Weitere 5 EL der hellen Fischpaste mit Wasserkresse pürieren.

4 Die Hälfte der hellen Fischpaste in die vorbereitete Form füllen und mit einem Spachtel glattstreichen.

5 Nun zunächst die Wasserkresse-Mischung, dann die Lachs-Mischung und zuletzt die restliche helle Fischpaste darüberschichten, die Oberfläche glattstreichen.

6 Eine Lage gebuttertes Backpapier darüberlegen und die Form mit Alufolie gut abdecken. Dann die Form in eine halb mit kochendem Wasser gefüllte tiefe Bratform setzen und ca. 1,5 Std. garen. Zum Ende der Garzeit sollte sich die Terrine heben: ein Zeichen dafür, daß sie fertig ist.

7 In der Form abkühlen lassen, anschließend auf eine Servierplatte stürzen und das Backpapier vorsichtig entfernen. 1–2 Std. kühl stellen.

REZEPTE MIT PILZEN

CHAMPIGNONCREMESUPPE

Eine gute Champignoncremesuppe bringt den flüchtigen Geschmack der Champignons gut zur Geltung. Wegen ihrer Farbe nimmt man helle Champignons; Creme- oder Feldchampignons schmecken aromatischer, jedoch wird die Suppe dadurch auch dunkler.

Für 4 Personen

ZUTATEN

275 g Champignons
1 EL Sonnenblumenöl
40 g Butter
1 kleine Zwiebel, fein gehackt
1 EL Mehl
450 ml Gemüsebrühe
450 ml Milch
1 Messerspitze getrocknetes Basilikum
2–3 EL Sahne (falls gewünscht)
frische Basilikumblätter zum Garnieren
Salz und frisch gemahlener schwarzer Pfeffer

1 Die Pilzköpfe von den Stielen trennen. Die Kappen in feine Scheibchen schneiden, die Stiele fein hacken.

2 Öl und die halbe Butter in einem Topf erhitzen; Zwiebeln, Pilzstielchen sowie etwa gut die Hälfte der Pilzkappen 1–2 Min. anbraten. Dabei ständig wenden. Dann abdecken und bei kleiner Hitze 6–7 Min. dünsten; gelegentlich umrühren.

3 Das Mehl einrühren und 1 Min. mitschwitzen. Langsame Brühe und Milch zugießen, so daß eine dünne Sauce entsteht. Mit Basilikum, Salz und Pfeffer würzen. Aufkochen und abgedeckt 15 Min. köcheln lassen.

4 Leicht abkühlen lassen und im Mixer glatt pürieren. Die restliche Butter schmelzen und die übrigen Champignons 3–4 Min. anbraten, bis sie gerade weich werden.

5 Die Suppe in einen sauberen Topf füllen und die angebratenen Champignons einrühren. Erhitzen und erneut abschmecken. Falls gewünscht, mit etwas Sahne und frischem Basilikum servieren.

SOUFFLÉ-OMELETTE MIT PILZSAUCE

Ein Soufflé-Omelette braucht etwas mehr Vorbereitung als ein normales Omelette – aber das Ergebnis schmeckt hervorragend.

Für 1 Portion

ZUTATEN

2 Eier, getrennt
15 g Butter
1 Petersilien- oder Korianderzweig

FÜR DIE CHAMPIGNONSAUCE:

15 g Butter
75 g Champignons, fein geschnitten
1 EL Mehl
85–120 ml Milch
1 TL frisch gehackte Petersilie (falls gewünscht)
Salz und frisch gemahlener schwarzer Pfeffer

1 Für die Sauce wird die Butter in einem Topf oder einer Pfanne geschmolzen. Die in Scheiben geschnittenen Champignons darin 4–5 Min. anbraten, bis sie weich sind.

2 Dann das Mehl einrühren und nach und nach die Milch zugießen. Dabei ständig rühren, um eine glatte Sauce zu bekommen. Petersilie zugeben und mit Salz und Pfeffer würzen. Beiseite stellen und warmhalten.

3 Eigelb mit 1 EL Wasser schlagen und mit etwas Salz und Pfeffer würzen. Das Eiweiß steif schlagen und mit einem Metallöffel unter das Eigelb heben. Den Grill vorheizen.

4 Die Butter in einer großen ofenfesten Form schmelzen und die Ei-Mischung hineingeben. Bei schwacher Hitze 2–4 Min. erwärmen. Dann die Form in den Ofen geben und weitere 3–4 Min. backen, bis die Oberfläche goldbraun geworden ist.

5 Das Omelette auf einen vorgewärmten Teller gleiten lassen, die Pilzsauce darübergießen und die Hälfte des Omelettes überklappen. Mit Petersilie oder Koriander garniert servieren.

Gefüllte Champignons

Ein klassisches Champignongericht mit einem starken Knoblaucharoma. Nehmen Sie große flache Zuchtchampignons oder Wiesenchampignons.

Für 4 Personen

ZUTATEN

450 g große Champignons
Butter zum Einfetten
5 EL Olivenöl
2 Knoblauchzehen, in feine Scheibchen geschnitten oder gehackt
3 EL frisch gehackte Petersilie
40–50 g frische Weißbrotbrösel
Salz und frisch gemahlener schwarzer Pfeffer
1 Zweig glatte Petersilie zum Garnieren

1 Den Ofen auf 180° C vorheizen. Die Stiele der Champignons abschneiden und aufheben.

2 Eine Form ausbuttern, die Champignons (Lamellen oben) hineinsetzen.

3 Knoblauch in 1 EL Öl andünsten. Die Champignonstiele hacken, mit Petersilie und Weißbrot mischen und Knoblauch samt Öl hinzufügen. Mit Salz und Pfeffer würzen und in die Champignons füllen.

4 Das restliche Öl in die Form gießen und die Champignons mit Backpapier bedeckt 15–20 Min. backen. In den letzten 5 Min. das Papier entfernen, damit die Champignons bräunen. Mit Petersilie servieren.

KLEINER TIP DER KÖCHIN

Die Garzeit der Champignons hängt von ihrer Dicke ab. Kleinere Exemplare brauchen natürlich weniger Zeit im Ofen. Zum Schluß müssen sie gar, aber nicht weich sein. Wünschen Sie einen intensiveren Knoblauchgeschmack, rühren Sie den Knoblauch ohne vorheriges Dünsten in die Weißbrot-Mischung.

Boeuf en Croûte mit Pilzfüllung

Die klassische Füllung für Boeuf en croûte ist die »Duxelles« aus feingehackten Champignons, Schalotten, Knoblauch und Petersilie. Dazu passen gekochte oder gedünstete neue Kartoffeln mit grünem Gemüse.

Für 4 Personen

ZUTATEN

4 Rinder-Filetsteaks, je 115–150 g
etwas Dijon-Senf
25 g Butter
275 g Blätterteig
25 g frische Weißbrotbrösel
1 Ei, geschlagen, zum Bestreichen
Salz und frisch gemahlener schwarzer Pfeffer
1 Zweig Petersilie oder Kerbel zum Garnieren

FÜR DIE FÜLLUNG:

25 g Butter
4 Schalotten, fein gehackt
1–2 Knoblauchzehen, gepreßt
225–275 g Champignons, fein gehackt
1 EL frische, fein gehackte Petersilie

1 Den Ofen auf 220° C vorheizen. Etwas Senf auf jedes Steak streichen und mit Pfeffer würzen. Butter in einer schweren Pfanne schmelzen und die Steaks darin 1–2 Min. anbraten, bis sie außen braun, innen jedoch noch rosa sind. Auf einem Teller abkühlen lassen.

2 Für die Füllung Butter schmelzen und Schalotten mit Knoblauch und gehackten Champignons andünsten.

3 Bei großer Hitze 3–4 Min. anbraten, dabei öfter umrühren. Dann die Hitze reduzieren und köcheln lassen, bis die Pilze trocken werden. Mit Petersilie, Salz und Pfeffer abschmecken.

4 Den Blätterteig in vier Stücke teilen und jedes zu einem dünnen Quadrat von etwa 18 cm ausrollen. Die Ecken abschneiden und etwa 1 EL Pilze in die Mitte jedes Quadrates setzen. Je ein Steak auflegen und mit 1 EL Brösel krönen.

5 Die Teigseiten einschlagen und mit Wasser versiegeln. Mit der Naht nach unten auf ein Blech legen und mit Teigschnüren dekorieren. Mit dem Ei bestreichen und etwa 20 Min. backen, bis die Päckchen goldbraun sind. Mit Petersilie oder Kerbel servieren.

Gnocchi mit Austernpilzen

Gnocchi sind eine willkommene Abwechslung zu Nudeln. Für sich schmecken sie nicht besonders aufregend, heben jedoch das Aroma der Austernpilze und kontrastieren in ihrer weichen Konsistenz mit der Bissfestigkeit der Pilze.

Für 4 Personen

ZUTATEN

225 g Austernpilze
1 EL Olivenöl
1 mittelgroße Zwiebel, fein geschnitten
1 Knoblauchzehe, gepreßt
4 Eier-Tomaten, gehäutet und fein geschnitten
3-4 EL Gemüsebrühe oder Wasser
Salz und frisch gemahlener schwarzer Pfeffer
2 x 300 g Kartoffelgnocchi
etwas Butter
2 TL frisch gehackte Petersilie
Parmesan, gehobelt zum Servieren

1 Pilze putzen und, falls sehr groß, in kleinere Stücke reißen. Öl in einer Pfanne erhitzen, die Zwiebel mit dem Knoblauch bei kleiner Hitze 4–5 Min. weichdünsten, ohne zu bräunen.

2 Hitze erhöhen und die Pilze in die Pfanne legen. Etwa 3–4 Min. anbraten, dabei ständig umrühren.

3 Zerkleinerte Tomaten, Brühe oder Wasser und Gewürze hinzufügen. Abdecken und 8 Min. köcheln, bis die Tomaten zu einem Brei geworden sind. Gelegentlich umrühren.

4 Gnocchi in einem großen Topf Salzwasser nach Anweisung 2–3 Min. kochen. Gut abgießen, in eine Schale schütten und etwas Butter sowie die Petersilie untermengen.

5 Die Tomaten-Pilz-Mischung darüberlegen, vorsichtig unterheben und mit gehobeltem Parmesan bestreuen.

Kleiner Tip der Köchin

Bei einem sehr großen Stamm von Austernpilzen ist der innere Strunk meist recht zäh und wird weggeworfen. Im übrigen zerkleinert man Austernpilze durch reißen, nicht durch schneiden.

Meeresfrüchte mit Austernpilzen

Diese Vorspeise ist schnell zubereitet. Gibt man zum Schluss etwa 350 g gekochte Pasta in die Sauce, erhält man eine vollwertige Mahlzeit.

Für 4 Personen

ZUTATEN

1 EL Olivenöl
15 g Butter
1 Knoblauchzehe, gepreßt
175 g Austernpilze, halbiert oder geviertelt
115–175 g gesäuberte Garnelen
115 g gekochte Miesmuscheln (falls gewünscht)
Saft von 1/2 Zitrone
1 EL Sherry medium dry
150 ml Sahne
Salz und frisch gemahlener schwarzer Pfeffer

1 Öl und Butter erhitzen und den Knoblauch einige Minuten dünsten, dann die Pilze hinzufügen. Bei mittlerer Hitze 4–5 Min. weichdünsten und gelegentlich umrühren.

2 Hitze reduzieren und Garnelen, Muscheln sowie Zitronensaft hinzufügen. 1 Min. köcheln und gut umrühren. Den Sherry einrühren und nochmals 1 Min. kochen lassen.

3 Nun die Sahne dazu und gründlich aufwärmen, jedoch nicht kochen. Abschmecken und auf vorgewärmten Tellern sofort servieren – am besten mit italienischem Weißbrot.

Tagliatelle Funghi

Pilzsauce und Pasta sind schnell zubereitet und sollten so kurz wie möglich vor dem Servieren gekocht werden. Gutes Timing ist wichtig. Am besten gibt man die Pasta ins Wasser, sobald der Mascarpone in der Sauce ist.

Für 4 Personen

ZUTATEN

etwa 50 g Butter
225–350 g Pfifferlinge oder andere Waldpilze
1 EL Mehl
150 ml Milch
6 EL Crème fraîche
1 EL frisch gehackte Petersilie
275 g frische Tagliatelle
Olivenöl
Salz und frisch gemahlener schwarzer Pfeffer

1 Etwa 40 g Butter in einer Pfanne schmelzen und Pfifferlinge 2–3 Min. bei kleiner Hitze anbraten, bis das Wasser austritt, dann die Hitze erhöhen und köcheln, bis die Flüssigkeit verdampft ist. In einer Schale beiseite stellen.

2 Das Mehl einrühren und, falls nötig, noch ein wenig Butter hinzufügen. Etwa 1 Min. anschwitzen und dann nach und nach die Milch einrühren, bis eine glatte Sauce entsteht.

3 Crème fraîche, Petersilie, Pilze und Gewürze einrühren. Bei kleiner Hitze gut warmhalten, bis die Tagliatelle al dente sind.

4 Pasta in einem großen Topf mit kochendem Wasser nach Anweisung kochen, abgießen. Mit etwas Olivenöl beträufeln und in eine vorgewärmte Servierschale füllen. Die Pilzsauce darüberlegen und sofort servieren.

Kleiner Tip der Köchin

Pfifferlinge sind sehr empfindlich, weshalb man sie vorsichtig waschen muß. Da sie jedoch Waldpilze sind, ist Waschen unbedingt notwendig. Am besten hält man sie am Stiel und läßt kaltes Wasser unter das Hütchen laufen, damit Schmutz herausgewaschen werden kann. Vorsichtig trockenschütteln.

GEBRATENER REIS MIT SHIITAKE-PILZEN

SHIITAKE-PILZE HABEN EIN KRÄFTIGES AROMA. DIES IST EIN SEHR EINFACHES REZEPT FÜR EINE SCHMACKHAFTE BEILAGE, DIE BEINAHE SCHON ALS VOLLWERTIGE MAHLZEIT DURCHGEHEN KANN.

Für 4 Personen

ZUTATEN

2 Eier
3 EL Pflanzenöl
350 g Shiitake-Pilze
8 Frühlingszwiebeln, schräg in feine Scheiben geschnitten
1 Knoblauchzehe, gepreßt
1/2 grüne Paprika, fein geschnitten
25 g Butter
175–225 g Langkornreis, gekocht
1 EL Sherry medium dry
2 EL dunkle Sojasauce
1 EL frisch gehackter Koriander
Salz

1 Eier mit 1 EL kaltem Wasser schlagen und leicht salzen.

2 Im Wok oder einer Pfanne 1EL Öl erhitzen und die Eimasse hineingießen. Zu einem Omelette backen und dabei die Seiten anheben, damit die noch rohe Eiermasse darunterlaufen kann. Das Omelette aufrollen und in feine Streifen schneiden.

3 Zähe Pilzstiele entfernen und die Kappen in feine Streifen schneiden. Halbieren, falls sie sehr groß sind.

4 Im Wok 1 EL Öl erhitzen und die Frühlingszwiebeln mit Knoblauch 3–4 Min. weichdünsten, ohne zu bräunen. Mit einem Schöpflöffel auf einen Teller legen.

5 Paprika im Wok für 2–3 Min. schmoren, dann Butter und den letzten EL Öl zugeben. Sobald die Butter brutzelt, werden die Pilze dazu gelegt und bei mittlerer Hitze 3–4 Min. geschmort.

6 Den gekochten Reis auflockern, den Sherry über die Pilze gießen und zusammen in den Reis mischen.

7 Den Reis bei mittlerer Hitze erwärmen; dabei ständig rühren, um Ansetzen zu verhindern. Sobald der Reis sehr trocken erscheint, etwas Olivenöl einträufeln. Zwiebeln, Omelettestreifen, Sojasauce und Koriander untermengen. Einige Minuten aufwärmen und sofort servieren.

KLEINER TIP DER KÖCHIN

Anders als bei einem Risotto, wo der Reis zusammen mit den Zutaten gekocht wird, wird er in der chinesischen Küche meist separat vorgekocht. Aus 175–225 g ungekochtem Langkornreis erhält man etwa 450–500 g gekochten Reis – also genug für 4 Personen.

BRIOCHES MIT WALDPILZEN

Für 4 Personen

ZUTATEN

4 kleine Brioches
Olivenöl zum Bestreichen
4 TL Zitronensaft
Zweig Petersilie zum Garnieren

FÜR DIE PILZFÜLLUNG:

25 g Butter
2 Schalotten
1 Knoblauchzehe, gepreßt
175–225 g gemischte Waldpilze, z.B. Pfifferlinge, Steinpilze, Maronen
3 EL Weißwein
3 EL Sahne
1 TL frisch gehacktes Basilikum
1 TL frisch gehackte Petersilie
Salz und frisch gemahlener schwarzer Pfeffer

1 Den Ofen auf 180° C vorheizen. Mit einem scharfen Messer einen Deckel von jedem Brioche abschneiden, beiseite legen und das Innere aushöhlen.

2 Brioches mit Deckeln auf Backpapier setzen und mit Olivenöl innen und außen bepinseln. 7–10 Min. backen, bis sie knusprig sind. 1 TL Zitronensaft in jedes Brioche füllen.

3 Für die Füllung Butter schmelzen; Schalotten mit Knoblauch 2–3 Min. weichdünsten.

4 Die Pilze zugeben und unter ständigem Rühren 4–5 Min. dünsten.

5 Sobald Flüssigkeit austritt, die Hitze reduzieren und weiterdünsten, bis das Wasser verdampft ist. Dabei gelegentlich umrühren.

6 Nun mit Wein ablöschen und einige Minuten köcheln lassen. Dann Sahne, Basilikum, Petersilie sowie Salz und Pfeffer untermengen.

7 Zuletzt wird die Pilzmischung in die Brioches gefüllt und alles im Ofen nochmals 5–6 Min. erhitzt. Mit einem Petersilienzweig garniert als Vorspeise servieren.

BLINIS MIT WALDPILZEN

Für 6 Personen

ZUTATEN

225–275 g gemischte Waldpilze
50 g Butter
1–2 Knoblauchzehen
1 Spritzer Brandy (falls gewünscht)
frisch gemahlener schwarzer Pfeffer
saure Sahne zum Servieren

FÜR DIE BLINIS:

115 g Mehlmischung
20 g Buchweizenmehl
1/2 TL Backpulver
2 Eier
etwa 250 ml Milch
eine Messerspitze Salz
Öl zum Braten

1 Für die Blinis das Mehl mit Backpulver und Salz in einer großen Schale mischen, Eier und Milch dazurühren und zu einer glatten, sahnigen Masse schlagen.

2 Eine Pfanne mit etwas Öl einpinseln und, sobald sie heiß ist, etwa 1–2 EL Teig pro Blini hineinlöffeln und kleine Küchlein daraus backen.

3 Nach einigen Min., wenn sich Bläschen bilden, wenden und von der anderen Seite ebenfalls goldbraun backen. Der Teig ergibt 18–20 Blinis. In einem sauberen Küchenhandtuch warmhalten.

4 Große Pilze halbieren, dann Butter in einer Pfanne schmelzen und Pilze mit Knoblauch anbraten, bis Wasser austritt. Dann die Hitze erhöhen und unter ständigem Rühren die Flüssigkeit verdampfen. Brandy einrühren und mit etwas Pfeffer abschmecken.

5 Warme Blinis auf einem Teller mit Pilzen und saurer Sahne servieren.

KLEINER TIP DER KÖCHIN

Die Blinis sind bei einer anspruchsvollen Dinnerparty eine interessante Vorspeise. Auf Crackergröße verkleinert, kann man sie auch als Teil eines Buffets anbieten.

REGISTER

F

G

H

I

J

K

Q

R

S